AF462446

AUGUSTIN REGNAULT

LA FRANCE

SOUS

LE SECOND EMPIRE

(1852-1870)

Le Gouvernement provisoire et l'Assemblée constituante de 1848. — Le coup d'État du 2 décembre 1851. — L'alliance anglaise et la guerre de Crimée. — La guerre d'Italie. — Les affaires de Chine. — La guerre du Mexique. — La guerre austro-prussienne. — Les élections générales de 1869. — L'Empire libéral et le ministère Ollivier. — Le plébiscite de 1870. — La guerre franco-allemande.

PARIS
LIBRAIRIE LÉON VANIER, ÉDITEUR
A. MESSEIN, Succr
19, QUAI SAINT-MICHEL, 19
1907

LA FRANCE

SOUS

LE SECOND EMPIRE

AUGUSTIN REGNAULT

LA FRANCE

SOUS

LE SECOND EMPIRE

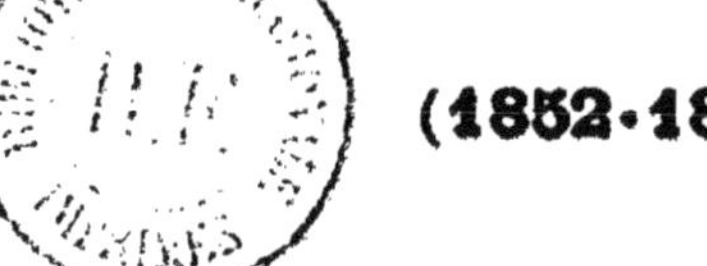

(1852-1870)

Le Gouvernement provisoire et l'Assemblée constituante de 1848. — Le coup d'État du 2 décembre 1851. — L'alliance anglaise et la guerre de Crimée. — La guerre d'Italie. — Les affaires de Chine. — La guerre du Mexique. — La guerre austro-prussienne. — Les élections générales de 1869. — L'Empire libéral et le ministère Ollivier. — Le plébiscite de 1870. — La guerre franco-allemande.

PARIS
LIBRAIRIE LÉON VANIER, ÉDITEUR
A. MESSEIN, Succr
19, QUAI SAINT-MICHEL, 19
1907

AVANT-PROPOS

Si démodée que soit aujourd'hui cette façon d'entrer en matière, je n'en débuterai pas moins, en publiant ce volume, par le faire précéder d'une sorte d'avant-propos destiné à en faire connaître le but, à en justifier la raison d'être.

A notre époque, il est assez rare, en effet, qu'un écrivain bénévole, inconnu de ce qu'on nomme « le grand public », puisse trouver ailleurs que dans la presse quotidienne ou périodique le moyen de se répandre et de se faire lire.

Toutefois, si difficile qu'il soit de trouver des lecteurs qui consentent à jeter les yeux sur un livre ou une brochure, il ne m'était pas possible cependant d'hésiter sur le choix auquel je devais m'arrêter.

Quand on veut traiter hautement, et sans réticence, les grandes questions qui passionnent et agitent à la fois les grands et les petits, les puissants et les faibles, on est fatalement amené à recourir au seul moyen de publicité qui laisse à l'auteur toute sa liberté d'esprit, toute son indépendance.

Il faut que l'écrivain qui s'engage dans cette voie n'ait à compter ni avec les idées reçues, ni avec les préoccupations du moment, ni avec la couleur politique d'un journal.

Plus ignorée sans doute, mon œuvre aura au moins le mérite d'être écrite avec un accent de conviction et de sincérité trop rares, à coup sûr, dans un temps où de prétendus habiles passent péniblement leur existence à louvoyer entre les opinions les plus opposées et les plus contraires.

Septembre 1906.

LA FRANCE SOUS LE SECOND EMPIRE

(1852-1870)

I

Le coup d'Etat du 2 décembre 1851. — Les réceptions du Jour de l'An. — Le corps diplomatique à l'Elysée. — Allocution de l'archevêque de Paris. — Louis Bonaparte aux Tuileries et à Notre-Dame. — La réaction de 1849. — Défections républicaines après le coup d'État. — La France entière livrée aux vainqueurs de Décembre. — L'alliance anglaise et la guerre de Crimée. — Le congrès de Paris. — Cordialité de nos rapports avec la Russie, après la guerre.

Bien que ceux des miens qui m'ont précédé dans la vie n'aient jamais joué aucun rôle politique, ni exercé aucune fonction publique, ils ne m'en ont pas moins élevé dans la préoccupation constante de tout ce qui tient aux affaires de l'Etat et aux intérêts du plus grand nombre.

Qu'il s'agisse de politique générale, de questions budgétaires, économiques ou sociales, tous ces grands problèmes de l'existence nationale se discutaient et se débattaient sous mes yeux dès ma première jeunesse,

C'est ainsi qu'au lendemain du coup d'Etat de décembre 1851, j'ai pu moi-même ressentir l'impression produite dans tout mon voisinage par la catastrophe qui venait d'emporter le gouvernement issu de la révolution de février 1848.

Certes, l'heure était peu propice pour s'éprendre d'un idéal politique qui nous ramenait au despotisme impérial, à ce régime détestable et odieux s'il en fût pour des républicains sincères et convaincus, qui voyaient sacrifier à la vengeance de tous les partis des milliers des leurs, voués à la prison, à la déportation ou à l'exil.

Dans ces jours de tristesse et de désolation, qui ne laissaient pas la moindre place à l'espoir, même lointain, d'un avenir meilleur, mon père et les rares amis qui venaient encore s'entretenir avec lui du malheur des temps reportaient sans cesse leurs pensées vers les années écoulées. Ils s'évertuaient à y rechercher les causes de l'effondrement général, qui leur faisaient regretter, malgré eux, les régimes antérieurement disparus sous l'effort des partis.

Ils se demandaient si, en 1848, avant de faire une révolution nouvelle, il n'eût pas mieux valu préparer l'avenir, en essayant d'obtenir du gouvernement de Juillet tout ce qu'on aurait pu en tirer de bon et d'utile.

Puis, dans leur désespoir, se reportant par la pensée au lendemain des journées de Février, ils s'en prenaient aux hommes du gouvernement provisoire de 1848. Ils reprochaient à ce gouvernement, né des circonstances et sorti des barricades, d'avoir trop duré.

Ils trouvaient que l'intérêt supérieur du pays lui commandait de se hâter et de profiter de l'enthousiasme du début, pour en appeler à la nation, sans chercher, comme l'avait fait ce pouvoir éphémère, à prolonger son existence quelques semaines de plus.

Rien, disaient-ils, n'avait été plus funeste que les retards injustifiés apportés à la convocation des électeurs.

Au premier moment, la masse électorale aurait échappé aux sourdes menées des partis hostiles, auxquels le temps écoulé venait en aide, leur permettant de se ressaisir et de reprendre courage.

Plus habiles et plus judicieux, plus clairvoyants surtout, les nouveaux détenteurs du pouvoir auraient, ajoutaient-ils, compté avec les conséquences économiques de l'effroyable crise provoquée par cette révolution imprévue, qui avait surpris la nation en pleine prospérité, et avait apporté le trouble et la gêne dans beaucoup de familles.

Nos gouvernants d'un jour auraient compris qu'il leur fallait, à tout prix, atténuer les effets de cette crise par la prompte installation d'un gouvernement définitif et régulier.

Dans nos campagnes, on nous eût ainsi épargné les plaintes et les récriminations d'une foule de gens bien intentionnés, que rien n'éloignait du régime nouveau, mais que la misère produite par un chômage forcé devait bientôt rejeter dans les bras d'une réaction haineuse et féroce.

Après les fautes du Gouvernement provisoire, les

nôtres reprochaient aussi à l'Assemblée constituante d'avoir préparé les voies aux fauteurs de coups d'Etat, par son imprudent mode de nomination du Président de la République.

Ils ne lui en voulaient pas moins de s'être séparée sans avoir tenté elle-même une première application du nouveau rouage constitutionnel qu'elle venait d'élaborer si péniblement.

Mais, après Décembre, tout cela était dit en pure perte, en face d'une situation sans remède et sans issue.

Dans un accès de révolte impuissante contre l'absolutisme, Mme de Staël s'écriait un jour, du fond de l'exil, « qu'il fallait se soumettre au despotisme comme à la mort »!

N'était-ce pas le sort réservé aux habitants de notre infortuné pays, après le 2 décembre 1851 ?

En faisant à ses lecteurs le récit des événements dont nous avions été témoins, un grand journal anglais disait qu'en France, « Louis Bonaparte venait de mettre les libertés publiques sous le talon de ses bottes ».

Hélas ! la presse française n'en pouvait dire autant : elle n'avait plus qu'à enregistrer les actes et les décrets du futur empereur. Mais, avant de détourner les yeux de cette insipide lecture, mon père, que je crois encore entendre, avait eu le temps d'en ressentir toute l'amère ironie, tout le dégoût...

Au nombre des nouveaux dignitaires de l'Etat, il y retrouvait les noms d'une foule de soi-disant républicains, besogneux de salon ou d'antichambre, devenus les très soumis et très humbles courtisans du vainqueur.

Républicains félons, qu'une rage aveugle allait bientôt exciter aux violences et aux persécutions contre leurs coreligionnaires politiques de la veille.

Contre leurs anciens défenseurs et amis qui, vivant loin du pouvoir pour la plupart, auraient pu rester ignorés et échapper aux coups des conspirateurs triomphants.

C'était donc à l'aide, et avec le secours de ces indignes recrues, s'ajoutant aux vengeances et aux haines inassouvies des anciens partis de réaction, que les persécutions devaient le plus aisément s'exercer et s'étendre à tous les hommes de cœur et de conviction que rien ne signalait particulièrement à l'attention inquiète des héros de Décembre.

Aussi, dans nos villages, le bruit du canon de Paris avait à peine cessé de se faire entendre, que déjà, au spectacle de ces défections monstrueuses, une sombre terreur s'était partout répandue.

Et si la proscription et l'emprisonnement firent peu de victimes autour de nous, c'est que la réaction avait pris les devants, et qu'à la suite des journées de juin 1848, elle s'était montrée, de jour en jour, plus violente et plus acharnée.

Il est bon de rappeler ici que cette action rétrograde — qui prit le nom de réaction de 1849, après les élections législatives — avait été dirigée beaucoup plus par le monde aristocratique et clérical, que par l'élément bonapartiste ou césarien, quelque peu surpris lui-même de ses succès, trop peu influent et trop peu éclairé dans nos campagnes, pour agir seul et prendre la direction du mouvement, avant de disposer de la force armée.

Ce développement rétrospectif serait, selon moi, incomplet, si je n'y ajoutais que mon père, ayant connu les grandes époques de discussion, ne pouvait, au fond, se résigner à vivre indifférent dans un temps où la parole de Louis Bonaparte était seule à même de se faire entendre.

Devenu bientôt son seul auditeur, son unique confident, il m'arrivait de lui entendre dire parfois, à ma grande surprise, que ce régime odieux entre tous, aurait une longue durée; qu'après les agitations politiques des trente dernières années, nous allions passer par une période d'activité commerciale et industrielle exceptionnelle; que la spéculation et l'agiotage, stimulés par le besoin de construire des chemins de fer, d'ouvrir, dans les grandes villes, de larges avenues pour conduire aux gares, de changer et de transformer notre outillage industriel, allaient pour longtemps absorber toute l'attention et toute l'activité du pays.

Qu'enfin, les améliorations de tout genre qui en seraient la conséquence suffiraient à occuper les esprits et à combler en partie le vide fait partout dans le pays par l'absolutisme.

Mon peu d'expérience ne me permettait guère de juger et de contrôler la valeur de ces appréciations, dont la netteté et la précision semblaient plutôt faites pour m'étonner et me déconcerter.

Il était toutefois un point sur lequel un doute s'élevait dans ma faible imagination : mon jeune âge ne me permettait pas, en effet, de me faire à l'idée qu'un régime, que nous trouvions si détestable, pût être indéfiniment imposé à une grande nation comme la nôtre.

Dépourvu de toute notion du temps, phénomène très explicable quand on n'a aucun passé dans l'existence, j'étais effectivement incapable de sonder tant soit peu les profondeurs de l'avenir.

Et, sur cette affirmation réitérée de mon père, que ce régime avait chance de s'imposer pendant de longues années, je m'écriais : Ceci peut être exact tant que durera le système de compression sous lequel il nous faut vivre actuellement, mais du jour où Louis Bonaparte devra restituer au pays les libertés dont il jouissait hier encore, il sera bien près de sa fin, car il ne pourra ni défendre, ni justifier son coup d'Etat. Il trouvera là son point faible, que ses adversaires ne manqueront pas d'exploiter contre lui.

En attendant, le Prince-Président s'assurait une grosse liste civile, qui devait être doublée et plus après le rétablissement de l'Empire. Du même coup, il s'empressait de pourvoir sa famille, sans oublier ses auxiliaires et ses complices, que le Trésor allait prendre à sa charge.

Mais toutes ces dilapidations passaient inaperçues, même parmi ceux qui avaient été les premiers à crier très fort contre l'indemnité allouée aux représentants du peuple, sous le gouvernement de la République de 1848.

Aussi, était-ce sans nécessité que le neveu du grand Empereur, dans ses pérégrinations à travers la France, se mettait en frais d'éloquence pour expliquer et justifier ses actes et entraîner à sa suite un peuple docile à l'excès, qui ne demandait qu'à se soumettre et à lui obéir.

Parmi les manifestations qui suivirent sa prise de possession du pouvoir, celle qui eut lieu à l'Elysée le 31 décembre 1851 doit trouver ici sa place.

Ce soir-là, entre huit et neuf heures, le Président de la République, entouré de ses ministres et de ses aides de camp, recevait le corps diplomatique qui, par dignité et par respect humain sans doute, s'était abstenu de faire prononcer par son doyen le discours d'usage.

Moins réservé et moins scrupuleux, — car il n'ignorait pas que l'absolutisme dans l'Eglise était fait pour s'entendre avec l'absolutisme dans l'Etat, — Monseigneur l'archevêque, arrivé peu après, suivi du chapitre métropolitain et du clergé de Paris, s'était exprimé en ces termes : « Monsieur le Président, nous venons vous présenter nos félicitations et nos vœux. Ce que nous allons faire demain, nous le ferons tous les jours de l'année qui va commencer. Nous prierons Dieu avec ferveur pour le succès de la haute mission qui vous a été confiée, pour la paix et la prospérité de la République, pour l'union et la concorde de tous les citoyens. Mais, afin qu'ils soient de bons citoyens, nous demanderons à Dieu d'en faire *de bons chrétiens.* »

Le Prince avait ensuite remercié Monseigneur d'avoir

bien voulu mettre sous la protection divine les actes qui lui avaient été inspirés par ce sentiment qui avait déjà dicté ces paroles : « *Que les bons se rassurent et que les méchants tremblent.* »

Comme nous venions de le constater, dès la première heure, l'Eglise se solidarisait avec le crime triomphant, avec l'homme providentiel qui devait aller s'agenouiller le lendemain à Notre-Dame, au milieu des bannières et sous l'éclat des banderoles vénitiennes où se trouvaient les initiales de « Celui auquel le peuple venait de donner sept millions de suffrages (1) ».

Au récit de ces énormités, je me demandais vaguement — comme pouvait le faire un élève d'une école presque enfantine, où on entendait parler chaque jour d'un Dieu juste et bon — comment l'Eglise avait solennellement pu recevoir dans son sein cet homme couvert des crimes de Décembre, sans lui faire entendre un mot de commisération et de pitié en faveur de ses victimes, qui avaient échappé aux fusillades du mois précédent, et qui encombraient les bagnes et les prisons.

Tels furent les événements qui ont eu le don d'exer-

---

(1) Après la réception du corps diplomatique et du clergé, à l'Elysée, Louis Bonaparte recevait le lendemain, aux Tuileries, les fonctionnaires et les grands corps de l'Etat. C'était pour lui un moyen comme un autre de faire comprendre aux fervents du bonapartisme, et aussi aux indifférents, que le nouveau monarque ne tarderait pas à aller s'installer définitivement dans la demeure de nos rois du bon vieux temps, dont il allait recueillir la succession ! Toutefois, c'est seulement le 2 décembre suivant que Napoléon III, devenu empereur, alla s'installer aux Tuileries.

cer la plus vive impression sur ma première jeunesse, sans qu'il me fût jamais possible d'en perdre entièrement le souvenir.

Enfin, de plébiscite en plébiscite, le régime impérial va prendre bientôt ses assises, et à Bordeaux (1) Louis-Napoléon Bonaparte se prépare à inaugurer son règne par cette retentissante déclaration : *L'Empire, c'est la paix!*

Nul souci maintenant, le peuple français n'a plus qu'à se livrer à l'héritier de l'oncle légendaire, qui lui commandera d'obéir et lui interdira de penser.

Le droit de suffrage, largement pratiqué, l'avait obligé à s'inquiéter de son lendemain; à l'avenir, ce soin allait appartenir au maître dont il s'apprêtait à subir le joug et à suivre les volontés.

Si, dans la suite, il lui fallait encore élire une Chambre, il savait où la trouver, comme il avait trouvé le Corps législatif, élu au printemps dernier, pendant la dictature qui suivit le coup d'Etat. Son Empereur, qui choisissait ses sénateurs, ses ministres, ses magistrats, et indirectement ses maires et ses agents de police, continuerait à lui indiquer à l'avance les noms des députés qu'il aurait à élire.

Ces députés, élus pour six ans, devaient rester soigneusement enfermés dans une salle close, où ils étaient chargés de voter en bloc les recettes et les dépenses de l'Etat; ils avaient également à fixer, chaque année, le contingent de l'armée et celui de la marine.

---

(1) Octobre 1852.

Mais, en réalité, tout cela était sans importance et sans intérêt. De par la Constitution, l'Empereur était investi de tous les pouvoirs; les députés n'étaient et ne pouvaient être que ses créatures dociles et soumises.

S'il avait plu à cet incomparable monarque de revendiquer par plébiscite le droit de fixer lui-même ces contingents et ces budgets, à n'en pas douter, le bon peuple qui l'avait acclamé y aurait alors consenti tout aussi aisément et sans plus d'hésitation.

Aussi, les acteurs muets de ce simulacre de représentation comprirent-ils aussitôt le rôle qui leur était confié, et pendant fort longtemps nul n'entendra plus parler d'eux.

A dater de ce moment, où le silence se fait partout, mes souvenirs se perdent dans cette complète obscurité, qui s'étend à tout le pays, et qui ne permet plus aux esprits investigateurs et ouverts de se faire une idée de ce qui se passe autour d'eux et de suivre tant soit peu la marche des événements de la vie publique.

Seuls, les faits et gestes du nouvel Empereur nous font voir qu'à tout hasard, il va chercher sa tradition et ses principes de gouvernement dans un passé loin de nous déjà de près de quarante années.

Cet esprit de rigoureuse imitation aura même le don d'enfanter quelques couplets burlesques qu'on entendait chanter dans nos campagnes par les admirateurs avinés du neveu du grand homme; couplets dont le banal et monotone refrain se terminait invariablement ainsi : « Comme du temps de l'autre *em-pé-reur*, comme du temps de l'autre *em-pé-reur*. »

Mais, puisqu'il était dit que le neveu devait prendre son oncle pour modèle, que ne sût-il, comme lui, veiller sur ses dépenses et sur celles de l'Etat, en se montrant plus ménager, plus avare des deniers publics, comme l'avait toujours été, malgré son faste et ses largesses, Celui dont il voulait être l'héritier ?

Peut-être, dans le calme d'une gestion facile, nous eût-il épargné plus d'une expédition lointaine, plus d'une de ces guerres onéreuses qui devaient, plus tard, nous aliéner, une à une, toutes les sympathies de l'Europe.

Il convient d'ajouter que cette excessive prodigalité, dont les gens avisés redoutaient les funestes effets, ne s'étendait pas seulement aux dépenses directes de l'Etat; elle revêtait, sous une autre forme, un caractère plus inquiétant encore.

Par suite du remplacement militaire à prix d'argent, avec des contingents annuels uniquement recrutés parmi la population peu aisée, le nouvel Empereur en devait arriver insensiblement à considérer les hommes appelés sous les drapeaux comme une seconde ressource budgétaire, mise à sa disposition pour soutenir sa gloire et son prestige.

C'est ainsi qu'oubliant au plus vite son discours pacifique de Bordeaux, Louis Bonaparte crut pouvoir entreprendre successivement trois grandes guerres en Europe, agrémentées d'expéditions lointaines en Chine, au Mexique et ailleurs.

S'il lui avait fallu, comme aujourd'hui, mettre des armées sur pied, tirées de la nation tout entière, il n'est pas douteux qu'il y eût regardé à deux fois avant de s'engager dans une lutte comme celle de Crimée, et, trois ans plus tard, dans une guerre contre l'Autriche.

Les classes privilégiées par la fortune, restées quelque peu indifférentes aux dangers de pareilles entreprises, auraient certainement montré plus d'hésitation avant d'applaudir aux conceptions du despotisme impérial, si l'on était venu les troubler dans leur quiétude, si on avait demandé à beaucoup des leurs de quitter leur famille, d'abandonner leurs habitudes, de renoncer à s'occuper de leurs affaires, pour prendre les armes et partir à la délivrance de l'Italie, ou pour aller servir de vagues intérêts dans la mer Noire.

Par malheur, la guerre n'atteignait alors les classes dirigeantes que de loin, de sorte que nulle protestation, nul murmure, nulle plainte ne se firent entendre du côté de ceux qui avaient encore la vision troublante des événements de 1848.

Au début de son règne, le fils de la reine Hortense pouvait donc impunément se livrer à ses exploits guerriers sans avoir à compter avec une opinion publique inconsciente et abusée, qui laissait volontairement aller les choses au gré des fantaisies et des caprices du pouvoir impérial.

Aujourd'hui, quand on se reporte par la pensée à cette guerre de Crimée, on se demande comment deux nations puissantes et éclairées, telles que la France et l'Angleterre, avaient pu s'engager dans une pareille lutte avec d'aussi faibles moyens?

Quoi! c'est avec cent cinquante mille hommes tout au plus que deux grandes nations étaient parties en guerre et avaient pris pied sur le sol de la Russie, pour y faire le siège d'une importante place forte défendue par une nombreuse garnison, susceptible d'être sans cesse secourue par des troupes venant de l'intérieur!

C'est en face d'une puissance militaire de premier ordre, renfermant une population de plus de quatre-vingts millions d'habitants, dont les ressources étaient intactes, que nous osions nous aventurer sous les murs de Sébastopol, sans être couverts par une armée surveillant le pays à distance!

Après nos revers de 1870, après la guerre austro-prussienne, où, par la perte d'une seule bataille, l'Autriche fut réduite à toute extrémité, se trouverait-il un peuple et un gouvernement qui fussent assez insensés pour s'élancer dans une guerre comme celle de Crimée, à l'aide d'effectifs si peu en rapport avec les forces qui pouvaient nous être opposées?

Si la valeur et l'intrépidité des troupes dont la France avait lieu de s'enorgueillir nous ont préservé d'un effroyable désastre, il n'en faut pas moins accuser d'aberration et d'imprévoyance les deux nations qui s'étaient jetées dans une pareille aventure.

Malgré tout, cette guerre, plus nuisible qu'utile aux intérêts français, s'était terminée à notre avantage.

Après la chute de Sébastopol, Napoléon III avait, le premier, pensé à la paix. La Russie nous en savait gré; notre attitude à la fois chevaleresque et généreuse nous l'avait conquise plus encore que la puissance de nos armes unie à celles de nos alliés.

Nouvelle venue dans le monde occidental, elle nous faisait voir en toute occasion qu'elle avait conservé ces sentiments de franchise et de reconnaissance qui sont le patrimoine des peuples primitifs.

Pourquoi faut-il que notre Empereur n'ait pas su cultiver une aussi sûre et aussi précieuse amitié? C'est ce que nous aurons à expliquer dans la suite.

Pour l'instant, il nous suffit de rappeler qu'à l'époque de son avènement, Louis Bonaparte, isolé en Europe, s'était empressé de profiter des embarras de l'Angleterre, atteinte dans son influence en Orient, pour devenir son allié. Il s'ouvrait ainsi les portes des chancelleries étrangères, que ses diplomates avaient eu tant de peine à franchir jusque-là.

A dater de ce jour, bon gré, mal gré, on ne pouvait plus douter que les envoyés du nouvel empereur des Français allaient être tenus en plus haute estime.

Après février 1848, Lamartine, aux Affaires étrangères, s'était montré plus fier et plus digne en face des vieilles monarchies; — il s'était contenté d'informer les puissances européennes des événements qui avaient permis de proclamer la République en notre pays, sans s'inquiéter autrement de ce qu'on pourrait en penser au dehors.

Devenu empereur, Louis Bonaparte, qui voulait jouer au souverain héréditaire, aspirait à prendre place dans le concert des nations; il songeait déjà à ses intérêts dynastiques, tandis que le poète-ministre de 1848 ne recherchait rien de semblable.

Il se contentait de parler au nom de la France, qui, elle, ne devait compte à personne de son organisation intérieure et n'avait à craindre ni à subir aucune humiliation.

Quoi qu'il en fût, la façon dont prit fin la guerre d'Orient n'en était pas moins un succès pour le second Empire.

Aussi, la paix dictée et signée à Paris ne pouvait-elle manquer de flatter notre amour-propre national.

Depuis 1814 et 1815, la France n'était plus habituée à une telle condescendance.

Du reste, sans forfanterie, on peut dire aussi que l'alliance anglaise nous avait coûté assez d'hommes et d'argent pour nous valoir cet honneur.

C'est, en effet, tout ce qu'elle nous a rapporté de plus limpide et de plus clair; peut-être même nous a-t-elle été plus préjudiciable encore, en nous entretenant dans une quasi-sécurité, à certaines heures difficiles?

Donc, la Russie amenée à faire la paix à son désavantage se trouvait condamnée à se tenir dans un rôle forcément prudent et effacé; l'Angleterre, nation peu préparée pour la guerre continentale, n'avait occupé qu'une place secondaire dans la lutte; les Etats neutres, tels que l'Autriche et la Prusse, ne pouvaient venir qu'à l'arrière-plan du conflit armé dont on allait clore l'épopée.

Dans ces conditions, le rôle qu'allait s'attribuer notre Empereur lui revenait à peu près de plein droit.

Il s'ensuivait que si le coup d'Etat de Décembre avait livré le pouvoir à Louis Bonaparte, le congrès de Paris de 1856 semblait devoir lui assigner la place précédemment occupée aux Tuileries par les monarques de lignée héréditaire.

Pouvait-il souhaiter rien de plus flatteur et de plus attrayant?

II

Temps heureux du second Empire. — Déceptions causées dans le parti républicain par les résultats des élections générales de 1857. — Les dangers résultant de l'absolutisme. — Les proscrits italiens réfugiés à Londres. — Attentats contre la vie de l'Empereur. — Première brouille avec l'Angleterre. — Exécution de Pietri et d'Orsini. — La question italienne toujours pendante. — Après Mazzini, le ministre Cavour commence à se montrer. — Mariage du prince Jérôme-Napoléon avec la princesse Clotilde, fille du roi Victor-Emmanuel. — L'Autriche alarmée se précipite dans la guerre.

Nous arrivons maintenant à la période la plus heureuse, la plus brillante et la plus resplendissante du règne improvisé par le restaurateur de la dynastie napoléonienne.

A cette heure unique, la France apprenait simultanément et la naissance du Prince impérial et le rétablissement de la paix en Europe.

Nos inquiétudes extérieures disparues, l'ordre de succession au trône assuré, l'alliance anglaise nous permettant de reprendre notre place dans le concert des nations, le pays était réellement tenté de croire à l'habileté de ses chefs, aux conceptions profondes de notre nouveau gouvernement. De sorte qu'aux élections générales de 1857, les opposants à l'Empire qui voulurent forcer les portes du Corps législatif en furent presque tous pour leurs illusions.

Dans le pays tout entier, cinq opposants seulement parvinrent à triompher des candidats officiels, que soutenaient et défendaient tous les rouages du fonctionnarisme impérial.

Sur cinq de ces opposants, élus du suffrage universel, quatre avaient été envoyés à la Chambre par le département de la Seine, le cinquième par la ville de Lyon.

Avant décembre 1851, ceux qui se plaignaient si fort, en prétendant que le futur empereur avait « les mains liées » par la Constitution républicaine, devaient être satisfaits; leur idole pouvait à son aise gouverner et faire le bonheur « de son peuple », sans risquer de rencontrer d'aucun côté ni obstacle, ni résistance.

Par malheur, les courtisans et les flatteurs ont toujours été regardés comme les pires ennemis de ceux qui les paient.

En livrant au chef de l'Etat un pouvoir sans contrôle, sans frein et sans limite, ils en faisaient le jouet des événements, que notre nouveau souverain se targuait de conduire et de diriger, mais qu'il ne sut, en réalité, ni prévoir, ni conjurer quand il les vit tourner à notre désavantage.

Toutefois, à ce moment, Napoléon III devait se croire loin encore des soucis et des difficultés que lui réservait un avenir prochain.

Après une longue suite de mauvaises récoltes, qui

avaient mis, pendant quatre ans, le pays aux prises avec une affreuse disette, la production était redevenue meilleure, le prix des denrées de première nécessité n'avait plus rien d'anormal ; de sorte que le relèvement des salaires, provoqué par la guerre de Russie, autant que par un mouvement commercial et industriel intense, accru encore par la mise en exploitation de toutes nos principales voies ferrées, assurait aux travailleurs des villes et des campagnes un bien-être relatif.

Il se produisit bien, vers cette époque, une crise économique, monétaire et financière, qui eut pour effet d'élever jusqu'à 8 et 10 p. 100 le taux des prêts de la Banque de France ; mais la gêne passagère qui en était résultée, dans les transactions commerciales, n'avait pas suffi pour refroidir l'enthousiasme général, car, à n'en pas douter, les admirateurs convaincus du régime impérial atteignaient alors à l'apogée de leurs plus heureux jours. Triste destinée des hommes providentiels, déjà il n'en était plus de même pour le triomphateur ! Tandis que le gros de la nation se montrait content et satisfait, aux Tuileries on était plus songeur..... On savait que, sous les brouillards de la Tamise, il se tramait quelque chose de grave.

En effet, le moment fatal était proche. Des hommes qui, jusque-là, avaient soigneusement évité de faire parler d'eux, s'apprêtaient à exercer leur influence occulte sur la politique impériale.

Tant que la France s'était trouvée engagée dans la guerre d'Orient, ces hommes, qui recevaient l'hospitalité de l'Angleterre et voyaient les soldats piémontais combattre aux côtés des nôtres, avaient compris qu'il leur faudrait attendre la fin de cette guerre pour se montrer.

Mais, ensuite, nulle échappatoire, nul faux-fuyant n'étaient plus faits ni pour les amener à patienter, ni pour les détourner de leur but.

En face d'eux, notre Empereur allait devenir la victime et le jouet de ses propres succès.

Il avait revendiqué pour lui seul la responsabilité du pouvoir; de farouches sectaires de l'indépendance et de l'affranchissement de leur pays allaient en profiter pour le contraindre à partir en guerre, à la délivrance de leur patrie, pour laquelle ils rêvaient ses anciens jours de gloire et de splendeur.

Mus par ce levier puissant, rien n'était capable de les émouvoir ni de les faire reculer; rien ne pouvait les amener à renoncer à leur projet, qui consistait à obliger notre gouvernement à prendre leur cause en main.

Quand retrouveraient-ils jamais à la tête de l'Etat français un prince de même origine qu'eux, disposant d'un pouvoir illimité, et, par cela même, mieux en situation que tout autre de leur venir en aide?

Et puis, disaient-ils, la plupart des membres de la famille Bonaparte avaient eu des liens avec leurs sociétés secrètes. Un frère de Napoléon III était mort en combattant dans leurs rangs pour la cause italienne.

Notre Empereur lui-même n'était-il pas lié avec eux pour de récents services obtenus à la suite de vagues promesses en leur faveur?

L'instant ne semblait-il pas venu de le lui rappeler? Tel était, après la guerre de Russie, le sens des propos qui s'échangeaient librement à Londres, autour du grand patriote italien Mazzini.

Encore tout couvert du sang de ses victimes, le grand maître de nos destinées allait trouver de ce côté la peine de ses forfaits.

A plusieurs reprises, des détachements de ces théoriciens de la bombe homicide lui étaient envoyés de Londres, afin de lui rappeler ses engagements et ses promesses.

La police, avertie à temps, avait plus d'une fois réussi à s'emparer d'eux, avant qu'ils n'aient pu se livrer à leurs sinistres exploits.

De sorte que, peu à peu, l'oubli s'était fait sur leurs terrifiantes tentatives. On en était même arrivé à croire que le stock des criminels d'Etat devait être pour longtemps épuisé.

Quelques mois plus tard, la France impériale, qu'on nous présentait comme étant seule capable de contenir tout mouvement révolutionnaire, apprenait, consternée, qu'il n'en était rien.

L'attentat Orsini venait en effet jeter tout à coup l'épouvante dans les esprits les moins timorés. En présence de ce nouvel attentat, commis le 14 janvier 1858, l'inquiétude se répandit partout. La masse du public ne se sentait plus rassurée, même en apprenant que l'Empereur avait échappé au péril.

Allions-nous être à la merci d'audacieux conspirateurs, qui se croyaient en droit de troubler et de révolutionner notre pays, dans l'espoir de forcer le héros de Décembre à devenir le champion de la cause de l'Italie?

Aussi, après cet attentat, qui avait fait autour de lui de nombreuses victimes, la position ne pouvait paraître très facile et très gaie, aux yeux de ceux surtout qui avaient l'habitude d'applaudir à toutes les productions et à toutes les fantaisies du pouvoir d'un seul.

Peut-être un jour se trouvera-t-il quelque historien à même d'éclairer les générations futures sur l'état d'anxiété et d'excitation qui régna aux Tuileries dans la nuit qui suivit l'attentat de la rue Le Peletier.

Dans tous les cas, en se reportant aux mesures prises au lendemain de ce lugubre événement, on est tenté de croire que les conseillers intimes du monarque furent pris, comme lui, d'une folle terreur, qui leur fit perdre le sens et le jugement.

Quoi! des conspirateurs étrangers débarquent sur le sol de France pour y attenter à la vie de l'Empereur. Ils y viennent dans un but connu à l'avance et nettement défini, et c'est aux républicains français que le chef de l'Etat s'en prend des dangers auxquels il vient d'échapper!

C'est contre eux qu'il se précipite et exerce ses rigueurs, qu'il fait forger de nouvelles lois de répression et de proscription!

En vérité, dans le cas dont il s'agit, on est en droit de supposer que Napoléon III, hanté par le souvenir d'un effrayant passé, craignait d'être à nouveau placé entre la geôle et le poteau d'exécution.

Quand, tour à tour, des escouades d'Italiens venaient jusque dans Paris, aux portes des Tuileries ou à l'entrée de l'Opéra, lui donner l'assaut, comment pouvait-il, contre toute évidence, s'attarder à exercer des représailles contre ses anciennes victimes du parti républicain?

Plus maître de lui, après l'attentat du 14 janvier, il aurait, sans nul doute, montré plus de sagacité et de discernement.

Il se serait vite rendu compte qu'il lui était inutile de s'occuper des vaincus de Décembre, qui n'avaient, du reste, rien à gagner en provoquant une commotion nouvelle.

Parmi les républicains de cette époque, nul n'ignorait, en effet, que si les sept millions de suffrages du premier plébiscite ne pouvaient « absoudre » le crime, ce plébiscite avait, malgré tout, créé un ordre de choses contre lequel le temps seul était à même de réagir.

En aucune façon, les républicains ne pouvaient donc être soupçonnés de vouloir troubler le repos de notre tout-puissant Empereur.

Tout au plus, son irritation s'expliquait-elle contre l'Angleterre, son alliée de la veille, plus exactement accusée de fournir un refuge aux intrépides fanatiques dont les sinistres projets n'étaient un secret pour personne.

Par malheur, de ce côté encore, les moyens répressifs à la disposition du gouvernement impérial étaient non moins dérisoires.

Aussi, Napoléon III n'eut-il bientôt plus d'autre ressource que celle de renoncer à d'impuissantes menaces à l'adresse de nos voisins d'outre-Manche, toujours fiers de l'hospitalité illimitée en quelque sorte qu'ils ont pris l'habitude d'accorder aux réfugiés politiques.

Dans les circonstances critiques, il est on ne peut plus malhabile, pour un chef d'Etat, d'en appeler à ses rivaux dans l'espoir d'échapper aux périls dont il se sent menacé.

L'attitude suppliante ou indignée de notre Empereur envers l'Angleterre n'était faite que pour nous créer des difficultés extérieures et pour réjouir nos ennemis du dehors, moins disposés que nous-mêmes à croire au rôle providentiel du neveu du « grand homme ».

Aussi, une fois remis des émotions de la première heure, le gouvernement impérial fut-il bientôt forcé de se rendre à l'évidence, et, sans enquête plus approfondie, lui fallut-il reconnaître que le parti républicain français n'était pour rien dans les troublants exploits des disciples de Mazzini, pas même Ledru-Rollin qui fut condamné pour la forme et dans le seul but de justifier d'inexplicables rigueurs.

Les vaincus de Décembre n'avaient, du reste, aucun intérêt à s'associer aux moyens de propagande des agitateurs italiens. C'eût été faire tort à ces conspirateurs eux-mêmes que de leur donner des complices, car, pour atteindre au but par eux poursuivi, il leur fallait agir seuls et au grand jour, afin de forcer notre Empereur à s'intéresser, malgré lui, à leur cause.

Ne savaient-ils pas qu'en le mettant aux prises avec des dangers sans cesse renaissants, ils allaient infailliblement fausser les ressorts du gouvernement personnel qui ne pouvait rien contre eux. De sorte que les menaces de notre souverain étant condamnées à rester sans efficacité et sans but, son action diplomatique contre l'Angleterre n'étant pas faite pour donner de meilleurs résultats, nul ne pouvait plus deviner comment nous sortirions de cette passe difficile.

De même que pour les gouvernements, souvent il arrive que les peuples se trouvant en présence d'embarras inextricables cherchent dans une apparente indifférence le moyen d'éloigner d'eux les difficultés et les inquiétudes qui les obsèdent.

C'est ainsi qu'aux Tuileries on parvint, tant bien que mal, à oublier l'effroyable attentat qui venait de faire tomber, sur la place de la Roquette, les têtes de Pietri et d'Orsini.

Toutefois, les bois de justice remis en place, la question italienne se trouvait toujours sans solution. Les principaux acteurs de ce drame sanglant, qui avait failli coûter la vie à notre Empereur, restaient quand même face à face.

Pour Napoléon III, il lui suffisait de savoir que le foyer de conspirateurs installé sur les rives de la Tamise continuait à recruter des adhérents, pour que rien ne fût changé dans la situation.

Il en était donc forcément réduit à se demander s'il allait avoir à lutter indéfiniment contre d'audacieux et d'insaisissables étrangers, ou si la question italienne allait devenir le facteur principal de la politique impériale.

Et, si les événements se sont assez promptement chargés de trancher ce dilemme, il n'en est pas moins vrai qu'avant d'être fixées sur ce qui se produirait dans la suite, les chancelleries européennes ne pouvaient manquer de partager l'anxiété de notre gouvernement.

Peut-être même, certains cabinets avaient-ils lieu de se préoccuper dans une égale mesure des irritants projets des réfugiés de Londres.

A Rome, à Vienne, à Turin surtout, les agissements des proscrits italiens étaient assurément faits pour éveiller l'attention des dépositaires du pouvoir.

Pour les uns, l'attitude menaçante de Mazzini devait fatalement faire craindre qu'un jour ou l'autre, Louis Bonaparte se vît contraint d'entrer en lice et d'appuyer les revendications italiennes.

Pour les autres, il y avait là un vague espoir d'émancipation et de délivrance, appelé à provoquer, au delà des Alpes, un mouvement d'enthousiasme très compréhensible chez un peuple opprimé.

Aussi, les craintes de conflit qui causaient une si vive appréhension à Vienne et à Rome produisaient-elles une toute autre impression sur le cabinet de Turin.

Malgré la faiblesse de ses moyens, à force de ruse et d'habileté, ce gouvernement s'apprêtait donc à exercer une influence quasi prépondérante sur la politique extérieure de ses puissants voisins.

Que nous le voulussions ou non, l'action dirigeante dévolue à Napoléon III, depuis plusieurs années, allait lui échapper pour passer subrepticement du côté d'un diplomate astucieux et habile, dont le rôle secondaire et forcément modeste n'avait jusque-là porté ombrage à personne.

Cet homme, heureusement doué, sans doute, mais favorisé plus encore par les circonstances, allait donc pouvoir bientôt imprimer une direction précise à l'agitation révolutionnaire ayant en vue l'affranchissement de la péninsule italienne.

En prenant la tête de ce mouvement, le ministre du roi Victor-Emmanuel avait, sur les représentants des autres puissances, le précieux avantage de marcher vers un but tangible, parfaitement clair et nettement défini.

Comme Mazzini, comme le Roi son maître, il n'avait d'autre souci, d'autre préoccupation que celle d'effacer le souvenir des revers de 1849, en travaillant du même coup à la délivrance de la commune patrie.

Secondé en France par un vieux courant d'opinion favorable à la cause italienne, il croyait le moment venu de tenter à nouveau le possible et l'impossible pour faire bénéficier son pays de la situation créée par les fanatiques de tout âge et de toute condition, qui voyaient en Mazzini un précurseur, un apôtre, un incomparable génie politique, animé du plus pur et du plus ardent patriotisme, capable des plus grandes et des plus merveilleuses conceptions.

Quels qu'aient été les récents événements qui avaient ensanglanté les abords de l'Opéra, ils étaient bien faits pour éveiller l'attention de l'Europe sur les affaires d'Italie ; aussi, Cavour, du fond de son cabinet, s'apprêtait-il à les exploiter, à en tirer profit.

Nul mieux que lui ne pouvait diriger ce mouvement. Ministre d'un monarque dont le père avait échoué et perdu sa couronne dans cette même lutte, il lui était facile de se faire entendre partout où on s'intéressait au sort de l'Italie opprimée et asservie.

A Londres, de même qu'à Paris, ses démarches avaient donc chance d'aboutir.

Tout fanatique républicain qu'il était, Mazzini lui-même ne pouvait refuser au ministre de Victor-Emmanuel le droit de combattre pour la cause italienne.

En France, nos gouvernants ne devaient pas moins voir en Cavour le représentant autorisé d'un Etat ami, ayant tout intérêt à faire cesser les attentats et les menaces des révolutionnaires italiens, qui causaient aux Tuileries de si poignantes angoisses.

Peut-être serait-il difficile aujourd'hui de savoir à quel moment Cavour crut devoir s'interposer entre ses intraitables compatriotes de Londres et le cabinet des Tuileries ; dans tous les cas, on est forcé d'admettre que cette intervention a dû se produire assez longtemps avant la guerre de 1859. Sans cela, comment expliquer cette particularité singulière qui fit qu'après l'attentat Orsini, nulle entreprise nouvelle, nul attentat ne se soit plus produit jusqu'au jour du départ de nos troupes pour le Piémont et la Lombardie ?

En diplomate avisé, il est certain que Cavour sut tirer parti d'une inquiétante situation pour amener

Napoléon III et le roi de Sardaigne à s'entendre en vue d'une action commune contre l'Autriche.

Le mariage du prince Jérôme Bonaparte avec une fille de Victor-Emmanuel devait faciliter cet accord, et, par contre-coup, donner l'alarme à l'Autriche, que son rôle et son influence séculaire en Italie allaient imprudemment précipiter dans une guerre qu'elle semblait accepter très délibérément, mais qu'elle aurait dû, au contraire, s'efforcer d'éviter ou de retarder le plus longtemps possible.

III

La guerre d'Italie nous expose à de graves complications. — La Confédération germanique s'apprête à secourir l'Autriche. — L'action allemande retardée par la Prusse. — Les victoires de Magenta et de Solférino aboutissent aux préliminaires de Villafranca. — Nos troupes rentrent triomphalement à Paris, le 15 août suivant. — Le projet de création d'une confédération italienne, prévue par le traité de Zurich, est aussitôt abandonné. — Malaise général résultant des derniers événements. — Plus que jamais, l'Europe monarchique redoute les agitations populaires. — Incohérence inévitable de la politique impériale.

Sitôt la guerre de 1859 engagée, à peine avions-nous franchi les Alpes, que déjà de vagues rumeurs nous faisaient entrevoir les multiples dangers de cette entreprise nouvelle.

Se faisant l'écho de son gouvernement, la presse anglaise, favorable d'ordinaire à la cause italienne, ne nous témoignait, dès la première heure, qu'une douteuse bienveillance. De leur côté, au delà du Rhin, les princes allemands prenaient à notre égard une attitude fort réservée, sinon ouvertement hostile.

Plus éloignée du champ de bataille, la Prusse ne semblait guère mieux disposée envers nous, peut-être même nourrissait-elle déjà des ambitions et des espérances plus inquiétantes encore.

Aussi, la lutte que nous allions soutenir contre l'Autriche, avec l'aide des contingents piémontais, débutait-elle, pour nous, dans des conditions peu favorables et peu sûres.

En cas de revers, nous n'avions lieu d'espérer de secours d'aucun côté, tandis que l'Autriche, au contraire, trouvait dans le voisinage de ses frontières des alliés enthousiastes, tout disposés à lui prêter main-forte.

La solidarité d'intérêts qui unissait alors la monarchie des Habsbourg avec tout le pays germain la mettait en quelque sorte à l'abri des conséquences désastreuses de la défaite.

Et si les petits Etats allemands ne furent pas assez tôt en mesure d'intervenir en Lombardie, c'est uniquement parce que la Prusse tenait médiocrement à faire le jeu de l'Autriche, en s'associant à une action militaire faite pour resserrer les liens qui rattachaient l'Allemagne du Sud à sa puissante rivale.

Plus tard, à Berlin, la situation s'aggravant, on se serait vite décidé à prendre les armes contre la France; mais, ce jour-là, c'eût été à la tête de la Confédération que la Prusse aurait pris l'offensive, pour marcher au secours d'une Autriche impuissante, vaincue et humiliée.

A l'heure qui eût été favorable à ses vues, le cabinet de Berlin se serait vite décidé à prendre la direction d'un mouvement qui lui aurait permis d'acquérir de haute lutte la situation prépondérante qu'il rêvait pour lui-même en Allemagne.

C'est ainsi que, malgré de rapides et brillants succès pour nos armes, notre *glorieux Empereur* s'empressa, au lendemain de Solférino, de signer les préliminaires de paix de Villafranca.

Un peuple surexcité et enflammé par la victoire est peu fait pour comprendre les subtilités et les exigences de la politique internationale.

Il n'est pas moins vrai qu'en cette circonstance, par sa prompte résolution, Napoléon III venait de nous tirer d'une très mauvaise affaire, après nous y avoir entraînés de sa propre et seule autorité.

Quoi qu'il en fût, nul en France ne voulut se faire à l'idée qu'après d'éclatants succès remportés sur les troupes autrichiennes, nous allions si brusquement renoncer à l'affranchissement complet de l'Italie, qui avait été le but apparent de cette guerre.

Le désappointement fut d'autant plus grand que chacun de nous avait encore, toutes fraîches dans la mémoire, de solennelles et retentissantes déclarations : « *Il faut que l'Italie soit libre jusqu'à l'Adriatique.* »

Après avoir quitté son armée, l'Empereur crut donc prudent de rentrer à Saint-Cloud sans bruit ni cérémonial, très convaincu qu'il était sans doute de la fâcheuse impression qu'allait produire en France son retour précipité.

La rentrée triomphale des troupes françaises, qui eut lieu à Paris le 15 août suivant, parvint difficilement à effacer les traces profondes de cet inévitable mécontentement.

Sans avoir aujourd'hui à nous en réjouir outre mesure, il nous faut cependant convenir que l'unité italienne est néanmoins sortie de cette rapide campagne dont les résultats immédiats semblaient alors si peu appréciables.

Mais ce n'est pas tout. Ces quelques mots d'éloge décernés au héros de Magenta et de Solférino demandent encore quelques éclaircissements : tandis que les craintes d'une conflagration générale avaient arrêté et contenu Napoléon III, dès ses premiers succès, la même cause avait produit un effet en tous points semblable sur l'esprit de François-Joseph, qui en était vite arrivé à désirer le rétablissement de la paix tout aussi ardemment que son heureux vainqueur.

Effectivement, si notre Empereur redoutait non sans raison d'avoir à lutter à la fois contre tous les Etats allemands coalisés, ayant la Prusse à leur tête, l'empereur d'Autriche, de son côté, ne tenait nullement à être aidé et secouru par eux, sous une telle direction.

Car, après ses premières défaites, l'appui de la Confédération germanique, unie à l'Etat prussien, n'était fait ni pour lui plaire, ni pour rehausser son influence en Allemagne.

Aussi, y a-t-il lieu de penser que les préliminaires de paix de Villafranca furent signés avec un égal empressement par les deux adversaires, qui s'étaient aperçus, l'un et l'autre, que cette guerre, prolongée seulement de quelques semaines, risquait fort de leur être également dommageable.

On avouera qu'il est toujours facile de prophétiser après coup; il n'en reste pas moins acquis à l'histoire qu'un entier abandon des provinces italiennes par l'Autriche eût été, à ce moment de suprême décision, plus judicieux et plus habile que ce traité qui conservait la Vénétie à l'empereur François-Joseph, en créant sur sa nouvelle frontière un Etat agrandi qu'il savait soutenu et protégé par un puissant voisin. Du reste, la preuve en fut bientôt faite, car, sitôt après la signature de la paix de Zurich, un journal italien (*L'Opinione*) apprenait à ses lecteurs étonnés que « quand l'Autriche possédait la Lombardie, elle avait seulement en Italie soixante-dix à quatre-vingt mille hommes; que depuis elle y avait concentré cent mille soldats de toutes armes ».

Après cette guerre, Victor-Emmanuel ne devait-il pas se trouver plus incapable que jamais de renoncer à ses revendications et aux constantes espérances du peuple italien? C'est ce que le jeune monarque autrichien aurait dû comprendre, à l'instant précis où une telle constatation avait chance de lui être utile.

Cette faute, qu'un détestable point d'honneur à l'usage des souverains ne lui permit plus de réparer quand il en était temps encore, a coûté trop cher à l'Autriche pour que son Empereur ne lui eût pas attribué dans la suite la plus grande partie de ses infortunes et de ses malheurs.

A n'en pas douter, si seulement, à la veille de la guerre de 1866, il avait consenti librement à laisser l'Italie à elle-même, il eût évité le désastre de Sadowa; il se serait, de plus, soustrait au rôle obligé d'allié complaisant du grand empire d'Allemagne, qui ne peut être à ses yeux qu'une Prusse agrandie, turbulente et menaçante pour tous ses voisins.

Mais, comme nous venons de le faire remarquer, ce ne sont là que des appréciations n'ayant plus de réelle valeur, au lendemain de la catastrophe, alors que le mal est devenu sans remède.

Laissons donc l'empereur d'Autriche rentrer dans ses Etats héréditaires après Magenta et Solférino, et revenons-en au cabinet des Tuileries, tout à la joie d'être sorti si aisément de cette aventure qui mettait fin, pour quelque temps au moins, aux anxiétés et aux tribulations causées à notre gouvernement par la question italienne. Pour nous-mêmes, nous n'avions plus à compter avec Mazzini et ses adeptes, dont les espérances allaient prendre une autre direction et devenir réalisables, sans le secours ni l'intervention de la France.

La guerre d'Italie leur avait rouvert les portes de leur patrie, ce n'étaient plus les affaires intérieures de notre pays qui semblaient faites pour les préoccuper.

Ils avaient obtenu de nos armées de terre et de mer tout ce qu'ils pouvaient en attendre. C'était vers Florence et Bologne, vers Rome, Naples et la Sicile qu'ils allaient tourner leurs regards, concentrer toute leur attention et tous leurs efforts.

Quant au traité de paix, qui devait être signé à Zurich, il n'en était déjà plus question. Ne savait-on pas, aussi bien à Vienne qu'à Paris et à Turin, qu'aucun des contractants ne prendrait ce traité au sérieux et n'y attacherait dans la suite aucune importance.

La Confédération italienne, que cet accord diplomatique prévoyait, et qu'elle négligeait d'organiser, tout en prenant l'engagement écrit d'en confier la présidence honoraire au « Saint-Père », ne devait être au fond qu'une échappatoire, une duperie, un leurre imposé par les circonstances, une fin de mise en scène dépourvue de charme et d'intérêt.

Placer honorifiquement le Pape à la tête d'un groupement d'Etats, alors que d'Italie s'élevaient de toutes parts des cris d'hostilité contre la papauté temporelle, n'était-ce pas aussi surprenant que singulier?

Intronisé par la puissance des armes, à la tête des Etats italiens, le roi Victor-Emmanuel avait pour ministre un homme entreprenant et avisé qui ne songeait plus, la paix rétablie avec le dehors, qu'à entraîner son Roi à la conquête de toute la péninsule.

La politique de non-intervention et du droit des nationalités, dont Napoléon III avait fait un dogme, lui venait du reste singulièrement en aide.

Quelques obscurités, quelques réticences diplomatiques destinées à faciliter les arrangements à intervenir avaient suffi pour simplifier la tâche des plénipotentiaires, pour façonner ce traité et en dissimuler les côtés grotesques et négatifs.

C'est ainsi que Napoléon III, qui craignait de se mettre à dos les ultramontains de notre pays, sacrifiait ingénieusement les intérêts de la papauté temporelle, qu'il faisait mine de défendre, en plaçant le chef de l'Eglise de Rome à la tête d'une confédération dont la création ne fut pas même tentée.

Le monarque autrichien se voyant, de plus en plus,

contraint de surveiller son voisin des rives de la Sprée, avait senti, mieux que personne, la nécessité de se prêter à cet arrangement qui dégageait sa responsabilité envers le monde catholique, en lui épargnant de nouveaux soucis, de nouvelles tribulations.

Au fond, le traité en question, qui laissait Victor-Emmanuel entièrement maître de la situation en Italie, n'avait eu d'autre but que celui de mettre fin au plus vite à la guerre de 1859.

Seules, les chancelleries intéressées en ont conservé les précieuses minutes, sans qu'aucun gouvernement, aucun homme politique, aucun diplomate n'ait jamais songé depuis à en consulter ou à en rechercher les termes.

La paix enfin rétablie, nos troupes victorieuses reprennent le chemin de leurs casernes, tandis qu'un à un, nos soldats de réserve rentrent dans leurs foyers.

Vraisemblablement, nous allions donc nous retrouver dans une longue période de calme et de tranquillité permettant à chacun de reprendre son train de vie ordinaire et de se livrer en toute sécurité à ses travaux et à ses occupations de tous les jours.

C'était en effet ce qu'il y avait lieu de souhaiter et d'espérer d'autant plus ardemment que l'anxiété et les craintes de complications nouvelles avaient été plus vives et plus intenses. Par malheur, il n'en fut pas ainsi. Un reste d'inquiétude, encore mal défini, allait envahir de nouveau le pays, avant même qu'on ait pu rentrer dans le calme et se remettre du trouble et de l'agitation créés par la dernière guerre.

Nos succès en Italie avaient été cependant plus éclatants et plus décisifs que ceux par nous remportés en Russie; mais, malgré tout, notre influence et notre prestige s'en étaient trouvés diminués et amoindris.

Brusquement, notre situation intérieure et extérieure était devenue plus incertaine et plus embrouillée qu'elle ne l'était avant notre apparition en Lombardie.

L'état de gêne et de malaise qui en était résulté semblait bien fait pour inquiéter notre Empereur, car, dès son retour d'Italie, il avait été amené, en quelque sorte, à déclarer que « la France était la seule nation qui faisait la guerre pour une idée ».

Tacitement, l'aveu contenu dans cette déclaration, où son auteur sentait assurément le besoin de justifier sa levée de boucliers, était quelque peu dépourvu d'enthousiasme et suffisait pour laisser quelques doutes sur l'utilité pratique et réelle de cette nouvelle entreprise guerrière.

Nous aussi, n'étions-nous pas en droit de nous demander s'il appartenait à un seul homme, cet homme fût-il Napoléon III, d'entraîner la France dans une guerre où toutes les forces de la nation devaient être mises en mouvement, pour parer et conjurer les attentats de conspirateurs étrangers qui avaient compris tout le parti qu'ils pouvaient tirer de leurs moyens d'intimidation contre un souverain absolu disposant d'une armée réputée invincible?

Mais là ne pouvait être la cause de l'anxiété et du trouble ressentis dans le pays depuis la paix de Villafranca et de Zurich. Tel avait été cependant le résultat le plus tangible et le plus clair de cette brillante campagne.

Après de longues années écoulées, on ne peut plus se faire qu'une vague idée de l'accueil fait à notre armée rentrant d'Italie, et recueillant partout les témoignages de sympathie et d'admiration dont bénéficiait quand même le neveu du grand Empereur.

A maintes reprises, on avait vu l'Europe tressaillir lorsque la France prenait en main la cause des nations et des peuples. En partant en guerre contre l'Autriche, Napoléon III avait, à son tour, fait appel aux sentiments généreux qui avaient, longtemps avant lui, servi de guide à notre politique extérieure.

Que pouvait-il donc sortir, au point de vue français, de cette tentative d'affranchissement de l'Italie? Les vieilles monarchies d'Europe avaient lieu de s'en inquiéter. Elles avaient été si rudement secouées par le contre-coup de notre révolution de 1848, qu'elles étaient devenues très soupçonneuses et fort craintives lorsqu'elles voyaient se produire autour d'elles le moindre mouvement tumultueux, la plus petite agitation populaire.

Dans la question italienne, il était évidemment difficile de recourir à la puissance des armes, — au nom du droit des peuples et du principe des nationalités, — sans soulever autour de nous de vieilles appréhensions, d'anciennes craintes, toujours vivaces et toujours prêtes à se solidariser.

A la première Révolution, notre pays, menacé et envahi par l'étranger, s'était adressé à tous les peuples opprimés, en les appelant à secouer le joug de la force; mais, ce jour-là au moins, en les conviant à la lutte, c'était notre propre cause que nous défendions; c'était la France, attaquée de tous les côtés à la fois, qui réclamait le secours et l'appui de tous ceux qui, comme elle, avaient à protester et à se venger des humiliations, des cruautés et des outrages endurés depuis des siècles.

Napoléon III, en retenant notre pays sous un despotisme non moins féroce qu'insensé, ne pouvait prétendre sérieusement au rôle de défenseur et de protecteur des droits et des libertés des peuples.

La propagande de surface du gouvernement impérial n'avait donc eu d'autre effet que d'exciter contre nous la défiance des chancelleries et des gouvernements étrangers.

Aussi faut-il s'en tenir à l'opinion souvent exprimée: que pour échapper à des inquiétudes et à des dangers sans cesse renaissants, constamment suspendus sur sa tête, Napoléon III s'était vu entraîné à suivre la voie fatale qui lui avait été tracée par les sociétés secrètes italiennes.

De là, toutes les inconséquences d'une politique hésitante et incohérente qui avait la prétention d'être populaire et émancipatrice au dehors, tout en restant froidement et systématiquement intolérante et compressive au dedans.

IV

Départ des troupes françaises pour l'Italie. — La République seule en mesure de succéder au second Empire. — Après la guerre de 1859, Napoléon III se fait décerner la couronne des triomphateurs. — Défaut d'habileté et de sagacité des hommes politiques de 1848. — Coalition de toutes les réactions contre le parti démocratique, sorti de la révolution de 1848. — Les journées de Février produisent l'effet d'un mauvais rêve. — Le Président de la République élu par le suffrage universel.

J'étais à Paris, depuis un an à peine, quand éclata la guerre d'Italie. Et, bien que le gouvernement impérial nous eût quelque peu préparés à l'idée d'une lutte prochaine, le commencement des hostilités n'en fut pas moins une surprise pour le plus grand nombre.

L'entrée soudaine des troupes autrichiennes sur le sol piémontais fournissait, du reste, un motif suffisant pour précipiter les événements et faire retentir les premiers cris de guerre.

Toutefois, comme nul n'ignorait que les forces dont disposait le roi Victor-Emmanuel ne pouvaient être assez nombreuses pour faire tête à l'envahisseur, de toute nécessité, il fallait se hâter, afin de lui épargner un échec toujours fâcheux au début d'une campagne

Aussi, sans plus délibérer, notre armée, prise d'un patriotique enthousiasme, allait-elle être promptement dirigée sur Gênes et Turin par les Alpes et la Méditerranée.

Mais, en attendant ce départ et cette arrivée, qui ne pouvaient, quoi qu'on fît, avoir lieu d'un instant à l'autre, l'anxiété et l'inquiétude gagnaient de proche en proche.

De tous côtés, on s'abordait sans se connaître, — tant la surprise était grande d'avoir à s'occuper d'affaires publiques, — on se demandait si nous allions pouvoir arriver assez tôt pour épargner quelque désastre aux soldats du roi de Sardaigne. Puis, on s'alarmait pour nous-mêmes. Les premiers régiments qui devaient gagner le Piémont n'allaient-ils pas être exposés, à leur tour, à se faire écraser avant la réunion du gros de notre armée ?

C'était là évidemment des inquiétudes exagérées contre lesquelles l'art de la guerre trouve à se prémunir.

Ces propos ne s'en échangeaient pas moins de bouche en bouche, dans les rues, sur les places publiques et dans tous les lieux de réunion.

On avait perdu depuis si longtemps l'habitude de parler et de discuter librement, qu'on prenait plaisir à s'entretenir des préoccupations du jour, qui déjà semblaient devoir avancer l'heure du réveil de la nation.

En réalité, le résultat de la lutte qui allait s'engager ne faisait de doute pour personne. C'était l'affranchissement de l'Italie qui sortirait de cette campagne. Puis, la pensée allant au delà aussitôt, on était tenté de croire que la liberté conquise et rendue à un peuple voisin devait marquer, pour nous-mêmes, la fin de l'absolutisme.

Délicieuse espérance ! nous allions donc voir notre magnanime Empereur renoncer au pouvoir dictatorial qu'il détenait si rigoureusement, *à regret sans doute!* depuis les événements de Décembre.

Nous allions enfin reprendre notre place dans le monde, au milieu des peuples et des nations civilisés ayant leur part de contrôle et d'action dans les affaires gouvernementales.

En ces jours d'allégresse et de joie, ceux mêmes qui avaient eu jusque-là le régime impérial en horreur entendaient parler autour d'eux, avec moins d'antipathie et d'hostilité, des hommes et des choses du second Empire.

Le besoin de vivre et d'aimer son pays semblait ramener les plus austères et les plus farouches au besoin d'espérer.....

Pendant ce temps, les artisans et les ouvriers des faubourgs, qu'on n'avait pas vus dans l'intérieur de Paris depuis nombre d'années, avaient d'un même élan abandonné leurs travaux et quitté leurs ateliers pour envahir les grands boulevards, au chant de la *Marseillaise*, proscrit, hélas! lui aussi, après Décembre.

Assurément, le second Empire n'avait rien à redouter de ces manifestations populaires; elles faisaient voir cependant qu'il n'est au pouvoir de personne de porter impunément atteinte à nos aspirations nationales, et d'asservir à jamais une nation comme la France qui croit à son avenir, à la puissance de son génie.

Aussi, voulions-nous tous lire dans l'avenir et y découvrir quelque chose s'étendant au delà des filets aux mailles serrées du despotisme.

C'est ainsi que le relâchement momentané qui s'était produit pendant les quelques semaines de l'expédition d'Italie nous avait fait entrevoir ce que pourrait être encore un peuple comme le nôtre, à l'heure où ses droits et ses libertés lui seraient rendus.

Pour mon compte, je ne saurais définir aujourd'hui à l'aide de quelle vision, par quel indice, mon opinion sur l'avenir politique de notre pays avait pu se fixer. Quoi qu'il en soit, j'ai encore présente à la mémoire l'idée que je m'étais faite de ce mystérieux inconnu, dont je m'efforçais de sonder les profondeurs.

Peu de temps après la guerre d'Italie, mon père, dont j'étais séparé depuis un certain temps, se trouvant à Paris, nous pûmes un moment reprendre le cours de nos entretiens d'une autre époque.

L'existence nouvelle à laquelle m'attachaient mes occupations me laissait, malgré tout, assez de loisirs et de liberté d'esprit pour qu'il me fût possible de me rendre compte de ce qui se passait dans les régions gouvernementales, dans un milieu si différent de celui des campagnes et des petites villes de province.

Au contact d'une grande cité, avec les nombreuses

fréquentations qui en résultent, la façon de voir et de penser acquiert plus d'ampleur et de sûreté. Il y est plus facile, en un mot, d'y connaître l'état d'esprit de tout un peuple, d'y compter les pulsations qui agitent et soulèvent toutes les poitrines.

Malgré l'éloignement et la séparation, la constante et profonde aversion que nous inspirait le régime impérial n'avait rien perdu de son inflexibilité.

Néanmoins, nous nous rendions parfaitement compte, l'un et l'autre, que le second Empire n'avait encore rien à craindre pour son existence et sa durée.

En devisant sur l'avenir qui nous était réservé, nous en étions donc réduits à rester dans le vague et l'incertitude.

Nous nous voyions toujours forcés d'errer dans le domaine des conjectures, de l'hypothèse et de l'inconnu.

C'est ainsi qu'en parcourant les galeries abandonnées et presque désertes du Palais-Royal, nous avions pu un moment reprendre nos anciennes causeries.

Dans l'entraînement de la conversation, après avoir, à maintes reprises, commenté les récents événements qui venaient, pour un instant, de tirer Paris et la France entière d'une longue torpeur, nous en étions arrivés à cette conclusion : « que le jour où l'Empire et l'Empereur viendraient à disparaître, la République seule se trouverait debout pour lui succéder ».

Notre apparition au delà des Alpes était loin déjà, lorsqu'un fait insignifiant, ridicule en lui-même, vint retenir mon attention et m'indigner malgré moi. Fortuitement, je venais de prendre en main une modique pièce d'argent nouvellement sortie de l'Hôtel des Monnaies ; à mon grand étonnement, je m'aperçus que, sur cette pièce, la tête de notre Empereur était ornée et surmontée de la couronne des triomphateurs (1) !

Pas n'est besoin de tenir en grande vénération les héros d'une autre époque pour les préférer à notre *conquérant* moderne, dont la fin, si triste et si lamentable pour lui-même, fut si désastreuse pour notre pays.

Qu'il me soit néanmoins permis d'avouer, en toute sincérité, que, malgré mon peu de sympathie pour le vainqueur de Décembre, cette découverte n'excita en moi ni irritation, ni colère : ce fut plutôt un sentiment de pitié et de honte qui m'avait subitement envahi.

J'étais surpris seulement qu'on pût, à proximité du trône, pousser l'impudence et la bassesse jusqu'à ne pas craindre de laisser supposer, à nos soldats et à la France entière, que le sang versé dans les plaines de la Lombardie n'avait servi qu'à créer un duc de plus, et à faire de Napoléon III une sorte de demi-dieu, à l'instar de ceux de la Rome antique.

Dans le but d'excuser les excès du despotisme, on a souvent prétendu que les peuples n'avaient d'ordinaire « que le gouvernement qu'ils méritent ». Tout discutable que soit cet axiome, il n'en contient pas moins un certain grain de vérité et d'exactitude.

Si le despotisme peut en effet sortir d'un coup de force et s'imposer à une nation jouissant de la pléni-

(1) Sans y insister autrement, disons cependant que ces pièces de monnaie d'argent sont les seules, à l'effigie de Napoléon III, qui ont encore aujourd'hui cours légal.

tude de ses droits et de ses libertés, il ne saurait durer indéfiniment sans se faire plus ou moins accepter par l'ensemble de la nation condamnée à le subir.

Dès ses premiers pas, la révolution de 1848, tombée aux mains d'hommes intègres, si l'on veut, mais faibles et timorés, était venue, avec tout un cortège de conceptions mal préparées et mal comprises, inquiéter et alarmer les intérêts sans en satisfaire aucun. Il s'ensuivit qu'aux accès de joie et d'enthousiasme qui avaient accueilli une foule de nouveautés troublantes, avait succédé aussitôt une hostilité brutale et significative, exploitée du jour au lendemain par les vaincus de 1830 et de 1848.

Inexpérimentée, et par cela même impressionnable à l'excès, la démocratie française, sortie de la première Révolution, ne voyait plus alors que les maux à elle causés par ces étranges journées de Février, qui l'avaient surprise, en ne lui laissant d'autre impression que celle d'un mauvais rêve. Plus patiente et plus avisée, peut-être eût-elle attendu davantage avant de se prononcer, en prêtant trop aisément l'oreille aux propos de ses anciens oppresseurs et de leurs complices?

Mais l'éducation politique d'un peuple ne saurait être l'œuvre de quelques semaines ou de quelques mois. Aussi, les partis hostiles à toute immixtion populaire dans les affaires de l'Etat s'empressèrent-ils de profiter de ce désarroi général, de ce mécontentement profond, pour déchaîner contre la République et les républicains toutes les inimitiés, toutes les colères qui les agitaient eux-mêmes.

Ce premier succès obtenu, les apologistes de la monarchie de Juillet, en partie réconciliés déjà avec l'aristocratie titrée, reprirent bientôt courage. Puissamment aidés par leurs nouveaux alliés, ils allaient rentrer vigoureusement en lutte contre l'ennemi commun qui les avait successivement renversés du pouvoir.

Il leur fallait donc, coûte que coûte, détourner la France d'un idéal politique qu'ils avaient en exécration et dont ils étaient parvenus à faire un épouvantail aux yeux de la foule inconsciente et étonnée.

Telle était la tactique du clan royaliste et réactionnaire de toute provenance et de toute origine, en face d'une opinion publique troublée et égarée à dessein.

On avait vu le roi Louis-Philippe tomber et disparaître sous la poussée des bonapartistes, des féaux de l'ancien régime et des républicains peu satisfaits des maigres résultats de la révolution de 1830.

A son tour, la République de 1848 avait été battue en brèche, conspuée et vaincue par la coalition des légitimistes, des orléanistes et des fervents de la légende napoléonienne.

De là, le vote aisément obtenu de l'Assemblée constituante, par lequel le suffrage universel direct devait être appelé à élire le Président de la République.

De là, le succès de Louis-Napoléon Bonaparte, qui allait bientôt faire son entrée à l'Elysée comme Président de la République, en attendant le coup d'Etat de Décembre, où il devait prendre le titre peu démocratique et peu républicain de « Prince-Président ».

Si, à ce moment, Thiers put se flatter d'avoir été l'âme

de cette coalition, il faudrait aussi, pour être exact, reconnaître que cette entente de tous les hommes politiques des régimes déchus fut plus encore l'œuvre des circonstances que celle de l'historien de la Révolution, du Consulat et de l'Empire.

Une fois de plus, l'ancien ministre du Roi-Citoyen avait tout simplement réussi à se mettre en vue et à forcer l'opinion publique et les partis en lutte à s'occuper de sa personne.

Sans y insister trop, disons seulement qu'à cette heure fatale entre toutes, les idées chères au législateur et à l'homme d'Etat, attaché aux principes parlementaires, avaient été sacrifiées à celles du panégyriste du vainqueur de Marengo et d'Austerlitz.

Pour expliquer ce qui précède, on serait facilement tenté de croire que le désœuvrement d'une carrière brisée avant l'âge l'avait porté à donner libre cours à son tempérament réputé quelque peu rancunier et vindicatif. Dans tous les cas, si son intervention fut préjudiciable au pays, elle lui procura au moins l'avantage de faire sa cour aux purs du monde aristocratique qui l'avaient jusque-là tenu dédaigneusement à distance.

Mais si, sous la seconde République, l'attitude des royalistes de tout acabit, travaillant ardemment au succès du bonapartisme, peut paraître singulière, que dire de celle des trop nombreux républicains assez insensés, assez aveugles pour suivre les fils des croisés dans cette voie funeste?

Ne leur avait-on pas suffisamment prouvé qu'un

despote, s'appuyant sur des millions de suffrages, deviendrait vite plus arrogant et plus puissant qu'un roi héréditaire, fait pour ignorer toujours les véritables sentiments de ses sujets.

Mais, hélas! rien ne fut capable d'arracher « ces idéologues » à leurs rivalités jalouses, à leur imprévoyance coupable et inepte.

Leur eût-il été possible, par un vote contraire, d'empêcher notre pays de se livrer, pieds et poings liés, à l'homme de Décembre? Il est permis d'en douter. En tout cas, ces républicains peu perspicaces n'auraient pas eu à regretter plus tard d'avoir manqué à ce point de bon sens et de discernement.

Dans un de ses accès de rage contre les nôtres, Thiers avait, assure-t-on, lancé cette boutade : « que la République tombait toujours dans le sang ou dans l'imbécillité ».

Les républicains de l'Assemblée constituante avaient là une belle occasion pour ridiculiser de telles paroles; par malheur, il s'en trouva un trop grand nombre qui ne sut ni ne voulut la saisir.

V

Difficultés extérieures soulevées par l'Angleterre et la Suisse, après l'annexion à la France de la Savoie et du comté de Nice. — Garibaldi en Sicile. — Toute l'Italie méridionale, y compris les Etats du Pape, envahis par les troupes de Victor-Emmanuel. — Violente indignation du parti catholique français. — Vivacité des discussions de la presse. — Les feuilles pieuses deviennent de plus en plus osées. — Cette impulsion est suivie par les hautes notabilités politiques de Paris et des départements, dont l'hostilité trouble et inquiète le gouvernement impérial. — Le pouvoir personnel forcé de revenir aux idées libérales.

Après la guerre d'Italie, il avait donc été facile de constater que le rétablissement de la paix en Europe ne nous avait rendu ni notre confiance en nous-mêmes, ni notre influence au dehors. Bien au contraire, nous voyions l'Angleterre et la Suisse disposées à nous tracasser et à nous chercher querelle, au sujet de la réunion à la France de la Savoie et du comté de Nice.

Nos bons et loyaux amis de Londres et de Berne ne voulaient pas même nous permettre d'assurer la protection de notre frontière contre toute agression possible nous venant du côté de l'Italie.

Le Piémont lui-même, tout à la joie des avantages qu'il devait à nos victoires, mais fort peu soucieux des difficultés et des complications diplomatiques qu'il allait nous créer, n'avait pas même fait mine de déposer les armes, au lendemain de la signature du traité de paix de Zurich, qui n'avait servi qu'à mettre l'Autriche dans l'obligation de se renfermer dans ses nouvelles limites, où, comme il vient d'être dit, elle avait réuni aussitôt une armée de cent mille hommes, destinée à tenir les troupes de Victor-Emmanuel à distance.

A ce moment, c'était assurément tout ce qu'on pouvait exiger de cette puissance qui ne demandait, en réalité, qu'à se désintéresser de plus en plus des affaires d'Italie.

A coup sûr, nos succès avaient été beaucoup plus importants qu'on avait pu le croire à la première heure, car, après l'annexion de la Lombardie et l'absorption des duchés par le Piémont, Cavour se voyait à même d'envoyer subrepticement Garibaldi et « ses chemises rouges » en Sicile, tandis que, de son côté, il allait entraîner le Roi son maître à envahir les Etats du Pape, y compris le royaume de Naples.

Ces rapides et brillantes conquêtes n'étaient évidemment pas sans inconvénient pour nous-mêmes.

Décontenancées et surprises de tant d'audace, les vieilles monarchies héréditaires d'Europe se retournaient contre nous, en nous rendant responsables des transformations qui s'accomplissaient au delà des Alpes.

Peut-être même n'étaient-elles pas éloignées de se montrer aussi malveillantes à notre égard que la bienheureuse Angleterre, notre alliée de la veille, qui semblait ne plus vouloir perdre une occasion de nous humilier et de nous nuire.

Pendant ce temps, les peuples de la Germanie se demandaient si leurs revendications de 1848, appuyées et soutenues par l'émeute et l'insurrection, n'étaient pas aussi légitimes et aussi justifiées que celles de l'Italie?

Mais si notre apparition en Lombardie avait été une cause de malaise et d'affaiblissement de notre influence au delà de nos frontières, à l'intérieur, cette prise d'armes avait tout autant desservi les intérêts de la dynastie impériale.

Tous les partis hostiles au second Empire, qui s'étaient jusque-là tenus dans une prudente réserve, allaient, peu à peu, sortir de leur attitude de recueillement et de froide résignation.

Une fois posée, la question italienne ne pouvait manquer d'inquiéter tous les défenseurs du trône et de l'autel, que notre César moderne avait toujours pris grand soin de respecter et de ménager, comme on ménage et respecte ceux qu'on a pris l'habitude de craindre.

Il ne lui était donc pas possible d'entendre leurs plaintes et leurs lamentations, touchant aux affaires de Rome, sans en ressentir une profonde inquiétude, unie aux plus cuisants regrets.

A dater de cette époque, on commença à comprendre, aux Tuileries, quelle faute on avait commise en favorisant les ambitions du ministre du roi de Sardaigne et en ne prévoyant pas quelles pouvaient être les conséquences de cette guerre d'affranchissement et d'émancipation de l'Italie.

Aujourd'hui, sous le gouvernement républicain, si souvent en lutte avec le cléricalisme sous toutes ses formes, nous aurions chance de nous tirer d'une telle situation sans grand dommage, par la raison toute simple qu'il est de l'essence de ce régime politique de diriger les affaires publiques en dehors de toute préoccupation religieuse.

Napoléon III ayant d'autres visées, et rêvant de se perpétuer par le droit d'hérédité, plutôt que par le système plébiscitaire appliqué à jet continu, ne pouvait voir, sans tristesse et sans regret, le monde sacerdotal s'éloigner de lui.

En cela, le gouvernement impérial était vraiment à plaindre, car il ne lui était plus possible de rien changer au nouvel état de choses qu'il avait créé sans être à même ensuite d'en atténuer les effets, ni par l'occupation militaire de Rome, ni par les traités, ni enfin par les promesses et les engagements les plus solennels.

De sorte que l'attitude nouvelle des partis, platoniquement hostiles à l'Empire jusqu'à l'époque de la guerre de 1859, nous replaçait, après la guerre d'Italie, en face d'une position intérieure à peu près semblable à celle du parti républicain après la chute du gouvernement de juillet 1830.

N'était-ce pas, en effet, sous l'effort d'une redoutable coalition que le roi Louis-Philippe avait dû, pour sa sûreté, quitter les Tuileries, traverser la Manche et gagner les côtes hospitalières de l'Angleterre?

N'était-ce pas sous la violente poussée d'une coalition

non moins puissante que la seconde République avait vu lui échapper un pouvoir éphémère, conquis par surprise et allant bientôt à la dérive?

Après des débuts plus faciles, et avec des chances de durée plus réelles, — provenant surtout de la lassitude des esprits, qui avaient été surmenés pendant vingt et trente ans, — le régime impérial n'en était pas moins réduit à rencontrer sur sa route les mêmes difficultés, à se heurter aux mêmes obstacles.

A la vérité, les soucis et les inquiétudes qui en résultaient n'empêchaient pas chaque année, au 15 août, le bourdon de Notre-Dame de se faire entendre; mais, à dater de cette époque, le son grave et solennel que cette cloche monumentale faisait vibrer dans les airs n'était plus déjà que le glas funèbre du prestige du second Empire.

En étouffant la voix de la presse et en interdisant toute libre discussion, le second Empire avait forcément rendu les écrivains plus subtils, plus rusés et plus ingénieux dans l'art de critiquer et de combattre le pouvoir établi.

Pour arriver jusqu'au public, qui a toujours ses exigences, longtemps les publicistes et les professionnels du journalisme en furent réduits, dans leurs attaques, à paraître se quereller et se disputer entre eux, de façon à ne pas se heurter trop violemment à la censure, à laquelle ils auraient pu porter ombrage en s'attaquant aux détenteurs du pouvoir.

Cette façon de faire amenait souvent dans la presse des discussions et des controverses assez fastidieuses, qui servaient toutefois aux journaux d'opposition à se rendre supportables et à pénétrer plus aisément jusqu'au lecteur.

A la longue, ce genre de polémique était devenu fatigant et indigeste à l'excès : il aurait même promptement perdu toute saveur si la presse officieuse au service du second Empire n'avait été moins attrayante encore.

Après la guerre de 1859, le parti clérical, mieux armé et mieux organisé pour la lutte, était vite parvenu à se faire entendre et à attaquer de front nos grands dispensateurs des grâces et des faveurs. Mais les plus audacieux de la réaction royaliste, les hommes politiques en vue, qui suivaient l'impulsion de ce parti, — plus remuant et plus dangereux qu'on affecte de le croire encore aujourd'hui, — ne pouvaient montrer autant de résolution : le despotisme impérial se serait rué sur eux et les aurait contenus d'un seul geste!

Dans leurs rangs, nul n'ignorait qu'attaqué vigoureusement à droite, Napoléon III était de force à risquer un brusque mouvement à gauche en flattant les idées et les passions des nombreux césariens, aux tendances avancées, qui ne voulaient voir dans le dernier, comme dans le premier des Bonapartes, qu'une sorte de révolutionnaire chamarré et galonné.

En 1852, la mise en vente des biens de la famille d'Orléans avait forcément fait comprendre aux conservateurs pieux et titrés qu'il n'était pas très facile de fausser compagnie au souverain maître du beau pays de France, qui n'aurait pas craint, au besoin, d'aller demander à bien d'autres qu'aux princes d'Orléans d'où provenait leur fortune et d'où leur venaient leurs immenses domaines?

N'aurait-il pas pu être également tenté de faire recette, au profit de l'Etat, des biens de tous ceux qu'il eût pu accuser de porter atteinte à son autorité et à son pouvoir?

Au 2 Décembre, des agents de basse police ont affirmé, paraît-il, que des ordres avaient été donnés pour faire incendier et brûler, un à un, tous les quartiers de Paris où la résistance deviendrait inquiétante pour les conjurés.

On a aussi prétendu que, pour se soutenir, le second Empire n'hésiterait pas à s'engager dans des guerres successives, afin de contenir les idées dites révolutionnaires en occupant l'esprit public au dehors.

Un peu plus tard, pendant la disette qui sévit si cruellement lors de la guerre de Crimée, d'insaisissables émissaires se répandirent dans les campagnes, accusant çà et là certains gros propriétaires fonciers, certains grands seigneurs d'autrefois, d'accaparer les subsistances dans le but d'affamer le peuple et de nuire au gouvernement impérial.

Tout naturellement, on se crut obligé de rechercher les propagateurs de ces rumeurs calomnieuses et perfides; mais la justice de notre pays ne sut ni ne voulut sans doute rien faire pour trouver les coupables auteurs de ces vilenies.

Avec un monarque qui pouvait être soupçonné de recourir à de tels moyens pour se soutenir et entretenir sa popularité, les adversaires de son autorité, pourvus d'une grosse fortune, devaient y regarder à deux fois avant de s'engager à fond, en combattant au grand jour un tel mode de gouvernement.

Malgré cela, l'action aristocratique unie à celle de la gent ultramontaine n'en fut pas moins fort inquiétante et fort gênante pour le pouvoir impérial.

Car, s'il était impossible au monde du noble faubourg de lutter ostensiblement contre le second Empire, son influence dominante sur l'esprit du salon parisien, dans la société littéraire, artistique et financière, lui offrait un moyen de propagande avec lequel les vainqueurs de Décembre devaient forcément compter.

A coup sûr le gouvernement impérial n'ignorait rien de cette situation; ne lui était-il pas toujours facile de pénétrer les secrets « du monde où l'on s'ennuie », chez lequel il avait été tenu un moment en assez haute estime?

Rien ne fut donc plus affligeant pour notre Empereur que d'avoir à constater qu'au faubourg Saint-Germain et dans les vieilles résidences seigneuriales, il allait être de mode et de rigueur de combattre tout bas et de faire une guerre de ruse et de bons mots au despote couronné qui s'était partout fait applaudir au début de son règne.

Cette lutte sourde n'était, à coup sûr, pas très dangereuse; elle n'en avait pas moins le don d'irriter et d'exaspérer l'entourage impérial, qui s'en trouvait, à chaque instant, gêné et entravé dans ses relations.

C'était là un fait acquis contre lequel il n'y avait plus à revenir, car il n'appartenait plus à notre Empereur d'échapper aux conséquences de son alliance avec le roi d'Italie et son ministre. Et, pour comble d'infortune, tandis que les alliés du Vatican le tenaient tous en suspicion, depuis l'envahissement des Etats de l'Eglise par les troupes de Victor-Emmanuel, de leur côté, les républicains n'étaient pas disposés à se montrer beaucoup plus satisfaits.

Pour eux, l'affranchissement de l'Italie sans l'évacuation de Rome par l'armée française n'était qu'un succès incomplet et insuffisant, une demi-mesure contre laquelle ils ne devaient cesser de protester et de s'élever.

De tout temps favorables à la liberté et à l'indépendance des peuples, ils n'étaient nullement décidés à sacrifier leurs idées et leurs principes à la seule gloire du héros de Magenta et de Solférino.

De sorte que l'œuvre ébauchée au delà des Alpes, qui avait si vivement irrité toute la réaction monarchique, n'avait pas donné davantage satisfaction ni au peuple italien, ni aux républicains français qui protestaient à tout instant contre la présence de nos troupes aux portes de la demeure du « successeur de saint Pierre ».

Si nombreux et si dévoués que fussent encore, en ce temps-là, les féaux du despotisme, abandonnés à eux-mêmes, ils ne pouvaient plus rien faire pour protéger et consolider l'édifice impérial ébranlé.

Tandis que, du côté opposé, les orléanistes, les légitimistes et les républicains trouvaient partout dans leurs rangs des hommes dévoués et énergiques qui ne manquaient ni de valeur, ni de mérite, les fidèles du régime impérial se recrutaient toujours, pour la plupart, parmi les déclassés, les fruits secs de la politique, que l'extrême besoin, l'ambition ou l'intérêt attachaient encore à sa fortune.

Aussi, le second Empire n'avait-il plus qu'à se demander où il lui faudrait aller prendre les éléments nouveaux, de force et de puissance, que la défection en masse des gros réactionnaires venait de lui faire perdre.

Après avoir longtemps fait des questions extérieures son principal souci, nous approchions du jour où, par suite de l'isolement dans lequel il allait se trouver au milieu des partis, le gouvernement impérial s'était cru obligé de reporter toute son attention vers l'intérieur.

C'est ainsi qu'il nous sera donné de voir plus tard l'impérialisme s'engager dans une voie qui le fera, degrés à degrés, aboutir à l'Empire libéral.

De ce côté encore, Napoléon III trouvera le moyen d'en revenir aux conceptions de l'oncle légendaire, en octroyant au pays un nouvel « acte additionnel » destiné, comme le premier, à servir d'épilogue au régime de compression et de force brutale qui, par deux fois, s'était brusquement abattu sur nous.

On sait que ces tardives concessions ne furent d'aucun secours « au grand homme » : son neveu n'était pas appelé à en tirer plus de profit; il n'avait, à son tour, qu'à attendre l'heure des revers où toutes les gloires napoléoniennes allaient, une fois de plus, s'effondrer dans l'effroyable catastrophe de 1870.

VI

Décret du 24 novembre 1860 modifiant la Constitution impériale. — Le parti des « Cinq » au Corps législatif. — Les premières discussions au sein du Parlement intéressent de plus en plus le pays. — Suite des affaires d'Italie. — Garibaldi en Sicile et dans le royaume de Naples. — Difficultés intérieures et extérieures résultant de cette nouvelle prise d'armes. — Invasion des États du Pape par les troupes de Victor-Emmanuel. — Rappel de notre ambassadeur auprès du cabinet de Turin. — Le pays commence à se fatiguer des embarras qu'il entrevoit. — L'époque héroïque des gloires impériales de nouveau à la veille de prendre fin en notre pays. — Napoléon III se retourne du côté de l'Angleterre. — Ces alliances anglaises n'ont jamais affecté d'autre caractère que celui « d'action parallèle ».

Rivé et enchaîné à la politique italienne, bien plus assurément qu'il ne l'eût voulu, Napoléon III comprit enfin qu'il était temps pour lui de changer d'attitude, en associant tant soit peu le pays aux affaires de son gouvernement.

Surpris par des complications extérieures dont il ne lui appartenait plus d'entrevoir la fin, il se sentait pris du besoin de modifier sa politique et de combler le vide qui se faisait partout autour de lui depuis la guerre de 1859.

Ces soucis et ces préoccupations provenaient bien un

peu de la difficulté de faire vivre le régime despotique, en l'appuyant sur de constants succès destinés à en justifier et à en légitimer la durée.

Mais, en intervenant par les armes dans les affaires d'un peuple voisin qu'il voulait, disait-il, arracher au joug de l'étranger, il prononçait lui-même la condamnation de son propre système de gouvernement.

A cette même époque et sous les yeux de tous les peuples civilisés, n'obligeait-il pas la presse française à s'alimenter de vétilles et de discussions tirées des assemblées du dehors, où les orateurs anglais et italiens ne craignaient pas de s'exprimer hautement et librement, tandis que nos hommes politiques et nos écrivains devaient continuer à s'observer et à se ta[illegible] sans qu'il leur fût possible d'éclairer le pays, de rien faire, ni de rien dire qui pût être soumis au jugement de l'opinion publique.

Nous en étions arrivés ainsi à nous demander en vertu de quel phémonène, pour quelle raison autre que celle des intérêts d'un dictateur, nous restions privés des droits et des libertés dont l'Angleterre se montrait si jalouse et si fière, et dont nos alliés et protégés de la jeune Italie jouissaient dans une si large mesure?

A n'en pas douter, après neuf années du régime que nous subissions, notre Empereur se voyait acculé à la dure nécessité d'en appeler aux idées libérales, peu faites pour lui plaire d'ordinaire et dont il avait jusque-là pourchassé et persécuté tous les adeptes et tous les défenseurs.

Ce fut ainsi que, par décret impérial du 24 novembre 1860, la France fut inopinément informée qu'à l'avenir, lors de l'ouverture des Chambres, il serait voté, sous forme d'adresse, une réponse au discours du trône, permettant au Sénat et au Corps législatif de donner leur avis sur toutes les questions de politique intérieure ou extérieure.

Par ce décret, les projets de loi devenaient susceptibles d'être amendés. Enfin, comme autrefois, les débats des Chambres allaient être livrés à la publicité.

A la vérité, nous n'en étions pas encore au droit d'interpellation, au rétablissement de la tribune, ni aux propositions dues à l'initiative parlementaire. Mais, malgré tout, les concessions qui venaient d'être faites à la France pensante et éclairée n'étaient pas sans valeur. Si modeste que devait être leur rentrée en scène, les défenseurs des idées d'émancipation et de progrès n'en étaient pas moins en situation de lutter utilement et de préparer peu à peu le réveil de la nation.

N'ayant encore d'autre ambition que celle de se répandre et de se faire écouter, nos orateurs, que leur faiblesse numérique rendait peu redoutables, ne pouvaient penser à autre chose qu'à préparer l'avenir.

Ne savait-on pas, en effet, que cinq députés de l'opposition seulement avaient été envoyés au Corps législatif lors des élections générales de 1857, et que le renouvellement intégral de cette assemblée devait encore se faire attendre près de trois ans.

Il ne fallait donc pas espérer exercer du jour au

lendemain une très grande influence sur une majorité qui ne devait son apparition au Palais-Bourbon qu'à l'estampille officielle, alors seule en réelle faveur auprès du suffrage universel.

C'était de l'éducation politique du pays et du temps qu'il fallait attendre l'amélioration d'un état de choses dont le remède résidait dans une longue suite de débats et de discussions capables d'éclairer et de renseigner le corps électoral sur la façon dont il lui faudrait, un jour ou l'autre, comprendre ses devoirs.

Et, afin de retrouver sa place parmi les peuples jaloux de leurs droits et de leurs libertés, nos quelques opposants devaient, avant tout, préparer la venue de ceux qui, plus tard, auraient à réclamer pour la nation « les libertés nécessaires ».

En attendant, les trois orateurs du parti des Cinq, parmi lesquels se trouvait alors M. Emile Ollivier, n'avaient qu'à s'élever contre les inconvénients et les dangers d'une politique de renoncement et d'abandon, qui avait livré la France au caprice et à la désespérante et insuffisante volonté d'un seul.

Aussi, les libéraux de toute origine, de même que les républicains irréductibles, durent-ils longtemps louvoyer et se montrer d'une rare prudence pour arriver à se faire ouvrir les portes du cénacle législatif, dont les complices de Décembre avaient jusque-là réussi à les tenir éloignés.

Peut-être, à ce sujet, convient-il de dire que, malgré les imprécations et les injures qu'il fut longtemps de mode de déverser contre les hommes de 1848, seuls les républicains cependant avaient le droit de se vanter de n'avoir pas d'amis parmi leurs adversaires qui siégeaient au Sénat impérial et au Corps législatif.

Car, si les royalistes de 1815 et de 1830 n'avaient pas cessé de pactiser avec leurs coreligionnaires politiques qui s'étaient ralliés au second Empire, aucun des républicains félons qui prirent part à la curée des places et des honneurs après Décembre ne put prétendre ensuite à l'estime et à la considération de ceux qui surent rester fiers et dignes dans la persécution.

Mais revenons maintenant aux affaires d'Italie. Après les rapides et étonnants succès de Garibaldi en Sicile et dans le royaume de Naples, après l'envahissement des Etats du Pape par les troupes piémontaises, bientôt victorieuses des zouaves pontificaux et des pieux contingents recrutés dans toute la catholicité, nul dans les rangs du parti républicain français ne pensait plus à contenir et voiler ses espérances.

De ce jour, pour le plus grand nombre, l'unité de l'Italie semblait faite, malgré les obstacles qui allaient encore en retarder la réalisation. Partout on était convaincu que le plan du ministre Cavour, dont les conséquences n'échappaient plus à personne, était entré dans la voie de l'exécution. Dans la vie des peuples, il est peu d'heures où un ministre, si habile soit-il, ait jamais été à même de braver aussi impunément les colères soulevées contre lui, sans compromettre la cause à laquelle il devait consacrer son existence et attacher son nom.

Aussi ne faut-il pas se montrer surpris si, débordé

par les événements, de plus en plus gênants et compromettants pour lui, Napoléon III se crut obligé de protester avec une feinte indignation contre les procédés peu diplomatiques du cabinet de Turin. De là, le rappel de notre ambassadeur auprès de Victor-Emmanuel, que nul ne prit au sérieux au point d'y voir une menace contre « le Roi galant homme », qui n'était, pensait-on, que le complice entraîné des machinations ultra-patriotiques de son ministre.

Le gouvernement impérial ne pouvait donc supposer que, par le retrait de son ambassadeur, il réussirait à donner le change à l'opinion publique et à effacer toute trace de complication en Italie.

Il ne devait pas être beaucoup plus heureux en renforçant notre corps d'occupation à Rome, dans le but de rassurer, tant bien que mal, le monde catholique et de montrer sa mauvaise humeur au roi de Sardaigne et aux « chemises rouges » de Garibaldi. Car, en réalité, cette intervention indirecte n'était d'aucun secours au dernier des rois de Sicile et du royaume de Naples, dont le trône s'effondrait ; elle ne servait qu'à indisposer les adversaires de la papauté temporelle sans consoler ni calmer les pieux et zélés défenseurs « des droits de l'Eglise et de la légitimité ».

En affectant de se montrer peiné et contrit de ce qui se déroulait en Italie, notre Empereur ne faisait que dévoiler ses anxiétés et sa faiblesse en face des partis favorables ou en lutte avec la cour de Rome. Il en était de même des grands potentats d'Europe qui étaient loin de savoir gré à Napoléon III d'avoir mis le sabre au clair en Italie, au nom des droits et des libertés des peuples.

Dès le début de la guerre de 1859, on avait vu la Confédération prendre parti en faveur de la catholique Autriche. Seules, comme nous l'avons dit déjà, les ambitions prussiennes, dont la levée de boucliers du monde germain ne pouvait favoriser les visées particulières, avaient empêché les petits Etats allemands d'arriver à temps pour porter secours à l'empereur François-Joseph.

La paix rétablie, l'Autriche amoindrie et reléguée au second plan, le cabinet de Berlin n'avait plus qu'à s'imposer et à manœuvrer avec un peu d'habileté pour prendre la place restée libre, à la tête de ces petits Etats allemands.

Au point de vue français, nos succès en Italie n'avaient donc eu d'autre conséquence que celle de permettre à la Prusse de s'avancer sur l'Allemagne et, du même coup, de se préparer à nous combattre. Nous venions ainsi de simplifier et de faciliter la tâche ardue du comte de Bismarck, très résolu déjà, bien certainement, à englober toute l'Allemagne du Sud, qui ne semblait nullement disposée alors à se laisser absorber par la Prusse.

Sous le premier Empire, au delà du Rhin, il s'était accumulé tant d'irritations et de haines contre nous, que, depuis, il avait toujours été facile aux hommes d'Etat allemands de raviver et d'exciter ces animosités, surtout à dater du jour où la France était retombée sous le joug de l'héritier du grand Napoléon !

Donc, à l'époque où nous en sommes de ce récit, l'Allemagne entière, des rives du Danube à la Baltique et à la mer du Nord, ne nourrissait à notre égard que des sentiments de défiance et d'hostilité.

Moins malveillante peut-être, mais indifférente aux affaires de l'Eglise de Rome et à celles du nouveau royaume d'Italie, la Russie n'avait aucune raison pour s'enflammer outre mesure au souvenir de nos récentes victoires en Lombardie, alors qu'elle venait, de son côté, de subir désastreusement l'effort de nos armes en Crimée.

Le Tsar pouvait-il davantage s'intéresser au sort du Piémont, dont l'intervention dans la mer Noire avait dû lui paraître moins explicable encore que la nôtre?

Il y avait aussi l'Angleterre, dont l'appui aurait pu nous donner un certain regain de prestige. Mais que penser de cette alliée des heureux jours qui se dérobait et se retournait si aisément du côté de ceux qui ne pensaient qu'à nous nuire et à nous causer quelque dommage?

A peu près isolée en Europe, la France se retrouvait comme après 1830 et 1848, obligée de ne compter que sur elle-même.

En se condamnant à une politique extérieure qui n'était guidée par aucun esprit de suite, aucun lien tant soit peu traditionnel, nous perdions tous les avantages qui nous venaient de la paix de Paris, où le rôle à nous attribué nous avait permis, dès 1856, de reprendre une place honorable dans le concert des nations.

A n'en pas douter, malgré l'incohérence et la faiblesse de notre pouvoir dirigeant, notre prestige militaire était toujours intact; mais, dépourvu d'une action rationnelle dans nos affaires extérieures, c'était, en lui demandant toujours de nouveaux efforts, de nouveaux sacrifices, que notre gouvernement parvenait à se soutenir et à se faire respecter de l'étranger.

Il en résultait pour nous un indéfinissable cauchemar, de vagues appréhensions qui nous étreignaient et nous troublaient par instants, sans paraître toutefois nous effrayer outre mesure.

Ne savions-nous pas, à cette heure, que nul ne se serait encore risqué à nous inquiéter et à nous menacer chez nous, sans craindre davantage pour lui-même?

S'il y avait réellement lieu de veiller à conjurer les périls de l'avenir, il nous suffisait alors de nous montrer prudents et attentifs comme il convient à un pays qui peut être, tout à coup, environné d'ennemis. Il fallait, en cela, imiter l'attitude digne et recueillie de la Russie après la guerre de Crimée, qui lui avait valu la bienveillance, l'estime et le respect de toutes les nations.

Pourquoi notre Empereur ne sut-il pas tirer des échecs de sa politique internationale les leçons et les enseignements qu'ils contenaient? C'est qu'au fond, pour jouer sans cesse son rôle de dominateur et d'homme providentiel, Napoléon III était entraîné à ne voir dans l'art de gouverner que le besoin d'appuyer sa popularité sur des actions d'éclat à jet continu,

Mais les temps étaient changés déjà, et la nation ne semblait plus disposée à tous les sacrifices pour soutenir la gloire de son héros de rencontre, auquel l'avenir préparait une fin si lamentable et si honteuse.

Et, bien que les comparses du second Empire ne soient jamais guère sortis du rôle obscur et effacé qui leur était réservé, de même que les adversaires du pouvoir, ils n'en sentaient pas moins l'impérieux besoin d'un changement d'orientation de la politique impériale. De l'avis de tous, l'instant était venu où l'absolutisme ne pouvait plus compter uniquement sur la compression et l'intimidation pour exercer son influence sur une opinion publique déçue dans ses ardeurs patriotiques, dans ses rêves de gloire et de grandeur.

Même aux yeux des plus fervents et des plus entraînés, l'époque héroïque des luttes et des combats, où se joue gaiement le sort des nations, était encore une fois passée pour nous !

Forcément, nous allions en revenir à la politique défensive et prosaïque qui attend les événements sans avoir la prétention de les conduire et de les diriger.

Au demeurant, cette politique de bon sens et de raison, à l'allure froide et tranquille, aurait dû convenir au tempérament bilieux, flegmatique de notre Empereur, s'il n'avait constamment cherché à s'imposer au respect et à l'admiration des peuples par ses harangues redondantes et enflammées dans le genre de celles qui sont encore à l'usage de la plupart des grands potentats modernes.

Dans le calme et le recueillement de la vie, il aurait

pu cependant se rendre compte que l'opinion publique en France n'était plus là pour applaudir sans examen et sans réserve au langage prophétique et imagé de son héros d'un jour.

Certes, les années écoulées ne lui avaient pas fait perdre l'espoir de se relever et de se ressaisir. Il ne doutait pas qu'il pourrait, longtemps encore, faire figure au dehors et tenir tête aux événements. Toutefois, il est toujours inquiétant, pour un détenteur du pouvoir, d'être condamné à croire au peu de consistance et de solidité de l'édifice gouvernemental dont il est appelé à assurer le fonctionnement.

Aussi, l'irritation des partis hostiles, de même que celle des grandes puissances, ne lui importait-elle pas autant qu'on aurait pu le supposer. Ne savait-il pas qu'il ne se trouvait personne derrière lui pour prendre sa place et l'éloigner des Tuileries ?

Satisfaites ou non de nos récents exploits en Italie, les nations étrangères étaient trop divisées entre elles, d'ambition et d'intérêt, pour qu'il leur fût possible de rien entreprendre contre la France redevenue pacifique.

Il en était de même à l'intérieur, où nul parti ne pouvait encore donner sérieusement l'assaut aux vainqueurs de Décembre, toujours suivis et soutenus par la foule inconsciente, admiratrice des coups de force, instinctivement ennemie de toutes les supériorités.

Pour lui-même, Napoléon III n'avait donc pas lieu de s'inquiéter outre mesure des pieuses colères et des inimitiés sans nombre qui s'amoncelaient partout autour de lui. En effet, ce pouvoir dont il s'était nuitamment emparé n'était pas pour lui être ravi. Il semblait plutôt fait pour l'entretenir dans une fausse sécurité, dans une confiance aveugle qui devait, jusqu'au bout, lui dissimuler ses fautes et ses erreurs qui étaient surtout celles d'un chef d'Etat placé entre deux courants contraires, l'un prenant sa source à Rome et l'autre à Turin et à Florence.

Aussi, était-ce cette politique, tour à tour favorable et hostile à la cause italienne, qui devait faire de nous les dupes et les victimes des intrigues et des perfidies bismarckiennes.

C'était ainsi que, poussé sans cesse par le besoin de se montrer et de « faire grand », notre gouvernement en était arrivé à ne plus pouvoir braver l'hostilité de l'Europe monarchique, qui commençait à s'indigner des excitations et des ardeurs bruyantes soulevées partout autour d'elle.

En face d'un état de choses si précaire et si inquiétant déjà, Napoléon III avait évidemment pour devoir d'éviter de se laisser aller à une confiance périlleuse et coupable, à l'approche surtout de temps qui devenaient de jour en jour plus troublants et plus difficiles.

Par malheur, cette sagacité innée à l'usage de chacun n'était pas faite pour guider notre héros couronné qui, comptant toujours sur la force, se croyait sans doute dispensé d'obéir au simple raisonnement, à la saine prudence.

Dominé par ses visées dynastiques, fort mal comprises

du reste, mais plus vives et plus intenses avec l'approche de la vieillesse, notre Empereur se vit bientôt contraint d'en revenir à la politique extérieure du commencement de son règne.

Il avait dû, en partie, ses premiers succès à l'alliance anglaise, c'était de ce côté qu'il allait, de nouveau, tourner ses regards.

A l'instar du roi Louis-Philippe, auquel tous les puissants d'Europe reprochaient son acte de félonie et de traîtrise envers les Bourbons de la branche aînée, il se croyait obligé de tendre les bras aux fils d'Albion, qui, eux, se réservaient, à l'occasion, la douce satisfaction de lui faire subir un traitement aussi dur et aussi pénible que celui qu'ils infligeaient parfois au successeur de Charles X.

Disons-le hautement, pendant trente ans et plus, les hommes d'Etat anglais avaient consciencieusement exploité notre isolement en Europe, afin d'en tirer pour eux-mêmes le plus de profit possible.

Sans plus de malice, il leur suffisait de se laisser guider par les mêmes considérations pour accroître indéfiniment leur prestige et voir grandir leur popularité.

Plus notre gouvernement faisait d'efforts pour les conquérir, plus notre attitude leur facilitait les moyens de se répandre et d'étendre leur influence jusqu'aux extrémités de l'univers.

L'amour-propre national d'outre-Manche en ressentait un légitime orgueil, tandis que, de leur côté, les ministres de la reine Victoria en recueillaient tout le bénéfice et dans l'opinion publique et au sein du Parlement anglais.

Mais si, d'aventure, le Roi-Citoyen, ou plus tard le dernier des Bonapartes, s'avisaient par hasard de parler au nom des intérêts de la France, whigs et torys se trouvaient immédiatement d'accord pour nous accabler de leurs sarcasmes et de leurs impertinences.

Pour nous résister et nous contrecarrer plus sûrement, d'un même élan, tous alors s'apprêtaient à nous menacer d'ameuter l'Europe contre nous.

En présence de cette brutale malveillance, il ne nous restait plus qu'à prendre patience, à laisser l'orage se dissiper et à attendre des jours meilleurs.

Effectivement, toute plainte, toute récrimination n'aurait servi qu'à nous amoindrir et à nous rendre ridicules. Du reste, le plus souvent, en s'alliant à nous, l'Angleterre n'avait fait que répondre à nos avances. Presque toujours, elle avait pu ainsi éviter de nous faire aucune promesse qu'il lui eût fallu tenir, ou qui eût pu ensuite la gêner.

De notre plein gré, nous avions pris l'habitude de nous offrir et de nous livrer à elle, sans condition, sans réserve, sans espoir de compensation ou de retour : de quoi nous eût-il donc été permis de nous plaindre?

Pour prendre place dans l'aréopage des grandes puissances, la monarchie de 1830 et, après elle, le régime sorti du coup d'Etat de 1851 s'étaient tournés vers l'Angleterre dans un intérêt purement personnel. Ils ne s'étaient portés de ce côté que pour y chercher le point d'appui qui leur faisait défaut. Leur surprise et leur déconvenue devaient donc être plus feintes que réelles, lorsqu'ils manifestaient leur étonnement en constatant que l'Angleterre n'avait nullement l'intention de les prendre sous sa protection.

Seul, le bon peuple de France avait été trompé et abusé sur la réalité des choses.

Une même ruse diplomatique, destinée à voiler la faiblesse de ces deux gouvernements en face de l'étranger, avait suffi pour convaincre l'opinion publique et lui faire croire, sous le règne de Louis-Philippe comme sous celui de Napoléon III, que nos voisins d'outre-Manche ne demandaient qu'à s'allier à nous en vue de servir la cause du progrès et de la civilisation !

Etrange illusion ! Nos rapports d'amitié avec l'Angleterre ne s'étaient établis qu'au lendemain de crises gouvernementales fort mal jugées et appréciées en Europe ; l'alliance anglaise nous avait tout simplement servi à faire contrepoids à cette malveillance, quasi générale, à peine refrénée et dissimulée dans certains milieux.

Aussi, une fois engagées, n'était-il pas surprenant de voir les armées française et anglaise se trouver côte à côte, et combattre avec un égal courage et une parfaite loyauté.

Néanmoins, nos différents accords avec le gouvernement de la Reine ne dépassèrent jamais les limites du but poursuivi.

De nos jours, la langue diplomatique s'est, croyons-nous, enrichie d'une expression nouvelle pour définir de tels rapprochements : elle qualifie ces sortes d'alliances temporaires d'*action parallèle*.

A coup sûr, de 1830 à 1860, nos rapports les plus cordiaux avec le cabinet de Saint-James n'ont jamais dépassé cette mesure.

Sur aucun point, dans aucun cas, il n'y eut entente parfaite et complète, basée sur la communauté et la fusion des intérêts des deux nations clairement et nettement définis.

VII

Les traités de commerce de 1860. — Questions de protection et de libre-échange. — La concurrence américaine. — Les affaires de Chine. — Violation du traité de Tien-Tsin. — Nouvelle expédition en Extrême-Orient. — Prise de possession de l'embouchure du fleuve Saïgon. — Nul n'avait songé à faire de Napoléon III un grand homme. — La guerre du Mexique et la guerre de Sécession américaine.

Comme il était à prévoir, dès janvier 1860, nos rapports avec l'Angleterre étaient redevenus meilleurs. Sans nous leurrer de trompeuses apparences, nous avions pu constater qu'il y avait quelque chose de changé par suite de la signature d'un traité de commerce conclu entre les deux pays.

Les conséquences de ce traité nous faisaient passer d'un régime de protection intense et rigoureux à un système tout différent qui devait, croyait-on, aboutir un jour au libre-échange absolu.

Plus à l'aise à l'égard de la grosse industrie dans les questions économiques et commerciales, moins entravé par sa clientèle politique que les gouvernements de 1815 et de 1830, Napoléon III était évidemment plus à même que ses devanciers de tenter l'expérience d'une complète liberté dans les transactions commerciales avec l'étranger.

Aussi, en assurant le triomphe des théories préconisées par les économistes de France et d'Angleterre, théories en grande faveur auprès d'un certain nombre d'hommes d'Etat d'outre-Manche, le gouvernement impérial espérait, à coup sûr, retrouver au dedans une partie de son prestige et de son influence, que sa politique d'intervention dans les affaires italiennes venait de lui faire perdre.

De sorte que, si la grosse fabrication, la grande industrie pouvaient avoir à souffrir momentanément du régime nouveau qui allait lui imposer de lourds sacrifices, pour la transformation de son outillage et de ses moyens de production, l'ensemble du pays ne pouvait que s'intéresser à une réforme faite pour faciliter les échanges de tous les objets de consommation et de tous les produits fabriqués.

Ce traité abaissait en effet, dans une mesure assez sensible, les droits sur toutes les marchandises d'origine anglaise importées en France.

Il levait, en outre, toutes les prohibitions qui arrêtaient à nos frontières certains produits manufacturés dont la fabrication se trouvait ainsi monopolisée à l'intérieur sans utilité réelle et sans profit surtout pour l'ensemble du pays.

De son côté, par réciprocité, l'Angleterre ouvrait largement ses portes à presque tous les produits de notre industrie.

Elle abaissait également ses droits d'entrée sur nos

vins, nos eaux-de-vie et sur la plupart de nos produits du sol.

Presque aussitôt, plusieurs traités du même genre étaient en outre signés par nous, avec le Zollverein allemand, l'Italie et la Belgique.

Secondés par les multiples découvertes de la science, les nombreux perfectionnements apportés dans l'art de fabriquer, dans l'emploi de la force motrice, il n'était pas surprenant qu'à cette époque, les économistes français et étrangers se soient partout remués et agités pour faire adopter leurs attrayantes doctrines.

Encouragés et soutenus par un courant d'opinion qui emportait tous les peuples vers un irrésistible besoin d'amélioration et de progrès, leurs théories offraient aux imaginations un côté séduisant et entraînant contre lequel les idées et les intérêts contraires étaient incapables de réagir.

Au point de vue du pur raisonnement, était-il possible, en effet, d'admettre qu'à l'aide de la vapeur et de l'électricité, nous soyons arrivés à franchir les espaces, à parcourir les distances et à traverser les continents et les mers, de façon à permettre aux humains de communiquer plus facilement entre eux, sans qu'il en soit résulté aucun avantage matériel pour le bien-être de chacun?

Devait-on indéfiniment rester témoin de ces merveilleuses et étonnantes découvertes, dans les moyens de produire et de fabriquer, sans qu'il en résultât le moindre profit pour la société et les individus?

Il faut toujours admettre que les inventeurs, les

hommes de talent et de science, peu tourmentés d'ordinaire par le besoin de lucre, n'étaient guère disposés à croire que leurs prodigieux travaux ne devaient avoir d'autre effet que celui de permettre à certains intermédiaires d'attirer à eux la fortune publique et privée.

En principe, nul ne peut aspirer, sous la protection des lois, à frustrer l'humanité tout entière des bienfaits résultant pour elle des inventions et des découvertes qui sont le patrimoine du monde moderne.

Les traités de commerce internationaux, en stimulant la concurrence, devaient donc avoir l'avantage de mettre les nations et les peuples à l'abri de ces iniquités, ignorées des vieilles sociétés, mais dues en grande partie à la complicité ou au défaut de vigilance du législateur.

Forcée par ces traités de compter avec la production étrangère, la grosse industrie ne pouvait plus — sous le régime nouveau — chercher ailleurs que dans son habileté le perfectionnement de son outillage, l'utilisation judicieuse de ses matières premières, les moyens de résister à la concurrence étrangère.

Avec le maintien d'un droit compensateur sur toutes les marchandises venant du dehors, nos fabricants n'étaient aucunement sacrifiés ; mais il leur fallait renoncer à l'espoir de s'assurer le monopole de la fabrication et de la vente de marchandises pour lesquelles le consommateur avait dû, de tout temps, subir toutes leurs exigences.

Dans la suite, d'autres phénomènes économiques ont

produit d'autres effets favorables aux uns, contraires à l'intérêt des autres, provenant surtout de la surproduction américaine dont il a fallu nécessairement tenir compte; mais la plupart des nations européennes ont eu également, de ce côté, à surveiller leurs intérêts. Partant d'un pays de mise en valeur récente, la concurrence américaine, étrangement favorisée dans sa production agricole et minière, ne nous permettrait plus aujourd'hui de nous attarder à suivre jusqu'au bout les théoriciens du libre-échange.

Et puis, les conséquences de la guerre de 1870, qui pèsent encore si lourdement sur tous les peuples de l'Europe, ont obligé les uns et les autres à demander aux douanes une importante partie des ressources dont ils avaient besoin pour suffire à toutes leurs dépenses; aussi a-t-il fallu en venir plus ou moins au rétablissement de ces « anciennes barrières artificielles » appelées à faire revivre ces guerres de tarifs d'autrefois qui ne connaissent d'autre frein que leurs propres excès.

Quoi qu'il en soit, les traités de 1860 nous ont fait abandonner l'odieux système des prohibitions; ils ont habitué les peuples et les gouvernements à se faire de mutuelles concessions sur le terrain économique; ces gouvernements ont fait preuve ainsi de discernement et de bon sens, en ne laissant pas disparaître entièrement l'esprit d'émulation et de concurrence internationale.

C'est là, au fond, tout ce qui nous est resté d'une tentative généreuse en elle-même, mais avortée par suite de l'avidité américaine, de la rivalité des peuples entre eux, de l'égoïsme et de la mauvaise foi qui ne se lasseront jamais de livrer bataille aux intérêts sans défense.

A peine nous étions-nous mis d'accord avec l'Angleterre sur le terrain économique, que déjà notre gouvernement s'empressait d'en profiter pour s'engager à fond dans de nouvelles complications extérieures.

Par suite de la non-exécution des stipulations du traité de Tien-Tsin, — traité conclu et signé en juin 1858, entre l'Angleterre, la France et la Chine, — nous allions de nouveau nous trouver contraints d'envoyer des troupes et des vaisseaux de guerre en Extrême-Orient.

En faisant mine d'accepter les clauses et les conditions de ce traité, le colosse chinois n'avait eu d'autre but que celui de nous éloigner de ses côtes et de ses frontières.

De sorte que, sitôt après la signature de la paix et le départ des flottes françaises et anglaises, — qu'elle espérait bien ne plus revoir de longtemps, — la Chine n'avait pas tardé à oublier et ses engagements et ses promesses.

Il n'y avait donc pas à hésiter; notre honneur et notre considération dans le monde nous faisaient un devoir de renvoyer des troupes et de reprendre la lutte contre les Célestes, de nous engager enfin dans une nouvelle expédition, plus facile peut-être à justifier à nos yeux que la première.

Effectivement, à la suite de l'Angleterre, nous nous étions à tout hasard laissés entraîner dans une guerre avec la Chine, dont on s'occupait encore peu alors en Europe.

Après la violation du traité de Tien-Tsin qui l'avait terminée, il n'était plus temps de calculer avec les frais, les difficultés et les embarras qui pouvaient résulter de cette seconde expédition.

Abandonnée à elle-même, l'Angleterre se serait certainement contentée d'enfermer la Chine dans ses ports en occupant quelques points importants de son littoral et en entravant, du même coup, sa navigation sur ses principaux cours d'eau.

Elle aurait ainsi, sans grands frais, attendu patiemment le jour où le peu vulnérable Empire chinois se serait vu contraint de venir à composition.

Rien assurément ne nous commandait ni ne nous obligeait à faire davantage. Mais le puissant génie qui nous gouvernait, et qui s'était réservé le commandement de nos flottes et de nos armées, trouvait préférable « de faire grand », selon l'expression d'un de ses plus funestes conseillers de la fin de son règne.

Tourmenté sans cesse par cette idée malheureuse, notre Empereur ne pouvait s'en tenir à une simple démonstration militaire et navale dans les mers de Chine. Cette action lente et prudente n'était-elle pas condamnée à l'avance à rester sans gloire et sans grandeur?

Nous trouvant toujours privés de la plus petite liberté de presse, cette seconde expédition aurait certainement passé aussi inaperçue que la première, si la prise de Pékin n'était venue nous surprendre et nous tirer de la somnolence qui nous étreignait depuis tant d'années.

Habitués que nous étions à voir partout nos soldats victorieux, leur valeur et leur intrépidité, dont on abusait trop souvent, n'avaient plus le don de nous surprendre ni de nous émouvoir.

Aussi, lorsque dans Paris et dans la France entière les murs se couvrirent d'affiches blanches annonçant officiellement l'entrée des troupes françaises dans la peu hospitalière capitale de l'Empire du Milieu, ce fut surtout par un mouvement de curiosité mêlée de surprise que cette merveilleuse nouvelle fut généralement accueillie.

En réalité, les causes de cette indifférence et de cette apathie tenaient assurément à ce que nos guerres et nos expéditions lointaines, conduites en commun avec l'Angleterre, n'avaient jamais été entreprises qu'à l'insu du pays et dans le vague espoir d'assurer au gouvernement impérial l'appui et la bienveillance de notre puissante voisine dans les affaires d'Europe.

C'est ainsi que nous nous étions engagés dans le détroit des Dardanelles et en Crimée, sans la moindre idée arrêtée, sans le plus petit accord diplomatique qui eût pu nous être de quelque utilité au jour de la conclusion de la paix.

C'était d'une façon en tous points semblable que nous venions de retourner en Chine sans être plus fixés sur les conséquences possibles de cette nouvelle expédition, par delà les continents et les mers; entreprise autrement importante pour notre froide alliée qu'elle n'avait chance de l'être pour nous-mêmes.

De là, le défaut d'élan et de sympathie du public pour les affaires de Chine, dont nous ne comprenions ni le but, ni l'utilité. Seul, le silence de la presse permettait au chef de l'Etat d'ignorer les véritables sentiments du pays au sujet de cette équipée guerrière qui lui semblait absolument sans attrait.

En accomplissant son œuvre, le temps a peut-être trouvé une excuse à cette héroïque folie qui nous conduisait à Pékin sans qu'il nous eût été donné de savoir à quelles difficultés et à quels obstacles nos troupes pouvaient se heurter.

Plus tard, au mois de février 1861, la prise de possession de l'embouchure du fleuve de Saïgon par une frégate (1) de l'escadre des mers de Chine, venant de Hong-Kong, nous a permis de prendre définitivement pied dans toute l'Indo-Chine; contentons-nous de ce résultat qui nous préserve aujourd'hui de toute pensée de convoitise dans ces lointains parages.

Mais laissons au second Empire tout le bénéfice de cette acquisition, avec l'espoir que ces territoires du continent asiatique resteront à jamais rattachés à notre splendide domaine colonial qui a pris, depuis, une si grande extension.

Réconcilié tant bien que mal avec l'Angleterre, notre Empereur se retourne aussitôt vers Rome, dans l'espoir, quelque peu chimérique, de rentrer en grâce auprès de Pie IX, qui s'était, dès la première heure, montré très décidé à ne rien concéder dans la question de la papauté temporelle.

---

(1) La frégate l'*Impératrice Eugénie*, ralliant la *Didon* qui bloquait déjà l'embouchure du fleuve depuis un an.

Toutefois, dans son désir excessif de plaire à la curie romaine, notre héros venait de faire rouvrir les portes de la Chine aux missions catholiques. Dans un but plus significatif encore, nouveau croisé, il n'hésitait pas à envoyer nos troupes en Asie Mineure, pour y secourir les Maronites du Liban, que nos bons amis les Turcs — de tout temps indifférents au sort des chrétiens — laissaient piller et massacrer, sous leurs yeux, par les Druses.

Avec le consentement de l'Europe, — qui ne se sentait pas entraînée au même degré, — nos soldats, au nombre de sept ou huit mille, allaient donc reprendre le chemin de l'Orient et gagner la Turquie d'Asie pour aller, disait-on, y protéger nos coreligionnaires vivant dans le voisinage des « lieux saints », où ils étaient sans cesse exposés aux persécutions et aux cruautés de sectes dissidentes, aussi intolérantes et aussi fanatiques que les Osmanlis eux-mêmes.

En s'érigeant ainsi en zélé champion de la foi catholique, sans nul doute Napoléon III espérait recueillir pour sa progéniture et pour lui-même le bénéfice de ce témoignage de dévouement et de condescendance envers la chrétienté.

Incommensurable erreur! peine inutile! A ce moment, les catholiques de France n'avaient les yeux tournés que du côté de l'Italie, où le vainqueur de Magenta et de Solférino n'était plus le maître des événements, dont l'entière responsabilité n'en devait pas moins retomber sur lui jusqu'à sa chute.

Lorsque, dans son indignation, Pie IX fulminait et

lançait ses imprécations contre ses agresseurs et leurs complices; que, par contre, l'Europe libérale, haletante et enflammée, s'associait de pensée et de cœur aux adversaires de la cour de Rome, ce n'était ni en allant au secours des chrétiens d'Orient, ni en rouvrant les portes de la Chine aux missions catholiques, que Napoléon III pouvait avoir chance de retrouver les bonnes grâces du clergé de France et des hauts dignitaires de l'Eglise.

Le monde sacerdotal, qui le tenait en suspicion, n'avait plus à juger les transformations survenues en Italie que par leurs conséquences. Il n'en était plus à se laisser prendre au bon vouloir et aux tardives habiletés du gouvernement impérial.

Son incursion en Syrie ne put rien contre les rivalités séculaires des Orientaux. Elle ne parvint pas davantage à détourner le Vatican de ses préoccupations touchant les affaires d'Italie.

Tout au plus servit-elle à nous montrer l'Angleterre toujours aussi mal disposée envers notre gouvernement, sitôt que notre Empereur se croyait en mesure d'agir seul, au nom d'intérêts différents de ceux de notre alliée.

Aussi, afin d'éviter des complications que le sujet ne comportait guère, n'avions-nous plus qu'à nous retirer et à évacuer, encore une fois, les pays d'Orient. C'est ce que nous fîmes du reste en juin 1861.

Il nous fut donc facile d'en conclure : que la guerre de Chine n'avait qu'imparfaitement réussi à nous valoir les bonnes grâces du cabinet de Saint-James; que

6

l'expédition de Syrie, pas plus que le renforcement de notre corps d'occupation à Rome, n'avaient eu le don de réconcilier le second Empire avec le Sacré-Collège.

Dans la suite, d'autres tentatives furent faites par la cour des Tuileries, afin de soustraire notre gouvernement au cauchemar italo-romain, mais ce fut toujours en pure perte. Il n'était au pouvoir de personne de concilier l'inconciliable.

Seul, le temps pouvait consoler quelque peu la papauté, qui se voyait enserrée dans Rome et qui ne voulait, à aucun prix, se dessaisir de sa souveraineté temporelle.

Chercher à contenir ses lamentations et ses plaintes, c'était lui faire croire à leur efficacité. C'était, pour le second Empire, faire montre de son anxiété et de sa faiblesse en face de la puissance sacerdotale. En un mot, c'était exciter et encourager les cris de douleur et les accès de désespoir de toutes les âmes pieuses qui aspirent aux récompenses célestes.

Il fallait donc laisser dire et laisser faire les uns et les autres, sans paraître les écouter ou les entendre. C'était l'unique moyen de les ramener au calme et à la raison.

Que ne l'a-t-on compris, en haut lieu, à l'heure où il était temps encore de nous soustraire à l'influence funeste « des princes de l'Eglise ».

Quelle opinion notre Empereur se faisait-il donc de notre pays, pour se croire obligé de nous jeter tour à tour dans les aventures les plus invraisemblables?

Avec la prise de possession d'un pouvoir sans limite,

était-il devenu subitement le propre ennemi de son repos, de la paix et de la tranquillité des peuples?

Nous ne pouvions pas nous tirer d'une affaire embarrassante ou mauvaise sans nous retrouver aussitôt engagés dans une autre. Mais notre nation, en se livrant au neveu du grand Napoléon, ne lui avait rien demandé de pareil. Elle n'avait, en aucune façon, nourri l'espoir de ramener la France à ces temps d'héroïque barbarie où les peuples étaient sans cesse condamnés à se ruer les uns contre les autres.

A coup sûr, Napoléon III s'était grossièrement et étrangement trompé sur les causes qui avaient entraîné le plus grand nombre à l'acclamer une première fois le 10 décembre 1848, et à maintes reprises après décembre 1851.

Tout ce qu'avaient voulu les plus dévoués parmi les siens, c'était de lui faire occuper le pouvoir suprême, afin d'en éloigner la légitimité, et avec elle la famille d'Orléans, dont les masses craignaient toujours le retour.

Ne croyant pas alors aux chances de durée du gouvernement de la République, les uns et les autres semblaient s'être donné le mot pour faire un empereur de l'héritier du premier des Bonapartes, auquel ils attribuaient des opinions et des visées plus conformes aux leurs.

Napoléon III n'avait donc qu'à se laisser vivre en confiant au temps le soin d'asseoir son gouvernement, en se rappelant aussi un peu que l'impérialisme était, chez nous, sorti de la Révolution.

En vérité, n'y avait-il pas là quelque chose tenant à la

démence, dans cette idée bizarre et malsaine entre toutes, qui portait notre Empereur à supposer que le pays attendait de lui des hauts faits et des merveilles!

Avec un peu de bon sens, de modestie surtout, il se serait vite convaincu que, dans aucun coin de la patrie française, on n'aspirait à faire de lui un héros armé d'un glaive et orné de la couronne des triomphateurs.

Revenant à la série d'aventures malheureuses qui n'ont cessé d'occuper le second Empire, nous en arrivons à la guerre du Mexique, sur laquelle nous n'aurons pas à nous étendre outre mesure, étant donné que cette malencontreuse expédition a été de tout temps jugée et condamnée avant même d'avoir produit ses plus funestes effets.

Nous ne nous arrêterons pas davantage à l'opinion de ceux qui ont prétendu que cette guerre détestable n'avait été entreprise que pour arracher quelques gros millions au gouvernement mexicain, qu'un aventurier étranger — qui s'était fait naturaliser Français dans l'intérêt de son opération — se disposait à extorquer de connivence avec l'un des séides les plus en vue parmi les familiers des Tuileries.

Il est néanmoins fort probable aujourd'hui que nous ne connaîtrons jamais la « grande pensée du règne » qui nous conduisit jusqu'à Mexico?

Ce que nous savons, c'est que la grande pensée dont il s'agit pouvait bien résider dans le désir de notre mystique souverain d'aider à faire disparaître une des plus importantes républiques de l'Amérique du Nord.

En nous laissant le champ libre pour entrer au Mexique, la guerre de Sécession ne semblait-elle pas faite alors pour amener de graves changements dans la grande république américaine, aux prises avec une guerre intestine qui semblait menacer son existence.

Ayant lieu de croire que nous étions à la veille de voir disparaître cette puissante fédération, à tout hasard, n'aurait-il pas rêvé de faciliter lui-même cette dure besogne, en créant un empire dans le voisinage de la patrie de Franklin et de Washington?

Ajoutons que, parmi ceux qui sont tourmentés par le besoin de tout comprendre et de tout expliquer, on a dit aussi que Napoléon III n'avait envoyé nos troupes au Mexique que pour avoir un trône à offrir à un prince autrichien, en échange de la Vénétie.

Actuellement, ceci nous importe peu. Tout ce qu'il nous faut retenir de ces diverses suppositions, c'est qu'entre toutes il ne s'en soit pas rencontré une seule où l'intérêt national, l'intérêt français eût pu trouver son compte.

S'il est admis que le despote peut parfois produire de grandes choses, qu'on ne saurait tenter dans les pays libres, faut-il encore que ce génie brutal et audacieux soit merveilleusement doué pour les entreprendre et les conduire heureusement jusqu'au but poursuivi.

VIII

Le tsar Alexandre Ier après 1814 et 1815. — Le traité de Sainte-Alliance. — La politique contre-révolutionnaire de la Russie. — La révolution de 1830 et le nouvel empereur de Russie, Nicolas Ier. — La politique extérieure de l'autocratie russe favorise les visées ambitieuses de Londres et de Berlin.

Il ne s'agit plus ici de reprocher à notre gouvernement son incohérence et son inhabileté dans ses rapports avec l'étranger. En nous reportant à une autre époque, le moment est venu de rappeler qu'au sortir des guerres du premier Empire, la Russie ne sut pas mieux tirer profit pour elle-même du rôle unique que les événements de 1814 et de 1815 lui avaient permis de prendre en Europe.

Au lendemain du succès de nos envahisseurs, seul en effet, le tsar Alexandre Ier avait pris spontanément envers nous une attitude à la fois digne et bienveillante qui ne manquait ni de grandeur, ni de générosité.

La France, désemparée et accablée autant que malheureuse, avait trouvé quelque consolation en découvrant tout à coup, dans son plus puissant ennemi, un admirateur enthousiaste de son génie et de ses gloires passées.

A la tête d'un grand Etat, complètement séparé de

nous plus encore par son organisation, ses mœurs et ses coutumes que par la distance, il lui avait été plus facile qu'à nul autre de se tenir à l'écart des rivalités et des convoitises de ses alliés, acharnés à se disputer et à se partager nos dépouilles.

Aussi, dans ce concert d'avidités gloutonnes, d'insatiables appétits, l'empereur Alexandre avait-il constamment affecté une droiture et une modération qui lui avaient valu, de proche en proche, l'estime et la confiance de tous les peuples victimes comme nous de nos revers et de nos désastres.

Par malheur, ce rôle, enviable entre tous, qui ne pouvait manquer de procurer au successeur de Pierre le Grand les sympathies et l'admiration du monde civilisé, allait l'entraîner vers une politique néfaste dont la Russie moderne ressent encore aujourd'hui les funestes effets.

Acclamé de tous les côtés à la fois par les vainqueurs et les vaincus des luttes récentes, il voulut croire — comme Napoléon III plus tard — à sa mission providentielle, à son apostolat du despotisme, sans se douter du dommage qui pourrait en résulter pour son propre pays.

Fort d'un pouvoir incontesté et sans limite, d'une autorité grandissante dans toute l'Europe, il ne craignit pas d'entraver et d'enchaîner sa liberté d'action par la signature d'une convention diplomatique vouée à l'exécration générale et restée longtemps odieuse, sous le nom de « Sainte-Alliance ».

Que ne s'aperçut-il à temps qu'il n'appartenait à

personne d'empêcher les peuples de vivre d'espérance et de croire à un sort meilleur, et qu'un tel traité, essayant de priver les humains du droit d'espérer, de penser et d'écrire, ne pouvait manquer de soulever l'indignation et la colère de tous les hommes libres, peu disposés à subir les injonctions et les menaces de l'absolutisme et de la force?

Qui donc était capable d'oublier que la Révolution française, en faisant entendre ses retentissants échos par delà nos frontières, était faite encore pour remuer et passionner les générations nouvelles?

Ce pacte odieux de la Sainte-Alliance, conclu entre les cabinets de Pétersbourg, de Vienne et de Berlin, qui semblait fait pour combattre les vues et les aspirations de l'intelligence et du monde moderne, n'eut, malgré tout, d'autre résultat que d'imposer au grand potentat du Nord une politique extérieure néfaste et sans lendemain, où le souci des affaires particulières des autres Etats allait prendre la place des intérêts de la Russie.

Et, tandis que les tsars s'engageaient successivement et indéfiniment à prendre en main la cause des rois et des princes peu sûrs de l'estime et de l'affection de leurs sujets, la Prusse et l'Autriche, plus sceptiques et moins entraînées dans ce mouvement de recul, semblaient très décidées à ne pas faire grand cas d'un instrument diplomatique qui ne leur était d'aucun secours dans leurs rivalités et dans leurs querelles particulières.

Aussi, cette soi-disant Sainte-Alliance ne fut-elle

jamais prise au sérieux que sur les rives glacées de la Néva.

La France parlementaire, libérale et républicaine n'y vit pas autre chose qu'une outrageante menace dirigée contre elle; mais à Londres, et plus tard à Berlin, cette répulsion mal dissimulée des vues et des tendances de l'autocratie russe devait avoir pour effet de favoriser les visées ambitieuses et absorbantes de ces deux cabinets assez peu disposés à regarder les questions extérieures par leur côté sentimental.

De sorte que la Russie, sans but et sans utilité pratique, s'était laissée absorber dans son œuvre de vigilance et de surveillance contre-révolutionnaire, tandis que l'Angleterre, plus sagace et plus avisée, s'assurait la domination des mers.

La Prusse, plus faible et par cela même plus inquiète et plus prudente, mais tout aussi clairvoyante, attendait patiemment l'heure tant désirée où elle pourrait briser les formidables obstacles qui paraissaient faits pour la contenir et pour mettre, longtemps encore, un frein à ses ardeurs combatives et envahissantes.

Il n'était pas jusqu'aux Etats-Unis d'Amérique, devenus plus entreprenants et plus osés, à mesure qu'ils grandissaient en force et en richesses, qui n'eussent voulu assurer leur avenir en prenant pour dogme de leur politique extérieure la « doctrine de Monroë ».

Seule, dans cette lutte ardente et passionnée, où chacun trouvait la satisfaction de ses intérêts, la toute-puissante Russie, en pratiquant une politique de contre-révolution qui l'éloignait à tout jamais du monde moderne, se vit condamnée à rester enfermée dans ses mers de glace, surveillée et menacée de toutes parts, à la moindre velléité d'expansion maritime ou continentale.

C'est assurément là tout ce que valut à l'autocratie russe cette politique de réaction insensée à laquelle, malgré les apparences, nul autre Etat d'Europe ne voulut réellement s'intéresser, ni s'associer, au point d'en faire un système, un dogme de gouvernement.

C'est ainsi qu'au cours du XIXe siècle, notre infortunée alliée d'aujourd'hui, si influente et si puissante après la chute du premier Empire, s'est trouvée constamment reléguée vers les confins de l'Asie, sans réussir jamais à tirer le moindre avantage pour elle-même d'une situation qui lui avait donné sur notre continent un rôle quasi prépondérant.

Il était en effet vraiment singulier de vouloir croire, à Pétersbourg, qu'à l'aide de hordes guerrières tirées de la Moscovie, des rives du Don et du Volga, le prétendu colosse russe parviendrait à contenir et à mater les peuples d'Occident qui ne semblaient guère disposés alors à se soumettre, ainsi que nous venons de le dire, aux injonctions de la force.

L'inanité d'une telle prétention explique aisément le peu de succès qui lui était réservé. D'un bout à l'autre de la France, dès juillet 1830, malgré l'allure hostile et menaçante du « géant du Nord », on n'en acclamait pas moins frénétiquement cette révolution nouvelle qui faisait passer la couronne du roi Charles X sur la tête de son cousin Louis-Philippe.

Certes, une révolution semblable, survenue quinze ans seulement après Waterloo, ne put évidemment trouver grâce devant le chef dirigeant de la Sainte-Alliance; toutefois, l'empereur Nicolas Ier, — qui avait succédé cinq ans plus tôt au tsar Alexandre, — si foncièrement hostile qu'il fût aux idées et aux principes des sociétés modernes, n'était cependant pas, autant qu'il semblait le croire, en situation d'imposer ses théories gouvernementales et ses lois d'absolutisme aux autres peuples du continent.

Confiante en elle-même et en son avenir, débordante de vigueur et d'enthousiasme, la France de 1830 ne prenait nullement au sérieux les prétentions outrecuidantes et burlesques de la Sainte-Alliance.

Aussi, était-ce en pure perte que le nouvel autocrate de Russie fulminait et lançait ses imprécations contre nous; car, partout on se rendait parfaitement compte que cette animosité grotesque, cette fureur implacable resteraient sans effet au delà des limites des Etats du tout-puissant monarque.

Il ne s'ensuivit pas moins que, pendant de longues années, nos rapports avec la Russie se ressentirent cruellement de cette hostilité aussi fâcheuse et aussi tenace que peu raisonnée, mais faite, malgré tout, pour peser lourdement sur notre politique extérieure.

En revendiquant pour nous-mêmes le droit de nous gouverner à notre guise, et sans prendre l'avis des Etats étrangers, les combattants de juillet 1830 et leurs nombreux admirateurs n'avaient eu d'autre but que d'en finir, une fois pour toutes, avec la royauté légitime, dont le retour en France n'avait été que la conséquence de nos revers.

A cette malveillance inique et injustifiée de l'autocrate russe, nous n'avions eu qu'à opposer des idées plus larges, plus tolérantes et plus conformes aux aspirations des peuples civilisés, pour réduire à néant des prétentions chimériques autant que surannées.

Ce détestable système de gouvernement n'avait eu d'autre conséquence que de forcer la France et la Russie à vivre sans cesse aux deux pôles opposés de la politique européenne, comme auraient pu le faire deux Etats rivaux d'ambition et d'intérêt, et par cela même hostiles l'un à l'autre.

Cette rivalité factice et sans but ne servait donc qu'à exciter les appétits et les convoitises de certaines nations qui en profitaient pour étendre leur influence et préparer au gré de leurs désirs les solutions de l'avenir.

Pour un temps indéterminé, il devenait loisible ainsi aux chancelleries anglaise et allemande de jongler et de manœuvrer tout à leur aise, en inclinant tantôt vers la Russie, tantôt vers la France, selon leurs intérêts du moment.

Par suite de ce pernicieux jeu de bascule, tout à l'avantage de nos rivaux, le cabinet de Pétersbourg ne s'était réservé d'autre rôle en Europe que celui de protecteur et de défenseur des rois et des princes en lutte avec leurs sujets, aux prises avec des difficultés intérieures dont il fallait, le plus souvent, les rendre responsables.

Cette tâche aride et ingrate s'il en fût avait valu de temps en temps, aux astucieux amis du Tsar, plus d'une de ces victoires diplomatiques dont, seuls, Allemands et Anglais se voyaient à même de profiter.

Ne savaient-ils pas qu'une entente entre la France et la Russie ne viendrait pas inopinément déranger et troubler leurs projets?

Aussi, rassurés de ce côté, les hommes d'Etat de Vienne, de Londres et de Berlin pouvaient-ils, en toute sécurité, imposer tour à tour leur manière de voir à toutes les puissances de l'Europe.

Dans la plupart des grandes questions internationales, il en fut du reste ainsi, à dater de la proclamation de la royauté de 1830 jusqu'à la guerre de Crimée.

On ne saurait trop le redire, pendant ces longues années, toute la tactique des chancelleries anglaise et allemande se réduisit à ruser et à louvoyer de façon à neutraliser, l'un par l'autre, les cabinets de Pétersbourg et de Paris.

On est aujourd'hui entièrement fixé sur les responsabilités encourues alors par l'empereur Alexandre et son successeur, Nicolas Ier, coupables auteurs de cette politique, aussi dommageable aux véritables intérêts de la Russie autocratique qu'à ceux de la France moderne.

Tout ce qui reste à souhaiter maintenant, c'est de n'y jamais voir notre alliée du Nord y retomber à l'avenir. Une seule leçon de ce genre devrait amplement suffire pour nous préserver d'autres conceptions semblables.

Due à notre initiative, beaucoup plus qu'au bon

vouloir de l'Angleterre, la paix de Paris semblait devoir effacer pour longtemps jusqu'aux dernières traces de cette aveugle inimitié qui avait depuis tant d'années inspiré à la cour de Russie une politique extérieure antifrançaise.

A l'époque actuelle, il n'en serait plus ainsi, car les vieilles animosités, les vieilles coutumes, les vieilles traditions ont partout fait place à un besoin d'entente et de rapprochement des peuples entre eux. A côté des grands ministres d'autrefois, sans cesse aux prises avec des ambitions rivales, toujours prêtes à leur disputer le pouvoir, nous voyons des hommes d'Etat nouveaux, plus osés et plus sûrs de leur lendemain, ne se laissant plus influencer ni dominer par aucune intrigue de cour ou d'antichambre, par aucune influence de caste ou de boudoir.

L'habileté de ces diplomates d'aujourd'hui résidera de plus en plus dans l'art qu'ils sauront déployer pour trouver leur point d'appui dans l'opinion publique, à la base de la société.

Après cette recherche, il leur suffira de rattacher à leur cause toutes les initiatives, toutes les intelligences, toutes les forces vives qu'une nation peut utiliser dans la guerre, pour prendre une attitude ferme et résolue qui leur vaudra déjà un premier succès.

Ce résultat obtenu, nous les verrons ensuite, pleins de confiance et d'audace, se dresser formidables devant ceux qui voudraient leur barrer la route et faire obstacle à leurs projets.

Telle fut la tactique de Cavour, qui rompit avec la

gent titrée, à laquelle il appartenait, et qui ne craignit pas de s'éloigner des siens en se mettant à la tête de la révolution italienne.

Telle fut plus tard la façon de s'engager du « chancelier de fer », que ses opinions personnelles et son passé soudaient et rattachaient au parti féodal de l'ancienne Prusse, et qui n'hésita pas, malgré cela, à rompre avec la tradition particulariste pour devenir le grand chef du mouvement unitaire de l'Allemagne.

Désireux, avant tout, d'étendre les domaines de son maître, et d'empiéter sur ceux du voisin en flattant autour de lui l'amour-propre national, on le vit ainsi, en toute circonstance, bien plus préoccupé de rechercher les moyens d'attirer dans son orbite tous les peuples et tous les gouvernements d'outre-Rhin, que de faire triompher les idées de son parti.

Effectivement, ce ne fut qu'après avoir fait la conquête morale des populations qu'ils voulaient entraîner à leur suite que les astucieux ministres de Prusse et de Sardaigne résolurent froidement, chacun à leur heure, d'en appeler à la fortune des armes.

Au cours de ces années tragiques, qui devaient modifier si profondément l'état de l'Europe, au détriment de tous les spectateurs inconscients de ces luttes suprêmes, l'action gouvernementale des neutres fit jusqu'au bout complètement défaut.

De plus en plus débordé par les conséquences de son principe des nationalités, dont on faisait dans l'entourage impérial un dogme de gouvernement, notre Empereur voyait à chaque instant ce principe exploité contre l'intérêt français, sans produire le moindre résultat susceptible de nous valoir l'amitié d'aucun peuple.

Du reste, cette théorie des nationalités, imprécise en elle-même et tirée du programme des libéraux et des républicains de 1830 et de 1848, ne ressemblait que de très loin à l'application qu'en voulait faire l'impérialisme napoléonien. En se l'appropriant, l'héritier du grand homme ne s'était sans doute pas aperçu que les fanatiques d'émancipation et de liberté de l'époque précédente étaient des hommes généreux et enthousiastes, — condamnés à lutter sans cesse contre les tendances despotiques et autoritaires des vieilles monarchies d'Europe, — n'ayant aucun ménagement à garder à l'égard des chancelleries et des gouvernements étrangers.

Se sachant encouragés et soutenus par les acclamations unanimes de tous ceux qui luttaient et combattaient pour échapper à l'oppression et à la tyrannie des grands maîtres du monde, ils ne se sentaient liés par aucune considération de bon voisinage avec des Etats qui affectaient de nous être hostiles.

Au souvenir de ces penseurs émérites dont la droiture et la loyauté constituaient leur plus brillant apanage, n'était-il pas surprenant d'entendre le vainqueur de Décembre, entouré de ses complices et de ses sicaires, se faire le porte-bannière de l'équité et de la justice internationale, alors qu'on avait vu ce singulier philanthrope s'efforcer de réduire notre pays à l'état de servitude?

IX

L'insurrection de Pologne de 1863. — Notre Empereur échoue dans son projet d'intervention en faveur de la cause polonaise. — De nouveau, la Russie s'éloigne de nous. — Hostilité des partis contre le second Empire. — La guerre du Mexique devant le Corps législatif. — La résistance mexicaine comparable à celle des Espagnols sous Napoléon Ier.

Vers le commencement de l'année 1863, une nouvelle insurrection s'étant produite en Pologne, notre Empereur reprit, sans plus attendre, ses ardeurs combatives et aventureuses.

Là encore, ne trouvait-il pas une superbe occasion pour mettre flamberge au vent et agiter le spectre de la guerre en flattant le sentiment populaire.

Sûr de trouver, de ce côté, d'assez vives sympathies, il n'avait pas hésité à tenter le possible et l'impossible en faveur de nos anciens alliés des rives de la Vistule.

Oubliant ses devoirs de chef d'Etat d'un grand pays, à l'instar de la presse française et de l'opinion publique, il avait pris en main la cause polonaise et s'était jeté à corps perdu dans la mêlée sans se rappeler assez tôt que les temps étaient changés depuis les guerres de Crimée et d'Italie.

En grande partie réconcilié avec la Russie, lui était-il

si difficile de comprendre que sa responsabilité lui commandait de pratiquer ses devoirs autrement qu'un peuple impressionnable à l'excès, qui n'a pas, au même degré, à peser ni à juger les conséquences de ses manifestations?

Quand éclata l'insurrection de Pologne de 1863, plus d'un homme politique fut tenté de regretter et de blâmer sévèrement cette prise d'armes qu'on a soupçonné, à tort ou à raison, notre Empereur d'avoir encouragée, sinon fomentée.

On ne s'expliquait pas, en effet, un mouvement insurrectionnel se produisant en pleine paix, alors que, dix ans plus tôt, par une puissante diversion, les compatriotes de Kosciusko et de Poniatowski auraient pu, comme l'avait fait le Piémont, venir en aide aux armées française et anglaise engagées en Turquie et dans la mer Noire.

N'était-ce pas alors le moment le plus favorable pour obliger l'Angleterre et la France à s'intéresser à la cause polonaise, dont il aurait fallu forcément s'occuper lors de la signature du traité de paix de 1856, si la Pologne nous était venue en aide par une puissante diversion?

Mais revenons à l'époque qui nous occupe. En voyant Napoléon III se remuer et sonder les chancelleries d'Europe, dans l'espoir d'y trouver l'appui dont il avait besoin pour contraindre la Russie à rendre l'autonomie à ses provinces polonaises, nous nous sommes souvent demandé comment il avait pu en arriver à une pareille aberration, à un tel oubli de la réalité.

Que pouvait-il donc attendre du bon vouloir de l'Autriche ou de la Prusse, puissances copartageantes de la Pologne, qu'on savait pertinemment tout aussi résolues que la Russie elle-même à ne rien abandonner de leurs prétendus droits à la possession des territoires polonais qu'elles s'étaient successivement appropriés?

Il restait bien la fière et astucieuse Albion, qui aurait pu se dévouer et faire montre de son désir de sortir notre Empereur d'embarras : mais l'Angleterre, on le sait déjà depuis des siècles, a souvent tiré sa grandeur des discordes de l'Europe continentale. Et quand vous la voyez s'apitoyer sur le sort des faibles et des opprimés, c'est qu'il y a là pour elle un moyen facile de nuire à quelque Etat puissant qui la gêne ou l'inquiète.

Notre intervention dans les affaires de Pologne servait trop bien les vues des hommes d'Etat anglais pour qu'on fût tenté à Londres de nous seconder et de nous suivre dans une telle entreprise, qui devait irrémédiablement nous brouiller, à nouveau, avec la Russie.

Sans abuser des reproductions, souvent peu concluantes, nous n'en placerons pas moins sous les yeux de nos lecteurs un extrait du discours prononcé par notre Empereur le 5 novembre 1863, lors de la réouverture des Chambres :

« Quand éclata l'insurrection de Pologne, les gouvernements de Russie et de France étaient dans les meilleures relations; depuis la paix, les grandes questions européennes les avaient trouvés d'accord, et, je n'hésite pas à le déclarer, pendant la guerre d'Italie, comme lors de l'annexion du comté de Nice et de la Savoie, l'empereur Alexandre m'a prêté l'appui le plus sincère et le plus cordial. *Ce bon accord exigeait des ménagements*, et il m'a fallu croire la cause polonaise bien populaire en France pour ne pas hésiter à *compromettre une des premières alliances du continent.* »

De même que certaines pieuses personnes croient trouver le moyen de se faire pardonner leurs fautes en faisant l'aveu de leurs égarements dans la demi-obscurité du confessionnal, de même notre mystique souverain, d'une autre façon et dans un appareil plus brillant et plus solennel, venait publiquement reconnaître ses torts dans un langage clair et dépouillé d'artifice.

Par malheur, si dans les choses de la vie privée une douce pénitente peut à son aise tranquilliser sa conscience par un consolant repentir, rien de semblable ne saurait suffire pour réparer le dommage causé à toute une nation par un chef d'Etat présomptueux et désordonné, dont le défaut de clairvoyance et d'habileté risque d'avoir les conséquences les plus graves et les plus pernicieuses.

On sait qu'après la guerre d'Italie, les hautes notabilités politiques qui s'agitaient dans le monde de la finance et dans l'aristocratie, dans la littérature pieuse et dans l'épiscopat, s'étaient peu à peu éloignées du second Empire, qu'elles avaient si charitablement soutenu et défendu jusque-là, en haine des hommes et des choses de 1848.

En raison de l'attitude prise par notre gouvernement au cours de l'insurrection de Pologne, succédant aux événements d'Italie, nous nous trouvions condamnés à voir, une fois de plus, l'axe de notre politique extérieure déplacé dans un sens contraire à nos intérêts les plus réels et les plus immédiats.

Après son coup d'Etat, on a souvent accusé Napoléon III d'aller au-devant des occasions de guerre et de conflit dans l'unique but d'occuper l'esprit public et de détourner l'attention de chacun des préoccupations intérieures.

Si jamais accusation semblable dût paraître justifiée, ce fut évidemment à l'époque de l'expédition mexicaine, où notre intervention devait nous causer tant de soucis et nous être moins profitable encore que ne l'avaient été les guerres de Russie et d'Italie.

En 1856, après la signature de la paix de Paris, l'autocrate moscovite, mieux inspiré et plus sagace, avait su comprendre qu'il lui fallait donner à ses peuples un peu de repos et de tranquillité.

Ce qui fit dire alors du gouvernement russe, qu'il se réservait et se recueillait afin de reprendre haleine, de réparer ses pertes, de reconstituer ses forces et de mettre ses immenses territoires en valeur.

Notre impérialisme de fraîche date, peu patient et mal à l'aise dans les temps calmes, n'était fait pour subir ni revers apparent, ni échec prolongé, ni rien de ce qui eût pu l'empêcher de se grandir, de se faire valoir et admirer par le vulgaire, par la foule inconsciente et aveugle.

Aussi, ne lui était-il pas possible d'affecter une attitude digne, calme et indifférente, qu'on pût comparer à celle du Tsar après la guerre d'Orient.

D'ordinaire, si absolu que soit le pouvoir, avant de s'engager dans une lutte nouvelle, il veille attentivement à mettre en apparence le bon droit de son côté, en vue de faire croire autour de lui qu'il obéit contre son gré à une pénible et dure nécessité.

Dans l'affaire du Mexique, rien de semblable ne fut même tenté. Après une simple démonstration navale pour un douteux règlement de compte, la guerre se trouvait brusquement engagée sans que nul ait jamais pu soupçonner quelle en était la cause réelle, d'où venait le besoin de cette nouvelle expédition ?

S'il ne s'était agi que de réparations pécuniaires à exiger du Mexique, il suffisait d'établir un rigoureux blocus des côtes et du littoral du golfe, de s'emparer du produit des douanes, — principales ressources des anciennes colonies espagnoles, — pour vaincre la résistance du président Juarez et de son gouvernement.

C'était du reste à cela seulement qu'avaient voulu coopérer l'Angleterre et l'Espagne, dont les vaisseaux s'étaient, comme les nôtres, rendus dans les eaux mexicaines pour y faire valoir diverses réclamations.

Le seul fait du retrait des vaisseaux de guerre anglais et espagnols nous laissant seuls continuer cette funeste expédition, nous l'avait forcément rendue inquiétante et suspecte.

Aussi, le but véritable de cette équipée guerrière n'ayant été ni exposé, ni défini avant le départ de nos troupes, il fallut bien une justification, une excuse pour en atténuer et en pallier l'ineptie, sans attendre le jour, déjà proche, où cette nouvelle aventure allait prendre ostensiblement une trop mauvaise tournure.

Tout naturellement, cette tâche ardue revint au ministre Rouher, porte-parole de Napoléon III devant les Chambres, où il fut chargé d'apprendre aux représentants de la France « que l'expédition du Mexique avait conquis à la civilisation un grand pays », et que cette guerre était « la plus grande pensée du règne » !

En réalité, cette déclaration, plus fallacieuse que concluante, ne nous apprenait rien de ce qu'il nous eût été utile de savoir.

Elle ne réussissait pas davantage à nous convaincre qu'une rapide expédition militaire pût suffire pour répandre la civilisation autour d'elle, chez des peuples d'origine européenne, disséminés çà et là dans les grands espaces du continent américain, et habitués, eux aussi, au bruit de la fusillade et du canon.

Et puis, par une faveur spéciale dont nous ignorons les avantages et les bienfaits, la France a-t-elle véritablement reçu du Très-Haut la périlleuse mission d'aller au loin, sous un formidable appareil de guerre, pacifier et civiliser les peuples?

Pour ce qui était de *la grande pensée du règne*, elle restera sans doute à jamais enfermée dans la nuit du tombeau, où sont enfouies avec elle les responsabilités encourues par les auteurs et les complices de cette guerre désastreuse et inutile entre toutes.

A n'en pas douter, les habiletés et les ruses de polémique et de langage ne pouvaient rien contre la triste et écrasante réalité.

Pour dissimuler d'énormes dépenses de guerre dont on n'osait établir le compte au grand jour, il fallut recourir aux dissimulations, aux plus détestables expédients de trésorerie ; entamer et épuiser les plus précieuses ressources affectées aux services de l'armée et de la marine; obérer les crédits destinés aux constructions navales et au matériel de guerre; détourner enfin de leur emploi la plus grosse partie des sommes versées dans les caisses publiques en vertu de la loi ayant trait à l'exonération militaire à prix d'argent et au remplacement par l'Etat des hommes ainsi dispensés du service actif.

Tel était, pour le pays, le bilan de la politique extérieure du second Empire, qui avait, sous sa seule responsabilité, envoyé de nombreuses troupes au Mexique, sans avoir pu même, au préalable, régler tant soit peu la question polonaise.

Après s'être laissé longtemps guider par le souvenir des choses du premier Empire, nous retrouvons l'héritier de la légende victime à son tour des mêmes égarements, sinon des mêmes fautes.

Napoléon Ier avait vu « pâlir son étoile » au cours de la guerre d'Espagne ; quelque cinquante ans plus tard, son neveu devait, sans plus de succès, se heurter à cette même race espagnole, implantée en Amérique, qui n'apparaît plus redoutable aujourd'hui qu'à ses envahisseurs.

Mais, si le premier des Bonapartes avait eu grandement à se repentir de son intervention en Espagne, que dire de l'héritier de son nom, qui envoyait nos soldats par delà les océans et les mers, combattre ces fiers Castillans qui ne nous avaient causé aucun dommage appréciable, et contre lesquels nous ne nourrissions nulle pensée de haine ou d'inimitié ?

X

Premiers succès de l'opposition lors des élections législatives de 1863. — Moyens d'action des partis hostiles. — Le second Empire ne peut plus compter que sur les siens. — La politique de compression et d'intimidation devient inefficace pour contenir les opposants à l'Empire.

A lire ce long exposé de querelles et de disputes où l'intérêt des peuples semble si peu en cause, on pourrait être tenté de croire que les nations européennes resteront éternellement condamnées à s'entr'égorger et à se déchirer pour l'agrément et la distraction des rois et des princes.

Toutefois, les années écoulées depuis l'entrée en vigueur des droits concédés par les décrets de novembre 1860 avaient suffi pour préparer chez nous un certain réveil de l'opinion publique. Malgré le silence forcé de la presse, toujours surveillée par une censure ombrageuse et inquiète, la publicité donnée aux discussions parlementaires n'avait pas tardé à provoquer un ardent désir d'investigation et de recherche dans les choses de l'administration et dans tous les actes du gouvernement.

Plus le régime despotique avait duré, plus grande était devenue chaque année l'impatience générale à l'approche de la réouverture des Chambres.

Ce n'était plus les seuls discours du trône qui allaient être offerts à notre attention et à notre admiration, c'était les discussions et les critiques soulevées par une minuscule opposition qui s'efforçait de tenir tête aux orateurs-ministres du second Empire, et à une majorité habituée jusque-là à s'inspirer et à se soumettre aux ordres reçus des Tuileries.

Il n'y avait donc pas à se montrer autrement surpris si, lors du renouvellement du Corps législatif de mai 1863, l'entrain et l'animation prirent de tous côtés des proportions imprévues et quelque peu troublantes pour les héros de Décembre.

Aux cinq opposants de la précédente Assemblée, nous allions voir s'ajouter une trentaine de députés nouveaux pris parmi les hommes politiques les plus en vue et les mieux préparés pour continuer la lutte contre l'absolutisme impérial.

Ces députés nouvellement élus, qui avaient pu se passer de l'estampille officielle pour entrer au Palais-Bourbon, nous avaient été fournis par le département de la Seine et la ville de Paris tout entière, par Lyon, Marseille, Nantes, Saint-Etienne, les Côtes-du-Nord et la Côte-d'Or.

Dérisoirement responsable devant le peuple français, Napoléon III subissait ainsi les inconvénients du pouvoir qu'il s'était attribué à lui seul.

Il en résultait que, pourvu de cette omnipotence avec

laquelle on ne raisonne pas, c'était en fait contre son autorité et son action personnelle qu'il obligeait les électeurs à se prononcer. Et quand, plus tard, ces députés trouvèrent des électeurs en assez grand nombre pour l'emporter, c'était le régime impérial tout entier qui éprouvait un échec et semblait à la veille de s'effondrer.

Après ces élections, où les opposants avaient triomphé dans maintes circonscriptions, notre Empereur ne pouvait plus se faire d'illusion sur l'avenir de son système de gouvernement, non plus que sur celui de sa dynastie. Nul n'ignorait, en effet, que tout centre électoral perdu pour la cause impériale n'aurait plus chance d'y faire retour dans la suite.

L'hostilité contre le second Empire semblait donc faite pour se propager et s'étendre sans avoir à craindre de reperdre de longtemps le terrain conquis.

Une grande nation comme la nôtre, que son passé et ses luttes pour son indépendance ont en quelque sorte placée à la tête du monde civilisé, ne saurait perpétuellement confier ses destinées à un pouvoir imposé par la force, vivant au hasard des événements, sans orientation politique et sans programme de gouvernement.

A l'encontre des vieilles monarchies dont le prestige et la puissance semblaient grandir avec la durée, Napoléon III sentait l'isolement et le vide se faire autour de lui à mesure qu'il avançait en âge.

Dans son triomphe de la première heure, le Prince-Président avait un moment réussi à se faire acclamer comme un sauveur par tous ceux qui s'étaient pris d'une haine étrange et farouche à l'égard des républicains humanitaires et timorés de 1848, rappelant de très loin, à coup sûr, ceux d'une autre époque. Mais, à la longue, cette invincible répulsion, si favorable à « l'usurpateur », avait été s'affaiblissant peu à peu jusqu'au jour où tous les partis hostiles au second Empire sentirent la nécessité de se ressaisir et de rompre avec l'auteur de la *Vie de César*.

Poussés ainsi par une irrésistible impulsion qui tendait à les ramener vers un idéal politique plus en harmonie avec leurs aspirations et leur passé, tous semblaient se demander à la fois s'ils n'avaient pas trop longtemps sacrifié leurs principes et leurs convictions à la cause de l'heureux héritier du grand Empereur?

Il était très explicable, en effet, qu'en partant les uns après les autres au secours de la papauté menacée, les fils *des preux et des croyants* n'avaient pu gagner les Etats de l'Eglise sans laisser derrière eux, au foyer familial, des traces profondes de leur colère et de leur indignation.

Pour les défenseurs du droit monarchique, il ne s'agissait plus, à ce moment, de se demander si le régime impérial était toujours puissant ou faible, si *l'esprit de désordre et de révolution* avait chance ou non de reprendre le dessus. Ce qui l'emportait alors sur toute autre considération, c'était Rome et la question papale, soulevée inopinément par la guerre d'Italie, et dont le fils de la reine Hortense ne pouvait se refuser à prendre la plus grosse part de responsabilité.

C'en était donc fait des jours fortunés où le second

Empire trouvait des alliés complaisants et dociles, même parmi ceux qu'aucune affinité, qu'aucune tradition ne rattachait à ses intérêts et à ses principes.

Sortis les premiers de leur torpeur et de leur indifférence, les plus ardents catholiques, l'épiscopat et le clergé avaient été bientôt suivis de toute l'aristocratie, authentique ou non, qui forme encore aujourd'hui, chez nous, une légion plus redoutable et plus redoutée dans les campagnes qu'on est tenté de le croire à Paris et dans ses vieux faubourgs.

A ce puissant noyau de résistance, dont les formations secondaires s'étaient vite étendues aux populations rurales, il fallait ajouter l'innombrable cohorte « des personnes bien pensantes », des courtisans de tous les temps et de tous les régimes, que l'on rencontre plus communément dans les grandes villes, toujours à la recherche des opinions de salon et des milieux haut cotés, cherchant sans cesse à s'élever et à se grandir aux yeux du vulgaire.

Une troisième catégorie d'opposants allait également entrer en lice; mais celle-ci, plus réservée et plus discrète dans ses manifestations, n'avait pas rendu de très grands services au monarque plébiscité qui nous était échu.

Recruté surtout dans un même milieu, le monde académique et parlementaire n'avait fait cause commune avec l'Empire que jusqu'à l'heure où il s'était procuré la maligne satisfaction d'avoir, de son mieux, contribué à la chute de la seconde République. Le dilettantisme de ces raffinés s'accommodait mal, en effet, d'un régime de basse popularité qui ne les accueillait qu'avec hésitation et défiance.

Il ne fallait donc pas s'étonner outre mesure si la période de gêne et de contrainte dont l'impérialisme se promettait de nous gratifier n'était pas faite pour soulever leur enthousiasme ni pour recueillir leurs applaudissements.

Pour la vieille noblesse confinée dans le faubourg Saint-Germain et réfugiée dans ses châteaux, de même que pour le clergé, l'apparition d'un régime d'obscurantisme et d'hébétement n'avait rien qui pût leur déplaire. Bien au contraire, ce mode de gouvernement devait leur sembler on ne peut plus favorable à la réalisation finale de leurs projets, de leurs plus chères espérances!

Les vieux dirigeants de la révolution de 1830, eux au moins, se faisaient un tout autre idéal de leurs devoirs envers la société, à laquelle ils n'auraient jamais refusé les droits qui appartiennent aux peuples libres et éclairés, dont ils s'érigeaient eux-mêmes en défenseurs passionnés et convaincus.

De sorte que, jusqu'à sa chute, le second Empire n'avait plus à compter sur la bienveillance d'aucune sommité politique ou littéraire prise en dehors de ses rangs.

Tous allaient, à qui mieux mieux, s'ingénier à lui nuire, à lui décocher des traits, à lui tendre des embûches.

En approchant de sa fin, le gouvernement impérial se ressentit cruellement de cet abandon, destiné à lui paraître d'autant plus grave qu'il le croyait beaucoup plus menaçant et dangereux qu'il ne l'était réellement. De nos jours, il est peu de monarques qui se sentent en sûreté sur leur trône et qui sachent prendre les choses par leur côté philosophique. Sur ce point, malgré les votes plébiscitaires dont il avait si largement bénéficié, notre Empereur n'était certainement pas supérieur aux autres souverains.

Ne soyons donc pas trop surpris de le retrouver sans cesse occupé à chercher au dehors le dérivatif qui lui paraissait nécessaire pour échapper aux soucis et aux responsabilités multiples de sa politique de terreur et de compression à l'intérieur, dont nul ne craignait plus les effets.

XI

Le bonapartisme sur son déclin. — Préjugés dynastiques de Napoléon III. — Résistance du pays à l'action gouvernementale. — L'administration, la magistrature, l'armée restent toujours fermement attachées au régime impérial. — Inquiétudes grandissantes causées par les affaires mexicaines. — Un mot aux apologistes du second Empire.

D'ordinaire, l'homme d'Etat vraiment digne de ce nom trouve dans les difficultés qui s'élèvent autour de lui le stimulant qui lui convient pour se faire valoir et se grandir aux yeux des peuples et des gouvernements.

Au cours des dernières élections générales, on avait vu partout surgir de nombreux centres de résistance organisés en vue de donner l'assaut aux candidatures officielles, sur lesquels le bonapartisme s'était, en toute confiance, appuyé jusque-là. Ce concours d'élus, inféodés et soumis, étant sur le point de lui faire en partie défaut, Napoléon III s'était vu obligé de renoncer à ses harangues prophétiques et sentencieuses qui ne convenaient plus à un monarque traqué et malmené par de nombreux adversaires.

Longtemps refrénée et terrorisée, l'opinion publique venait de se montrer et de déclarer hautement qu'elle ne serait plus aussi malléable et aussi docile que par le passé.

Pour la première fois depuis décembre 1851, elle avait averti le Pouvoir en lui faisant entendre, à sa façon, ses plaintes et ses protestations.

Au sein du Parlement, où l'impérialisme disposait toujours d'une grosse majorité, aussi unie et compacte qu'au début du régime, il n'allait plus être possible cependant d'étouffer le cri de colère et d'indignation du pays, dont les ressources et les forces avaient été si souvent prodiguées sans compte ni mesure.

Du côté de l'armée, la situation ne différait pas sensiblement de ce qu'elle était dans la France entière. On y murmurait tout bas, çà et là, bien que le nom de Bonaparte n'y eut rien perdu encore de ce prestige et de cet ascendant qui s'imposent parfois sans avoir à s'expliquer.

En effet, pas un officier au corps, pas un gradé, ne se serait permis alors la moindre observation, la plus petite critique des actes et des agissements d'un gouvernement que la garnison de Paris avait acclamé et applaudi, les armes à la main, aux heures sombres de la conspiration.

Cet unanime acquiescement du parti militaire au bonapartisme triomphant se retrouvait, sous une autre forme, dans toutes les branches de l'administration et parmi les fonctionnaires de tout rang et de toute condition, chez lesquels Napoléon III était assez facilement parvenu à imposer une complète obéissance à ses ordres et à ses volontés.

Ainsi soutenu et secondé, qu'avait-il tant à craindre de l'épiscopat et du clergé en révolte? des légitimistes irrités ou boudeurs? des orléanistes déconfits, de plus en plus affligés et désespérés de ne rien être?

Il y avait bien aussi le parti républicain qui semblait vouloir renaître de ses cendres; mais, de ce côté encore, l'opposition grandissante et sûre de son lendemain n'était pas néanmoins assez menaçante pour inquiéter et alarmer le Pouvoir.

Après comme avant les élections législatives de 1863, notre Empereur pouvait donc, sans grand effort, travailler en toute assurance au bien du pays, en adoptant une politique loyale et franche, dégagée de ces excitations périodiques, désordonnées et sans but, qui lui avaient valu si peu de succès, et dont n'avaient su nous préserver des ministres et des conseillers défaillants, privés de toute volonté, de toute initiative, de toute pensée autre que celle du maître, dispensateur des grâces et des faveurs.

Comme la plupart des gens en place, que l'aveugle fortune protège et favorise, ces excellents serviteurs trouvèrent de tout temps plus avantageux de se taire que d'ouvrir les yeux à leur souverain, qui aurait pu les en mal récompenser.

Il s'ensuivit qu'au lieu de résister à ces égarements, si funestes d'ordinaire aux princes et aux peuples, et qui vont s'exagérant sans cesse comme toutes les déviations mentales, ces bons et prudents conseillers préférèrent toujours laisser les choses aller à la dérive que de risquer la moindre observation, l'avis le plus timide qui aurait pu leur être préjudiciable.

C'est ainsi que Napoléon III, de même que le roi

Louis-Philippe, ne surent jamais se rendre compte qu'un prince régnant, ayant la France pour domaine, pouvait aisément vivre en paix avec les souverains d'alentour, sans échanger, avec chacun d'eux, de banales politesses de cour, d'hypocrites témoignages d'amitié, dont seuls devraient être encore friands les monarques du bon vieux temps.

Tour à tour populaires, le Roi-Citoyen et l'héritier du grand Napoléon ne s'étaient pas moins montrés fort marris d'avoir à subir les hauteurs et les dédains dont on les abreuvait au dehors.

Pour eux, il y avait là de profondes blessures d'amour-propre auxquelles ils ne surent jamais rester insensibles.

Là, sans nul doute, se trouve expliqué le motif de leur peu de sympathie pour leur rôle de souverains plus ou moins électifs d'un grand pays. Ils eussent, à coup sûr, de beaucoup préféré l'enviable situation des princes héréditaires, bénéficiant, de génération en génération, du respect et de la vénération de leurs naïfs et crédules sujets.

Pour se consoler de ces rigueurs importunes, Louis-Philippe s'était préoccupé surtout de placer avantageusement sa nombreuse progéniture.

Privé de cette ressource, Napoléon III s'en était tenu aux théories gouvernementales de l'oncle légendaire qui, grâce à ses foudroyantes victoires, s'était promptement imposé à l'Europe sans permettre à qui que ce fut de lui faire un crime de son humble et fort modeste origine.

Loin de là, l'impétueux conquérant avait, après leur défaite, successivement obligé les rois et les empereurs à venir implorer sa générosité et sa clémence, sans leur laisser le temps d'invoquer les droits et les prérogatives qu'ils tenaient de leurs ancêtres.

A cinquante ans de distance, vouloir obtenir des potentats étrangers les mêmes égards, la même condescendance envers l'héritier du grand homme, — en froid avec l'Angleterre et brouillé avec la plupart des grands Etats du continent, — n'était-ce pas s'abuser singulièrement?

N'était-ce pas oublier que l'Europe monarchique et féodale de 1815 était, quoi qu'on fasse, sortie à son avantage des luttes du premier Empire, et, plus habile que ne le fut notre incomparable dictateur de Brumaire, elle avait su prendre toutes ses précautions contre le retour possible de l'impérialisme napoléonien, qui l'avait troublée et inquiétée pendant tant d'années.

Notre Empereur n'avait donc qu'à se résigner en se faisant à l'idée qu'un nouveau *Napoléon le Grand*, après le premier, était aussi invraisemblable qu'inutile au bien de l'humanité.

Le héros des temps modernes n'était évidemment pas fait pour trouver d'imitateur. Tout essai du même genre n'eût été qu'une plate et médiocre parodie, n'ayant rien de commun avec l'œuvre du captif de Sainte-Hélène, dont il n'appartenait plus à personne de rééditer les exploits.

Mais revenons à la question mexicaine, qui semble devenir de plus en plus inquiétante et obscure. Bien que nous fussions assez mal renseignés sur ce qui se passait, on commençait en effet à se demander où le pouvoir absolu pourrait bien nous entraîner? Plus que jamais, l'opinion publique en arrivait à n'avoir plus d'autre préoccupation que celle de voir clair dans nos propres affaires.

Elle voulait, avant tout, échapper à de nouvelles complications extérieures, pour lesquelles elle n'avait plus aucun goût, même alors qu'elle était loin de soupçonner comment prendrait fin cette malencontreuse guerre du Mexique.

Mais, comme toujours, notre nouveau César n'avait pris l'avis ni de ses conseillers intimes, ni celui des corps délibérants, avant d'avoir rendu la situation inextricable.

Tant qu'il s'était cru à peu près sûr de se tirer seul d'embarras, il était allégrement parti de l'avant; mais, par une constante fatalité, la solution attendue fuyait toujours devant lui à son approche.

C'est de cette façon que, d'échec en échec, il avait été amené précédemment, dès novembre 1860, à restituer à la nation le moyen de se faire entendre par la voix de ses représentants, qui avaient acquis le droit, chaque année, de lui transmettre une adresse en réponse à son discours d'ouverture des Chambres.

Il en sera de même plus tard, après Sadowa, où, en janvier 1867, il rendra au Corps législatif et au Sénat le droit d'interpeller le gouvernement sur sa politique générale.

Enfin, d'atermoiements en atermoiements, de concessions en concessions, le 20 avril 1870, un sénatus-consulte aura pour effet de rétablir, en France, le régime parlementaire et la responsabilité ministérielle.

Forcé de compter un peu plus avec les devoirs de la grandeur suprême, Napoléon III, contrit et humilié, en revenait finalement aux principes de gouvernement comportant la division des pouvoirs; principes qui avaient été, avant lui, ceux de la pacifique royauté de 1830 et de la République de 1848.

Après dix-huit années d'un rigoureux despotisme, une telle métamorphose ne semblait-elle pas être l'œuvre d'un dépositaire du pouvoir aux abois, conscient de ses erreurs et de ses fautes, incapable de soutenir plus longtemps le rôle qu'il s'était attribué au jour de sa toute-puissance?

Vaincu cette fois sans avoir livré bataille, notre Empereur ne put cependant désarmer ses nombreux adversaires, peu tentés de croire à sa sincérité et à ses bons sentiments, persuadés au contraire que leur antagoniste de la veille serait encore leur adversaire du lendemain, n'attendant qu'une occasion favorable pour mater et accabler de nouveau le pays.

La marche des événements ne lui en laissa pas le temps.

Peut-être viendra-t-il un jour où quelque grotesque apologiste du second Empire essaiera de laver notre héros couronné de cette imputation?

Il est à croire, toutefois, que l'historien assez osé pour tenter une telle aventure en sera pour ses frais d'imagination.

XII

Le suffrage universel à ses débuts. — La chute de la royauté de 1830 accueillie avec enthousiasme par le pays. — Défaut de clairvoyance et d'énergie des républicains siégeant à l'Assemblée constituante. — Apparition d'un sauveur. — Abdication du suffrage universel. — Mouvement réformateur et insurrectionnel, provoqué dans toute l'Europe par notre révolution de février 1848.

Tous ceux qui se sont appliqués à rechercher le point de départ des faciles succès du second Empire à ses débuts l'ont trouvé dans l'irrésistible prestige du nom de Bonaparte, dont l'auréole réapparaissait d'autant plus vive, d'autant plus resplendissante, que l'épopée impériale était plus éloignée des fautes et des calamités qui en avaient marqué la fin.

Ainsi qu'on l'a vu déjà, en confiant à tous les électeurs le soin d'élire le Président de la République, l'Assemblée constituante méritait certainement d'être accusée d'avoir entraîné, non pas seulement les passionnés et les enthousiastes vers le souvenir des gloires du premier Empire, mais aussi les esprits hésitants et troublés que « les idées napoléoniennes » ne séduisaient qu'imparfaitement et médiocrement.

A ces craintes d'un retour à l'impérialisme, il y avait aussi à ajouter les phénomènes imprévus auxquels allait nous exposer une première application du suffrage universel.

Sous la Restauration, de 1815 à 1830, l'électorat politique n'avait été conféré qu'aux plus gros contribuables, payant un minimum de 300 francs d'impôts directs.

Par un prompt stratagème, les dirigeants du mouvement révolutionnaire de 1830 n'avaient concédé *aux vainqueurs des trois glorieuses journées* qu'un abaissement insignifiant du cens électoral de 300 à 200 francs

A la vérité, on avait remplacé un roi caduc et impopulaire par un autre roi plus allègre et plus dispos; par malheur, c'était à peu près tout ce que le pays y avait réellement gagné.

Dès lors, il n'était pas surprenant qu'au lendemain de février 1848, le Gouvernement provisoire ait été mis spontanément en demeure de faire appel au suffrage universel pour l'élection « des représentants du peuple ». De telle façon qu'en moins d'une semaine, la nation française atteignait, d'un seul coup, à l'apogée de ses droits et de ses libertés.

Et, malgré les difficultés d'une première application, cette prompte et complète victoire des principes d'égalité et de justice sociale avait été généralement accueillie avec le plus sincère et le plus confiant enthousiasme. Partout on voyait une France nouvelle qui allait rayonner dans le monde, s'épanouir et grandir. C'était la République acclamée et fêtée, à l'heure de son avènement, comme le seul gouvernement compatible avec notre idéal politique, contrarié et entravé par de nombreux chocs en retour, mais vieux déjà d'un demi-siècle.

Nos détracteurs eux-mêmes ne se sentaient pas de force à résister à ce courant d'opinion qui emportait les populations des villes et des campagnes vers les idées et les principes démocratiques auxquels l'avenir semblait décidément appartenir.

Aussi, la plupart des adversaires du régime nouveau, qui s'offrirent aux suffrages des électeurs, durent-ils faire tout au moins l'apparent sacrifice de leurs convictions et de leur passé, en face d'un peuple très décidé à aider le gouvernement républicain à devenir une réalité.

On sait ce que durèrent ces heureuses dispositions : tracassée, tiraillée en tous sens par d'imprudents amis autant que par ses plus acharnés détracteurs, la France démocratique, honnie, bafouée, persécutée, se vit bientôt impuissante à contenir le flot montant et grossissant d'une réaction plus impitoyable encore que perfide.

L'esprit de haine et de mauvais vouloir des partis, décidés à combattre la République, n'avait effectivement pas tardé à envahir la magistrature, l'armée, l'administration, et avec elle tous les services publics.

Mais ce qui devait être plus grave encore, c'est que, pour livrer la société moderne à ses pires ennemis, l'Assemblée constituante, avant de se retirer, avait adopté la proposition relative à la nomination du Président de la République par le suffrage universel.

Elle le fit, du reste, très allégrement et très délibérément, avec l'inconsciente complicité de toute une nombreuse catégorie de républicains aveugles et sans fermeté qui recherchent toujours, de préférence, dans l'accomplissement de leur devoir, les solutions simples, n'exigeant aucun effort d'imagination ou d'intelligence.

Non moins découragé qu'épuisé, au bruit importun des querelles et des disputes qu'on s'efforçait d'entretenir partout autour de lui, le suffrage universel, à la fois désagrégé et désespéré, ne sut pas résister à la perverse et insidieuse tactique de ses ennemis, qui ne poursuivaient d'autre idée que celle de l'amener à un renoncement, à un prompt abandon de ses droits et de ses prérogatives.

Aussi, en présence de l'attitude menaçante des grands et des puissants, devenait-il difficile de faire comprendre à nombre d'électeurs qu'il était de leur devoir et de leur intérêt d'exercer leur action sur la marche des affaires publiques.

Essayer de les amener à se défendre à l'aide d'un bulletin de vote, c'eût été vouloir les mettre aux prises avec une responsabilité dont ils ne voulaient plus; c'eût été leur imposer une sujétion pénible et désagréable dont ils avaient hâte de se débarrasser.

De là cette apparition d'un sauveur, qui fit croire à ce peuple inexpérimenté et malmené à l'excès qu'il ne pouvait mieux faire que de se jeter dans les bras du protecteur qui s'offrait à lui. Il se ralliait ainsi au système le mieux fait pour le soustraire à ses devoirs civiques, dont les partis de réaction voulaient l'éloigner, et dont il semblait lui-même obsédé et importuné.

Déçu dans ses premières ardeurs et trompé dans ses espérances, plus ennemi encore de la royauté que de l'absolutisme impérial, le suffrage universel trouvait de ce dernier côté la planche de salut qui l'éloignait de la monarchie traditionnelle, pour laquelle il avait une vieille et instinctive répulsion, et de la République, qu'il ne croyait pas capable encore de s'implanter et de s'acclimater en notre pays. Pour ce peuple mal préparé à exercer ses droits, c'était évidemment un succès de n'avoir plus à se préoccuper de ses devoirs envers lui-même, envers l'Etat, envers la société.

A la vérité, le temps a depuis fait son œuvre, mais les erreurs et les fautes du suffrage universel à ses débuts nous ont été trop préjudiciables et trop funestes pour qu'il nous soit possible, même aujourd'hui, d'en oublier les causes originelles.

Aussi, à l'époque dont il est ici question, suffisait-il de jeter un regard au dehors pour s'apercevoir que l'Europe libérale allait se retourner contre nous, en nous reniant et en nous traitant avec dédain ou indifférence, après avoir longtemps applaudi à nos efforts, à nos entraînements, à la puissance communicative de notre génie, à l'ingéniosité et à l'étendue de nos conceptions.

Quatre années avaient suffi pour que l'étranger ne puisse plus dire que « la démocratie militante française enlaçait l'Europe entière dans un invincible réseau ».

Il y avait eu là, en effet, un phénomène peu ordinaire et bien fait pour étonner et surprendre les esprits les moins impressionnables; car nul, avant l'événement, ne se serait douté que la tourmente révolutionnaire de 1848 aurait eu si promptement sa répercussion au delà de nos frontières.

Nul n'aurait pu croire que partout, sur notre vieux continent, y compris la terre d'Albion, la proclamation de la République à Paris et dans la France entière serait saluée par tous les peuples comme un cri d'émancipation et de délivrance universelle.

A coup sûr, il n'était donné à personne de prévoir et de se douter que cette révolution, pacifique et bénigne entre toutes, aurait si spontanément pour effet de troubler et de bouleverser les Etats du dehors, de faire trembler les souverains et les trônes.

A Vienne, à Venise, à Berlin, à Cracovie, à Francfort, à Naples, à Chambéry, partout enfin, ce mouvement, parti de Paris, avait trouvé un écho formidable.

A Cologne, on réclamait le droit de suffrage et d'éligibilité dans la commune et dans l'Etat, la protection du travail et la garantie à tous des choses de première nécessité, la complète éducation de tous les enfants du peuple aux frais de l'Etat.

A Berlin, le 15 mars 1848, l'émeute, qui s'avançait à grands pas vers le palais du Roi, obtenait la promesse de la convocation d'un parlement allemand; elle demandait, en outre, une armée, une marine, des tribunaux allemands, le jugement des délits de presse par les tribunaux ordinaires.

Peu sûre encore des promesses qui lui étaient faites, l'insurrection élevait bientôt de nouvelles barricades dans les rues de Berlin.

Cette fois, le Roi se voyait obligé de changer ses ministres, de faire rentrer ses troupes dans leurs casernes, de rendre ses prisonniers à l'insurrection. Dans la cour du château, sous le balcon royal, le Roi et la Reine durent venir ensuite saluer les cadavres des insurgés qui avaient succombé dans la lutte.

Enfin, une amnistie pleine et entière était accordée à tous ceux qui avaient pris part aux derniers troubles, et, pour la seconde fois, le 22 mars, lors de l'inhumation des victimes, le Roi était venu s'incliner devant elles.

A la vérité, les revendications du peuple berlinois affectaient déjà une allure dont le comte de Bismarck, quinze et vingt ans plus tard, devait faire son profit; il n'en faut pas moins convenir que ce mouvement insurrectionnel, faisant suite à notre révolution de février 1848, n'était que la résultante et la conséquence de la chute de la royauté en notre pays.

Quelques jours plus tard, à Munich, le portrait du roi de Prusse était porté et brûlé sur la place publique.

Déjà, dans les premiers jours de mars, des députés de tous les Etats allemands s'étaient réunis à Heidelberg en vue de la préparation d'une réunion plus nombreuse à Francfort, où devaient se retrouver « les députés et les hommes marqués par la faveur populaire ».

Une seconde réunion eut effectivement lieu à Francfort le 31 mars 1848 : on y décida la convocation du Parlement allemand.

Rappelons, en outre, que, sans plus attendre, un député de la Silésie proposa la constitution immédiate d'un gouvernement provisoire et la proclamation de la République.

Une même décision avait été prise à Venise le 23 mars, et à Chambéry le 3 avril, où, à quelques jours de distance, la République avait été également proclamée.

Enfin, lors de sa réunion du 18 mai, l'Assemblée de Francfort, *dont l'aristocratie et le clergé avaient été exclus*, avait adopté, par 177 voix contre 169, une motion tendant à déclarer que les combattants de Berlin des 18 et 19 mars avaient bien mérité de la Patrie.

Nous arrêterons ici ces citations, car les affaires d'Autriche, de Hongrie et d'Italie, dont nous n'avons relevé aucun des principaux incidents, avaient plutôt le caractère de soulèvements nationaux contre l'occupation étrangère que celui d'agitations populaires ayant pour but de réformer l'Etat et d'en changer l'organisation politique, économique ou sociale.

Le conflit austro-italien, de même que l'insurrection hongroise, n'en doivent pas moins être attribués à l'ébranlement général qui avait si profondément remué tous les peuples de l'Europe, témoins émus et sympathiques de la chute de la royauté en France.

En aucun temps, depuis l'époque de la Réformation, ces peuples ne s'étaient agités avec un tel ensemble, une telle unanimité.

Jamais ils ne s'étaient montrés aussi résolus, aussi osés et aussi fermes en face d'une tyrannie féodale et princière puisant sa source et sa force dans les mystérieuses et obscures profondeurs du passé !

Et, tandis que, par un atroce mouvement de recul, nous allions nous livrer à l'héritier abâtardi du grand Napoléon, tous les hommes de savoir et de conviction du vieux monde se voyaient obligés de s'éloigner de nous et de chercher ailleurs l'idéal qui pourrait les aider un jour à poursuivre la réalisation de leurs vœux et de leurs espérances.

Brusquement, notre place à la tête des faibles et des opprimés cessait de nous appartenir. Au dehors comme au dedans, nous subissions les effets de notre abdication politique et de notre déchéance.

Dès cet instant, la direction du mouvement en Allemagne, qui était, un moment, venue de la base au jour de l'émeute, allait retourner au sommet, où d'habiles politiques attendaient leur heure pour tenter l'application de certaines parties du programme populaire de 1848, faites pour favoriser d'incommensurables ambitions qui n'avaient pu jusque-là se donner libre cours.

De sorte qu'en réduisant à néant notre influence extérieure, le retour à l'absolutisme impérial fut pour nous l'équivalent d'un premier désastre, peu fait néanmoins pour émouvoir les vainqueurs de Décembre dans l'ivresse du succès.

XIII

Trompeuses séductions du despotisme. — Nul n'attendait d'action héroïque de notre nouveau dictateur. — L'Europe avait pris du reste toutes ses précautions contre une restauration bonapartiste en notre pays. — Entrée en scène du cabinet de Berlin. — L'entrevue de notre Empereur avec le comte de Bismarck, avant la guerre de 1866. — Conséquences désastreuses pour la France de cette nouvelle prise d'armes. — La Confédération germanique livrée au grand vainqueur de l'Autriche. — L'histoire diplomatique de l'Europe dépourvue aujourd'hui d'intérêt, par suite de l'accroissement de puissance de l'Allemagne.

A jamais brouillé avec la royauté, peu préparé et peu mûr pour la République, le suffrage universel devait donc aisément se laisser prendre aux décevantes séductions du despotisme.

Entre l'absolutisme qu'on lui offrait et les rouages multiples, compliqués du régime parlementaire, l'électeur, *simpliste* par tempérament, devait être tenté d'applaudir à l'établissement du mode de gouvernement qui semblait se rapprocher le plus de sa vie et de ses habitudes de tous les jours.

N'était-il pas condamné à tout instant à rencontrer autour de lui des chefs qui ordonnent et commandent sans être soumis à aucun examen ni contrôle : tels que le capitaine sur son navire, le patron ou le contremaître à l'atelier, le cultivateur au champ ou à la ferme? Fatalement, il devait trouver tout aussi naturel de se laisser guider et de se soumettre au pouvoir d'un seul, dont les attributions paraissaient découler du même principe.

Selon toute vraisemblance, tel fut le raisonnement qui conduisit à l'élection présidentielle du 10 décembre 1848; telle fut la manière de voir du suffrage universel, qui ne crut pouvoir mieux faire, à cette époque, que d'amener le gouvernement de la République à céder la place à l'impérialisme napoléonien. C'était, pour l'ensemble du corps électoral, le plus sûr moyen d'échapper à un inconnu qui l'inquiétait par-dessus tout.

Il convient d'ajouter que les fervents de la monarchie traditionnelle, tout confinés qu'ils étaient dans leurs préjugés, avaient trouvé habile de favoriser ce mouvement de réaction et de recul dont ils espéraient, bien à tort, retirer quelque profit.

Le temps aidant, leur proverbiale déconvenue ne servit qu'à les ridiculiser et à les amoindrir aux yeux de leurs détracteurs habituels, comme à ceux des indifférents eux-mêmes, tout aussi disposés à se gaudir de leurs déceptions et de leurs malheurs.

Leur unique consolation fut d'avoir pu, en se réjouissant des succès de Louis-Napoléon, donner libre cours à leurs rancunes et à leurs animosités contre la République et les républicains.

En se solidarisant avec l'impérialisme, ils s'étaient

tout simplement faits les alliés du despote qui s'apprêtait à fouler aux pieds nos gloires littéraires et intellectuelles, notre génie spéculatif et inventif qui s'alimente des idées fécondes et généreuses. Pour tout dire : ils immolaient et sacrifiaient le bon sens et le savoir sur l'autel du bonapartisme! Dévouement bien inutile, car le neveu du grand Empereur n'avait au fond nul besoin d'eux, puisqu'il n'avait alors à craindre aucun retour de fortune : ses nombreux admirateurs n'attendaient rien de lui qui pût l'obliger à se révéler par des hauts faits, des actions d'éclat qui auraient pu le compromettre et lui causer quelques soucis. Sa mainmise sur la France leur suffisait, ils ne rêvaient pour lui rien au delà.

Aussi, disposant de la toute-puissance, il pouvait, sans plus d'efforts, se montrer prudent et réservé, et laisser passer inaperçues les querelles et les disputes susceptibles de s'élever au dehors.

Scrupuleux plagiaire du premier Empire, rien ne lui commandait de pousser l'esprit d'imitation jusqu'à suivre ses traces dans ses égarements. Une fidèle reproduction du 18 Brumaire devait lui suffire. Il n'avait pas besoin d'aller beaucoup plus loin, s'il voulait, ainsi qu'il le promettait à Bordeaux, éviter les causes de conflit avec l'étranger, se garer de toute aventure capable de lui faire perdre son rôle enviable de souverain puissant et fort de l'union et de la cohésion de son armée, de la candeur et de la longanimité de ses défenseurs!

Cette attitude réservée et pacifique lui eût été d'autant plus avantageuse qu'il s'était forcément trouvé en face d'une Europe malveillante et soupçonneuse à l'excès, qui ne voulait voir en lui que l'héritier des gloires et des moyens de propagande du héros corse.

Du reste, nul n'ignorait qu'après avoir excité partout l'aversion et l'animosité des peuples contre le vainqueur d'Iéna et d'Austerlitz, les chancelleries étrangères avaient à l'avance tracé la ligne de conduite qu'elles devaient suivre envers le nouvel Empereur.

Pouvait-on oublier davantage qu'après les Cent-Jours, l'Europe monarchique avait pris ses précautions contre toute velléité de restauration bonapartiste?

Foncièrement suspect au dehors, notre potentat improvisé avait donc, plus que tout autre, le devoir de se surveiller, de gagner du temps, afin de consolider et d'affermir son pouvoir; d'éviter enfin avec le plus grand soin tout ce qui pourrait alarmer la vieille Europe, unie seulement dans sa haine contre les idées d'émancipation et de progrès.

Par malheur, notre nouveau monarque, comme les joueurs largement pourvus, crut sans doute qu'après avoir maté et asservi la France, il lui serait loisible de prodiguer et de dissiper ses plus précieuses ressources.

De là, ces élans imprévus, cette désinvolture, cette facilité d'allure qui lui permit de croire qu'il pouvait impunément envoyer nos troupes en Turquie et en Crimée, en Italie, en Chine, en Syrie, au Mexique, partout enfin où le caprice des événements semblait lui donner le droit d'intervenir.

A la longue, fatigué lui-même de ces guerres, de ces

querelles et de ces disputes, notre Empereur, à bout d'expédients et de moyens d'action, allait laisser au cabinet de Berlin, frais et dispos, le soin de reprendre sa besogne inachevée.

Bénéficiant de notre lassitude et de notre découragement, la Prusse arrivait à l'heure d'agir; elle ne demandait plus qu'à entrer en scène, afin de réaliser le plus gigantesque accaparement territorial qui se produisît jamais dans le voisinage de nos frontières.

De nombreuses années de repos, de méditation et d'étude avaient mis la rivale de l'Autriche à même de préparer et d'utiliser ses armements au profit du plan conçu et patiemment élaboré par son ministre dirigeant.

A la vérité, il nous eût été facile, au début, d'enrayer ce mouvement d'expansion et de propagande à main armée, mais il nous eût fallu pour cela un monarque mieux inspiré et foncièrement convaincu que les victoires de la Prusse ne pouvaient, en aucun cas, être favorables aux intérêts de notre pays.

Lorsque, dans le but de s'assurer la neutralité de la France et l'alliance de l'Italie, le comte de Bismarck entreprit un deuxième voyage à Biarritz, pour reprendre ses entretiens avec notre Empereur, on sait ce qui s'ensuivit : n'étant plus à même de poursuivre sa politique aventureuse, il avait complaisamment laissé au roi Guillaume le soin de résoudre par la guerre le problème italien, au risque de provoquer et d'encourager d'autres ambitions du côté du Rhin.

Prodigue alors de politesses et de vagues promesses,

le grand tentateur de Berlin avait tout ce qu'il fallait pour flatter et contenter notre héros vieilli et désabusé.

Encore quelques années, et les mêmes habiletés, les mêmes cajoleries, distribuées tantôt à Londres, tantôt à Pétersbourg, suffiront pour faire de la petite Prusse de 1815 la plus puissante et la plus menaçante des nations militaires de l'Europe.

Plus nous approcherons de la fin du XIXe siècle, plus l'histoire de ces cent dernières années semblera condamnée à subir l'influence des événements qui se sont déroulés entre l'affaire des duchés danois et la signature du traité de Francfort, qui devait clore la guerre franco-allemande.

Seules pendant fort longtemps, les guerres de 1866 et de 1870, aboutissant à la domination berlinoise, auront leur répercussion sur l'état d'esprit de la diplomatie européenne et des hommes politiques de l'avenir.

Il y a bien d'autres causes de perturbation dont il faudra aussi tenir compte : telles que celles résultant de l'ouverture du canal de Suez et de la prise de possession du continent africain par diverses nations de l'Europe; mais en dehors de ces transformations de date récente, rien de ce qui appartient au passé ne parviendra plus à retenir l'attention des différentes chancelleries. Rien ne sera capable de faire revivre, au profit d'aucune puissance, ni les gloires du premier Empire, ni les luttes ardentes et passionnantes des époques de 1830 et de 1848, qui ont exercé leur influence bien au delà des limites de notre pays.

Il en est de même des luttes et des agitations qui ont

préludé à l'établissement de la troisième République, dont on se désintéresse déjà, comme on oublie et veut oublier toute action irritante et anormale qui ne peut ni ne doit plus se reproduire dans la suite.

Aussi le passé contenu dans les événements de la seconde moitié du dernier siècle se trouve-t-il réduit en quelque sorte aux seuls effets des combinaisons machiavéliques et troublantes du grand chancelier de Berlin.

Parvenue en peu d'années au plus haut degré de puissance, la Prusse s'est vue ainsi, en un clin d'œil, appelée à fixer tous les regards, à s'imposer à l'attention de tous les gouvernements et de tous les peuples du vieux monde.

Après un tel changement apporté à l'équilibre européen, quelle valeur convient-il d'attribuer aux anciens accords internationaux qui n'ont pu être ratifiés par l'Allemagne actuelle? Maintenant, la diplomatie n'a donc plus rien à rechercher dans ses archives d'autrefois qui puisse être en contradiction avec les intérêts du plus puissant et du plus redoutable Etat militaire qui se soit offert à l'attention du monde civilisé.

Mais revenons à notre sujet : à la brusque agression dirigée contre l'Autriche par la Prusse et l'Italie. Vaincu et écrasé à Sadowa, le général autrichien Benedek n'eut bientôt plus d'autre ressource que celle de se replier au plus vite et de renoncer à la lutte, en obligeant son souverain à subir la loi du vainqueur. Pour avoir tenu à conserver un pied en Italie après

Magenta et Solférino, François-Joseph avait lui-même jeté les bases de l'entente prusso-italienne, cimentée et facilitée par nous lors de la réapparition du chancelier de Berlin à Biarritz.

En l'occurrence, l'irréductible obstination du monarque autrichien n'avait donné d'autre résultat que celui de l'obliger à diviser ses forces, à affaiblir ainsi ses armées, à se laisser ravir les derniers vestiges de son ancienne puissance et de ses gloires passées.

En voulant, coûte que coûte, entraver l'unité de l'Italie, il n'avait fait que préparer sa défaite dans les plaines de Bohême et de Moravie.

De temps immémorial, l'Autriche s'était constamment fait un devoir de contenir sa rivale du Nord et de l'empêcher de prendre un rôle prépondérant dans les affaires de la Confédération germanique. Puissance allemande elle-même, elle s'était toujours crue obligée de surveiller et d'arrêter la Prusse dans sa marche envahissante vers le Sud, vers le Rhin et les Alpes.

En face de convoitises et d'ambitions qui n'étaient ignorées de personne, vouloir lutter à la fois au nord et au sud-ouest, contre les troupes du roi Guillaume et contre celles de Victor-Emmanuel, n'était-ce pas trop s'exposer et trop risquer pour la vaine satisfaction de se maintenir en Italie ?

Hélas ! ce sont là d'ordinaire de ces aberrations et de ces erreurs qui coûtent peu aux princes, mais qui sont parfois aussi préjudiciables que funestes aux peuples et aux nations qui en sont les victimes.

Par le seul fait d'avoir attendu jusqu'au lendemain

de Sadowa pour se décider à céder la Vénétie à l'Italie, l'Autriche avait bénévolement perdu tout le bénéfice d'un sacrifice nécessaire, qui aurait eu les plus heureuses conséquences s'il s'était produit seulement quelques mois plus tôt.

Souvent la surprise, la rapidité des événements interdisent ce genre de solution amiable; il ne pouvait toutefois en être ainsi dans le cas tout spécial dont il est ici question. Longtemps avant la déclaration de guerre de la Prusse et de l'Italie, nul n'ignorait, en Europe, les projets de ces deux puissances.

A quel degré de faiblesse ou d'indifférence coupable était donc tombée la diplomatie autrichienne, réputée si habile d'ordinaire, pour s'être laissée surprendre sans avoir deviné qu'elle devait, à tout prix, conjurer les dangers qui allaient fondre sur la monarchie des Habsbourg?

Il ne se trouvait donc pas dans toute l'Autriche, à cette époque, un homme d'Etat capable de s'exposer à une disgrâce pour épargner à son pays les pénibles et irréparables conséquences d'une guerre qui eût pu si aisément être évitée?

Notre Empereur, à la vérité, commettait la même faute en négligeant de refréner et de contenir les ardeurs de Berlin; mais il avait pour excuse de ne pas se sentir directement menacé, et de plus, lors de la guerre de 1859, notre oracle s'était fait l'apôtre de l'affranchissement complet de l'Italie, qu'il voulait libre « des Alpes jusqu'à l'Adriatique ».

Se trouvant dans l'impossibilité d'achever la tâche

entreprise par lui, il croyait pouvoir impunément en confier le soin à de plus osés et de plus dispos, qui semblaient enchantés de l'aubaine, et qui, malgré tout, avaient moins à risquer et moins à perdre en cas de revers.

En somme, le singulier avantage qu'il nous fut donné de recueillir de cette machination et de cette intrigue ressemblait d'assez près à un désastre. Mais notre Empereur, devenu l'associé de Bismarck en cette affaire, avait négligé de compter avec les foudroyantes victoires de la Prusse.

Il lui fallut donc rester inerte, et assister de loin à cette transformation complète de l'Europe centrale qui allait nous mettre en contact direct avec une Allemagne unifiée et reconstituée sous l'hégémonie prussienne, en attendant l'heure où, pour souder et lier plus étroitement entre eux les membres épars du corps germanique, *le chancelier de fer* se verrait en mesure de nous entraîner nous-mêmes sur les champs de bataille.

Plus que jamais en froid avec l'Autriche, après Magenta et Solférino; avec la Russie, depuis la récente insurrection de Pologne; avec l'Italie, qui ne trouvait aucune justification à la présence de nos troupes à Rome; avec l'Angleterre, qu'on avait vu se montrer si malveillante et si injuste à notre égard, lors de l'annexion à la France de la Savoie et du comté de Nice, il eût été bien difficile à nos gouvernants de se montrer complètement rassurés.

En jetant un regard vers l'avenir, les hommes politiques de ces temps d'inquiétudes et d'angoisses en étaient forcément réduits à constater que notre isolement, à côté d'une Prusse grisée par ses premiers succès, et que nul ne songeait en Europe à surveiller et à contenir, nous exposait aux pires dangers.

Nous en étions ainsi réduits à constater que la bataille de Sadowa, qui venait de coûter à François-Joseph son reste de puissance en Italie et sa prépondérance en Allemagne, allait nous priver nous-mêmes de notre sécurité, garantie jusque-là par toute une succession d'Etats neutres qui préservaient et couvraient notre frontière mieux que n'auraient pu le faire les plus solides remparts.

Par les victoires prussiennes, plus encore que l'Autriche, nous perdions le voisinage d'une confédération essentiellement pacifique, qui devait fatalement se jeter dans les bras de l'ogre berlinois.

D'un instant à l'autre, nous allions nous trouver exposés à voir la plus grosse machine de guerre de l'époque moderne se mettre en branle et s'avancer sur nous.

Quelle cruelle leçon de choses que celle qui consacrait en quelques mois notre abaissement et notre amoindrissement, sans qu'il en soit résulté aucun bien pour les autres peuples, tout aussi mal dirigés et tout aussi menacés aujourd'hui que nous-mêmes !

A n'en pas douter, l'Allemagne, passée sous la domination prussienne, est loin encore de se montrer satisfaite ; fort heureusement, nous ne sommes plus les seuls à nous en apercevoir. Peut-être viendra-t-il un jour où les hommes d'Etat de Berlin n'auront plus le même succès aux yeux du pays germain, en réveillant les souvenirs de 1813 et en faisant encore de nous les « ennemis héréditaires de l'Allemagne » ?

Il nous est donc permis de nous demander s'il suffira toujours, au delà du Rhin, de nous dénigrer et de nous calomnier pour acquérir le droit de ravager et de dévaster nos villes et nos campagnes, de nous arracher notre or et de s'approprier nos dépouilles?

XIV

La France de plus en plus préoccupée des conséquences de la guerre de 1866. — Retour de nos troupes du Mexique coïncidant avec nos inquiétudes du moment. — L'unité allemande ne peut sortir que d'une guerre nouvelle de la Prusse contre la France. — Attitude de l'Angleterre et de la Russie à notre égard. — Notre Empereur aiguillonné et torturé par les tracasseries bismarckiennes.

Il ne faut donc pas se montrer autrement surpris si, après la guerre austro-prussienne, le parti militaire, enfanté par le coup d'Etat, ne se sentit plus aussi à l'aise pour vanter et proclamer les avantages et les bienfaits du pouvoir d'un seul.

Profondément affecté et découragé par les constants échecs de sa politique extérieure, Napoléon III n'apercevait plus dans les rangs de l'armée elle-même l'enthousiasme et l'ardeur des premiers temps de son règne, où l'auréole impériale brillait et apparaissait dans tout son éclat.

Pour avoir usé et abusé de la force à l'heure des faciles succès, la force se retournait contre lui, sous la poussée allemande qui, elle au moins, avait un but précis, déterminé, alors que notre pays, fatigué et quelque peu épuisé, n'aspirait plus qu'au calme et au repos, qu'on lui avait constamment refusés.

Tardif et inutile repentir d'un peuple désabusé, trop longtemps attentif aux accents rauques du despotisme.

Enfin, sur les injonctions de la grande République américaine, Napoléon III se décide à rappeler du Mexique notre corps expéditionnaire. Mais la Prusse, déjà maîtresse de tout le nord de l'Allemagne et des duchés danois, n'attend plus qu'une occasion pour se ruer sur nous, afin d'achever son œuvre d'accaparement et d'absorption.

Une longue paix, ombrageuse et sournoise, avait permis à cette puissance de méditer et de préparer ses coups, de grouper ses forces, d'entasser ses approvisionnements, de grossir démesurément son armée.

L'obstacle autrichien brisé, anéanti, elle avait aussitôt compris qu'il lui faudrait avant peu combattre à nouveau pour étendre et affermir ses conquêtes, pour s'imposer souverainement aux petits Etats de l'Allemagne du Sud.

Plus ses succès contre l'Autriche avaient été rapides et décisifs, plus la nécessité d'une guerre contre la France lui semblait nécessaire à l'achèvement de son programme unitaire. Tout atermoiement, tout retard, était pour elle une cause de souci et d'inquiétude, de malaise et d'anxiété; car le temps et la réflexion pouvaient amener l'Europe à sortir de son indifférence et de sa torpeur.

En effet, à cette heure particulièrement critique pour ses visées ambitieuses, la Prusse n'avait-elle pas à craindre que tous les grands Etats du continent ne fussent tentés de mettre un frein à son excessif besoin d'expansion?

Pour nous-mêmes, cette nécessité ne faisait pas l'ombre d'un doute. La situation créée par les victoires prussiennes avait pris aussitôt, à nos yeux, les proportions d'une effroyable calamité.

A la place d'Etats secondaires peu entreprenants et peu menaçants, nous nous trouvions immédiatement en contact direct avec la nation la mieux entraînée et la mieux préparée pour la guerre.

Après deux invasions, l'Empire premier nous avait laissés aux prises avec les conséquences de ses fautes et de ses revers.

Par son incurie et son manque de discernement, Napoléon III venait, à son tour, de nous mettre en face de périls plus ou moins troublants et inquiétants, mais qu'il n'appartenait plus à personne d'éviter ni de conjurer.

Cette fin, à la fois lamentable et fatalement tragique, des deux Empires ne semble-t-elle pas faite pour amener un sinistre parallèle entre les événements de 1814 et de 1815 et ceux de 1866 et de 1870?

N'y a-t-il pas là plus qu'un rapprochement fortuit dû aux circonstances et au hasard?

N'est-ce pas plutôt le signe caractéristique de l'effondrement de tout un système politique qui ne saurait donner de meilleurs résultats?

Peut-être aussi notre pays n'est-il plus fait pour être longtemps la proie du despotisme s'appuyant sur le nombre? De même que les individus, les nations vieillissent, et en vieillissant elles acquièrent une expérience qui leur est parfois profitable.

Il pourrait en être de même un jour de l'Europe entière, dont les aspirations et les tendances ne diffèrent pas sensiblement des nôtres, depuis surtout qu'elle sait où conduit la politique de renoncement et de défaillance, qui a trouvé son nom dans le langage vulgaire, mais qu'il serait par trop irrévérencieux de faire ici connaître.

Si éloignés que nous fussions alors de croire à la fin qui attendait l'impérialisme napoléonien, nous nous rendions compte cependant que les « muets » des Tuileries, de même que le despote qui tenait la France dans ses mains, ne semblaient pas capables de déployer la force de volonté et d'énergie nécessaires pour résister aux vainqueurs de Sadowa.

Il faut dire aussi qu'avant 1866, jamais nos diplomates ni nos hommes politiques n'avaient paru se douter que les traités de 1814 et de 1815 avaient été notre meilleure sauvegarde, notre plus sûr moyen de protection et de préservation contre l'invasion étrangère.

Lors des deux congrès de Vienne, en rétablissant entre elle et nous une suite non interrompue de petits Etats, aussi inoffensifs les uns que les autres, l'Europe monarchique n'avait évidemment pensé qu'à se garantir contre l'influence et la propagande des idées françaises. Elle n'en avait pas moins, du même coup, réussi à nous protéger très efficacement contre toute velléité d'agression qui aurait pu nous venir du dehors.

Dans la langue diplomatique, ces petits Etats, destinés

à éviter les heurts et les chocs entre les grandes nations, ont pris le nom d' « Etats tampons »; espérons que longtemps encore on dénommera ainsi ces petits groupements humains, de façon à en faire mieux comprendre et mieux apprécier le rôle utile et bienfaisant.

N'était-ce pas, en effet, à l'existence de ces Etats neutres que notre Empereur dut, sans trop de dommage, de pouvoir batailler et guerroyer, de droite et de gauche, pendant la plus grande partie de son règne?

Aussi, lui fallut-il arriver au lendemain de la guerre de 1866 pour reconnaître les avantages du rempart artificiel élevé entre nos vainqueurs de la coalition et nous, après les guerres du premier Empire.

C'est cet état de choses que les victoires de la Prusse contre l'Autriche avaient fait disparaître, en nous mettant en contact direct avec une nation militaire de premier ordre, sans cesse tourmentée par le besoin d'étendre sa puissance, de reculer les limites de ses frontières.

De sorte qu'après avoir longtemps lutté et combattu, sans but et sans utilité, Napoléon III attiédi, découragé, et par cela même revenu aux idées pacifiques, se voyait à la veille d'être forcé de résister à un ennemi irréductible, brutal de langage et d'allure, dont il allait lui falloir endurer tour à tour les sarcasmes et les outrages, les menaces et les provocations.

De même qu'aux jours néfastes de la fin du premier Empire, il se voyait, sur son déclin, condamné à se retourner vers le pays pour lui demander de nouveaux sacrifices qui ne devaient être, hélas! ni suffisants, ni utilisés avec assez de discernement pour donner des résultats réellement appréciables.

Il n'y avait cependant plus à le nier, la Prusse, par ses récentes acquisitions territoriales, se trouvait en mesure de doubler rapidement ses armées et d'ajouter à ces forces, énormes déjà, les contingents de tous les Etats du Sud de l'ancienne Confédération, dont elle s'était, par traités séparés, assuré la coopération pour la guerre qu'elle méditait.

Certes, la défaite de l'Autriche, que notre Empereur avait si puissamment facilitée, aurait pu nous être moins préjudiciable, mais le sentiment de la reconnaissance était loin de dominer dans l'esprit du grand homme de Berlin; et sitôt après la signature du traité de Prague, qui avait mis fin à la guerre austro-prussienne, n'ayant plus de ménagements à garder envers la France et son gouvernement, nous ne le voyons plus occupé qu'à grouper autour de son Roi tous les Etats allemands qui pouvaient l'aider à nous braver et à nous accabler plus sûrement.

A n'en pas douter, la France libre et maîtresse d'elle-même aurait pu résister pacifiquement aux ardeurs combatives partant de Berlin; mais l'héritier du grand Empereur avait son prestige et sa dignité à sauvegarder. Il lui était aussi pénible que difficile de supporter certains outrages, certaines blessures d'amour-propre dont l'accablait, aux applaudissements de l'Europe entière, son perfide antagoniste.

Au delà du Rhin, ces incessantes provocations soulevaient partout l'enthousiasme, convaincu qu'on y était que l'unité allemande, en partie réalisée, ne sortirait complète et définitive que d'une guerre nouvelle engagée contre la France.

Sans remonter très loin dans le passé, ne savait-on pas que, malgré la faiblesse de ses moyens, la jeune Italie avait tracé la marche à suivre au gouvernement de Berlin, en s'exposant à tout sacrifier et à tout perdre, plutôt que de se laisser tant soit peu détourner du but à atteindre.

Encouragée et soutenue par l'attitude bienveillante des cabinets de Londres et de Pétersbourg, électrisée plus encore par ses récents succès, la Prusse n'était-elle pas en excellente posture pour engager une guerre nouvelle qui lui permettrait d'étendre sa domination sur l'Allemagne entière?

Rien n'était donc plus simple et plus facile que de prévoir ce qui devait infailliblement arriver : répudiant les formes et les usages diplomatiques, le comte de Bismarck se fit un jeu de tracasser et d'irriter notre Empereur au point de lui faire, aux yeux de tous, une position intolérable.

C'était, pour son impitoyable antagoniste, un sûr moyen de se rendre populaire dans son propre pays et d'éloigner de nous, par la crainte et par la dérision, tous ceux qui, au dehors, auraient pu nous prêter leur appui.

Déjà, sur ce terrain, le combat s'engageait à notre désavantage; l'incurie et le désarroi de notre gouvernement nous préparaient, hélas! quelque chose de bien plus grave encore.

XV

La chancellerie de Berlin devient le pivot des aspirations unitaires de l'Allemagne. — Compensations territoriales réclamées par Napoléon III après la guerre austro-prussienne. — Nos guerres incessantes n'ont rien fait perdre à notre armée de sa cohésion et de sa vigueur. — L'impérialisme napoléonien devant le Corps législatif. — Le Pouvoir plus préoccupé de nier ses fautes que tenté de les réparer.

Mais si, comme il a été dit déjà, l'Italie, en travail d'unification et de reconstitution, avait aveuglément obéi au besoin de reconquérir son indépendance, sous l'action prussienne, l'Allemagne, entraînée à son tour, et disposant de forces autrement importantes, devait évidemment se montrer plus osée et plus impatiente que l'héritière des anciennes gloires de Rome.

Au souvenir des revendications teutonnes, qui se firent jour dès 1813, et qui s'affirmèrent plus nettement encore en 1848, n'était-il pas évident que le comte de Bismarck, longtemps exécré et maudit du Rhin à la Vistule, saisirait avidement toutes les occasions qui lui seraient offertes pour flatter le sentiment national allemand, et faire dévier à son profit et au profit de son Roi les aspirations unitaires du corps germanique?

Notre Empereur n'avait donc pas à s'y tromper :

c'était la guerre fatale, inévitable, qui s'avançait sur lui et sur nous. La France n'était-elle pas la seule nation du continent qui s'inquiétait de se trouver directement en contact avec une Prusse belliqueuse, agressive et insatiable? Une Prusse qui semblait n'avoir plus d'autres visées que celles d'étendre ses frontières de la mer du Nord à la Baltique, du Rhin à la Méditerranée.

En face d'un tel péril, que le temps et les années pouvaient à grand'peine atténuer, la plus élémentaire prudence ne nous commandait-elle pas de veiller à notre sûreté, de prendre de promptes et énergiques mesures de préservation?

Nous était-il permis d'ignorer qu'une grande partie de nos soldats étant encore au Mexique, nous n'avions pas un instant à perdre pour recruter de nouvelles troupes, compléter nos approvisionnements et notre matériel de guerre, réparer et armer nos forteresses, afin d'échapper au danger qui s'avançait sur nous, plus menaçant de jour en jour?

Il nous fallait, sans retard ni hésitation, faire le possible et l'impossible pour éviter de nous laisser surprendre, en groupant et en réunissant, avant l'heure de l'action, tous nos moyens de défense.

Nos prétendues divisions, dont, sans plus d'examen, de réflexions et d'exactitude, nos ennemis du dehors semblaient se réjouir, n'auraient pas longtemps résisté aux efforts de notre armée, si on avait su la rendre plus nombreuse et mieux préparée à la guerre.

Nos soldats se seraient vite chargés de réduire à néant ces paroles de Bismarck, où il prétendait que

« la France était quelque chose de loin, que de près elle n'était rien ».

Si profonde qu'aient été parfois nos rivalités et nos discordes, elles n'étaient pas faites alors pour porter une grave atteinte à notre puissance et à notre prestige militaires.

De même que le premier, le second Empire tenait, à cette époque, toute l'armée dans sa main, depuis le plus humble de nos troupiers jusqu'à nos chefs les plus en vue. Nul, bien certainement, parmi ces derniers, n'aurait pu être soupçonné de vouloir manquer à ses devoirs.

Qu'il ait été de bon goût, dans certains milieux aristocratiques fréquentés autrefois par le chancelier de Berlin, de se lamenter sur les malheurs des temps, de maudire *l'usurpateur* qui s'était, sans vergogne, intronisé aux Tuileries, nous n'en serions pas autrement surpris; mais de là à croire à notre désagrégation, à notre faiblesse innée en face de l'étranger, il y avait assurément très loin.

N'avions-nous pas, du reste, réussi assez souvent à faire la preuve que nos querelles et nos disputes n'étaient pas forcément destinées à profiter à nos ennemis? Et si, plus tard, les faits ont paru donner raison aux dires du ministre prussien, on se tromperait étrangement en cherchant dans nos querelles et nos disputes la cause initiale de nos revers et de nos malheurs.

Croire alors à un reste d'influence de la gent titrée et des libéraux de 1830 et de 1848, de quelques rares lettrés qu'on voyait encore briller dans le monde choisi des grands salons de Paris, n'était-ce pas oublier qu'une nation essentiellement démocratique et égalitaire comme la nôtre trouve d'ordinaire sa force loin du petit nombre des mécontents, faisant profession de détester tous les gouvernements qui savent se priver de leurs services?

Ce n'était donc pas de ce côté que le gouvernement impérial pouvait avoir quelque chose à craindre. Pris au dépourvu par des événements dont la direction lui échappait, il n'avait qu'à profiter du répit qu'on lui laissait pour se préparer à la lutte nouvelle qu'on savait inévitable.

Et, puisque sur les rives de la Sprée on ne comptait que sur la violence et la force pour nous accabler et nous réduire, il lui fallait à son tour grouper tous ses moyens de défense et de résistance, afin d'avoir raison de l'implacable ennemi qu'il avait inconsciemment attiré et armé contre nous.

Plus alarmée et plus mécontente que surprise des conséquences de la guerre austro-prussienne, la nation aurait évidemment consenti à tous les sacrifices nécessaires à sa protection et à sa sûreté. L'imminent danger créé par le déplacement de l'équilibre européen à notre détriment était trop apparent et trop réel pour laisser quelque doute dans les esprits, pour permettre la moindre hésitation.

Il n'en fut cependant pas ainsi, car l'homme providentiel chargé de veiller sur nos destinées demeura jusqu'au bout plus préoccupé de nier et de voiler ses fautes que de chercher à les atténuer et à les réparer.

Voyant la Prusse s'agrandir et s'avancer de plus en plus sur nous, son idée première fut de chercher dans quelques maigres compensations territoriales l'excuse et la justification de l'attitude passive et débonnaire qu'il avait adoptée au cours de la guerre de 1866.

Après avoir tenté vainement d'obtenir une compensation du côté du Palatinat, de Landau et de Mayence, plus tard vers le grand-duché de Luxembourg dont il avait négocié l'acquisition avec la Hollande, nous le retrouvons toujours en face du tentateur de Biarritz se dressant devant lui comme un spectre, pour lui dire, dans un langage bruyant et retentissant, « qu'il était impossible à son gouvernement de lui abandonner la plus petite parcelle de terre allemande » !

A l'aide de la publicité, une telle réponse ne pouvait manquer de soulever l'enthousiasme en Allemagne et grandir démesurément la popularité du chancelier de fer, qui parvenait ainsi aisément à faire de la Prusse le seul et véritable arbitre des futures destinées de tout le pays d'outre-Rhin.

Aussi, à cette époque, était-il facile de se faire une idée de l'échec subi par notre politique extérieure, depuis la malencontreuse entrevue de Biarritz, où notre Empereur avait été le jouet des intrigues du plus retors et du plus insidieux diplomate du siècle dernier.

Après cette longue suite de déceptions et d'humiliations, le gouvernement impérial n'en resta pas moins dans l'expectative et l'inertie jusqu'au début de 1867.

Il lui en coûtait sans doute de venir, devant le

pays, faire l'exposé de notre situation extérieure, résultant des victoires de la Prusse qui modifiaient si profondément, à notre désavantage, l'état de l'Europe continentale.

Au Corps législatif, amis et adversaires du pouvoir attendaient, aussi impatiemment les uns que les autres, l'instant où le neveu du grand homme se déciderait à exposer et à révéler l'inanité de ses conceptions et de ses projets.

Après avoir disposé pendant quinze ans d'une autorité sans limite et sans contrôle, nous allions voir notre tout-puissant Empereur obligé de faire face à l'irrésistible courant de l'opinion, qui s'apprêtait à lui demander compte de ses actes et de sa gestion. Le temps était effectivement passé où ces messieurs du coup d'Etat pouvaient, à leur gré, le prendre de haut et traiter avec dédain et mépris ceux qui, avant eux, avaient dirigé le char de l'Etat.

Leur attitude nouvelle provenait nécessairement de ce qu'après Sadowa et l'expédition mexicaine, il ne se trouvait plus personne pour applaudir à leur victoire contre les foules désarmées, contre de paisibles et inoffensives populations.

Ayant sans cesse devant lui le chancelier de Berlin, qui ne lui laissait plus ni trêve, ni répit, Napoléon III se sentait, malgré lui, impuissant à parer aux invectives et aux coups de son implacable adversaire.

Assailli au dedans par les attaques et les violences des partis, victime de ses embarras et de ses difficultés qu'on exploitait impitoyablement au delà du Rhin, il devenait ainsi le point de mire de toutes les irritations et de toutes les colères.

Il ne lui restait plus d'autre ressource que celle de s'adresser aux représentants du pays, dont il avait jusque-là systématiquement repoussé et dédaigné les avis.

Sans tergiverser ni hésiter, il lui fallait d'un seul geste reconnaître ses erreurs, avouer ses torts, afin de rechercher au plus vite le moyen de les réparer.

En réalité, il en fut tout autrement : s'engageant dans une voie tout à fait opposée, le ministre Rouher, porte-parole du second Empire devant les Chambres, ne réussit qu'à prolonger et à éterniser des discussions impuissantes à modifier une situation due à l'outrecuidance et à l'aveuglement de notre héros couronné.

Prétendre qu'après la paix de Prague il n'y avait rien de changé en Europe, c'était nier l'évidence, c'était perdre un temps précieux en propos inutiles.

Si, réellement, il en avait été ainsi, pourquoi alors appeler le Corps législatif, non pas seulement à venir donner son appui au souverain dans sa lutte contre le chancelier allemand, mais avant tout convier cette assemblée à lui procurer les moyens effectifs et matériels de résister aux provocations et aux menaces des vainqueurs de l'Autriche?

A la vérité, quand on a longtemps nourri la prétention de gouverner seul, sous le vain et spécieux prétexte d'imprimer aux affaires une impulsion plus rapide et meilleure, d'éviter au pays les ennuis et les tracas de la gestion et de la direction de la chose publique, on perd ensuite le droit de se disculper et de se plaindre, sous le fallacieux prétexte d'avoir été mal compris ou mal secondé.

Il n'en faut pas moins convenir qu'un aveu loyal et sincère eût été préférable et mieux interprété que certaines harangues fastidieuses et peu convaincantes où le ministre du second Empire s'ingéniait surtout à raviver la foi bonapartiste, grandement ébranlée à dater du jour où l'influence germanique s'était fait sentir si lourdement à ceux qu'elle voulait atteindre.

En résumé, à cette heure critique entre toutes, ce que le pays avait le droit d'attendre de son gouvernement, c'était une déclaration claire et précise où il serait venu lui dire :

« Nous nous sommes trompés, l'œuvre d'émancipation et d'affranchissement à laquelle la France a concouru, dans ces dernières années, s'est retournée contre nous; en faisant tout ce qu'il était en notre pouvoir pour chasser l'Autriche de l'Italie, nous avons créé à nos portes une puissance nouvelle qui semble oublier déjà les services que nous lui avons rendus.

« Entraînés par ce pernicieux exemple, autant que par les victoires des armées du roi Guillaume, les Etats secondaires de l'Allemagne sont à la veille, les uns après les autres, de se jeter dans les bras de la Prusse, qui va devenir ainsi la plus puissante nation militaire de l'Europe.

« Seule, en 1792, la levée en masse a sauvé la Révolution française, mise en péril dès ses premiers pas par la plus formidable coalition; c'est également à l'aide d'un soulèvement général qu'en 1813, l'Allemagne a pu lutter efficacement contre nous; c'est maintenant à ce mode de recrutement, qui ne comporte ni dispense, ni faveur, qu'il nous faut faire appel.

« Confiants dans votre patriotisme, nous vous demandons instamment de nous aider à préparer au plus tôt l'enrôlement de toutes les forces de la nation, devenues indispensables pour échapper aux dangers dont nous nous sentons menacés. »

Si pénible et si dur qu'eût été un pareil aveu, il aurait eu, malgré lui, l'avantage de placer le pays en face des périls que le gouvernement impérial avait pour devoir de conjurer.

C'était en outre le meilleur moyen de désarmer l'opposition, obligée de reconnaître qu'il n'était plus possible de résister à nos adversaires des rives de la Sprée sans opposer la force à la force.

Mais, au fond, Napoléon III ne l'entendait pas de cette façon. Ayant à lutter contre l'opposition grandissante du Corps législatif, il ne sut mieux faire que de protester et de contester les dires de ses adversaires, qui se sentaient partout encouragés et soutenus par une opinion publique désabusée.

C'est ainsi que Thiers, à l'aide d'une argumentation serrée, à la fois accablante et vengeresse, en arrivait à conclure « qu'il n'y avait plus de faute à commettre ».

C'était alors justement que le second Empire commettait cette dernière faute en restant dans l'indécision, et en ne prenant aucune mesure préventive qui pût lui permettre de résister efficacement aux provocations et aux menaces des feuilles bismarckiennes et de leur inspirateur.

Certes, il eût été quelque peu humiliant pour le Pouvoir absolu de reconnaître ses torts, de désavouer lui-même sa politique incohérente et aventureuse qui nous avait été si funeste; mais la nécessité où nous étions de sortir d'une impasse périlleuse et difficile n'eût pas tardé à nous faire oublier les erreurs passées pour ne penser qu'aux précautions qu'il nous fallait prendre contre toute agression possible.

D'ordinaire, les peuples n'aiment pas à récriminer longtemps, surtout quand le préjudice qui leur est causé ne semble pas fait pour les atteindre d'une façon directe et immédiate. De tout temps, l'homme a vécu d'espérances et non de regrets.

Notre armée grossie, nos forces réorganisées, nos frontières couvertes, la France eût vite pensé à tout autre chose qu'à la Prusse et aux visées ambitieuses de son gouvernement.

Seul, le Pouvoir aurait eu pour mission de surveiller d'un peu plus près que par le passé ceux qui espéraient édifier leur grandeur sur notre amoindrissement et notre ruine.

XVI

Au point de vue des intérêts français, le traité de Prague a pour unique effet de modifier les stipulations des congrès de Vienne à notre désavantage. — La politique extérieure du second Empire jugée et condamnée par tous les partis. — Nécessité d'en revenir à la politique d'équilibre européen. — Le gouvernement impérial peu soutenu et mal défendu. — Thiers, Jules Favre, Emile Ollivier prennent la direction des débats devant le Corps législatif. — La politique des trois tronçons, inventée par le ministre Rouher, provoque une réplique du gouvernement de Berlin. — Les conventions militaires, liant les Etats du sud de l'Allemagne à la Confédération du Nord, livrées à la publicité.

Pour en revenir aux traités de Vienne, il nous faut dire aussi que ces accords diplomatiques, faisant suite aux deux invasions, et qu'on a, pour cette raison, toujours voulu considérer comme étant uniquement conçus et rédigés dans un esprit antifrançais, n'en contenaient pas moins certaines clauses plus favorables que contraires à nos intérêts.

Et, si ces traités prévoyaient pour l'Allemagne l'existence « d'une législation et d'une organisation militaire uniformes, l'unité économique des différents Etats de la nouvelle Confédération », cette union et cette fusion éventuelles des forces et des intérêts allemands n'avaient, en réalité, rien qui pût porter gravement atteinte à l'équilibre européen.

On s'en tenait toujours au système de bascule et de contrepoids qui rendait inoffensifs les différends et les querelles susceptibles de s'élever au centre du continent.

Sous l'action bismarckienne, on a vu depuis ce que sont devenues ces sages précautions et ces judicieuses garanties : en un tour de main, l'œuvre pondératrice, prudente et prévoyante des grands équilibristes des deux congrès de Vienne fut brisée, anéantie d'un seul trait de plume, lors du traité de Prague, qui disloquait la Confédération germanique, en livrant au roi Guillaume les pays d'outre-Rhin et en forçant l'Autriche à renoncer à tout droit d'ingérence dans les affaires d'Allemagne.

Après la ratification d'un semblable traité, qui doublait d'un seul coup la puissance de la Prusse, lorsque Napoléon III dut tourner ses regards du côté du Palais-Bourbon, il lui fallut bien constater que les députés dévoués et inféodés au second Empire, non moins que ceux de l'opposition, ne se sentiraient guère disposés à applaudir aux changements survenus en Europe centrale depuis la guerre austro-prussienne.

Dans les assemblées électives, les majorités les plus dociles et les plus complaisantes n'en arrivent jamais à suivre aveuglément un pouvoir affaibli et déconsidéré, tombé dans l'embarras ou poursuivi par le malheur.

N'ayant voulu compter que sur lui-même, dans les

temps heureux, notre Empereur s'était mis dans le cas de n'avoir rien à espérer ni à attendre de la représentation nationale, à l'heure de l'adversité.

Vouloir faire des députés de la nation, comme de tous les gens en place, des serviteurs résignés et soumis, et chercher ensuite à obtenir d'eux un dévouement à toute épreuve, c'est exiger de son semblable une incommensurable force de volonté, un double tempérament, aussi rares chez les sommités du monde gouvernemental que parmi les gens de cour et les courtisans de profession.

Après avoir vu Napoléon III devenir la dupe et la victime des finasseries et des cajoleries du comte de Bismarck, nul homme politique un peu en vue ne tenait à encourir le reproche de s'être solidarisé avec le héros malheureux qui venait inconsidérément de desservir les intérêts de la France, au seul profit de ceux de l'Allemagne et de l'Italie.

De sorte qu'au jour de la discussion de notre politique extérieure, les députés du gouvernement, tout comme ceux de l'opposition antidynastique, ne purent ni ne surent mieux faire que de laisser notre Empereur aux prises avec les embarras et les difficultés dont la responsabilité incombait à lui seul.

Se croyant obligé de tenir tête à l'orage qui commençait à gronder autour de lui, il se contenta de faire déclarer, par la voix de son ministre Rouher, qu'au cours des événements d'outre-Rhin, il n'avait été commis aucune faute; que rien n'était compromis; qu'enfin le traité de Prague, en divisant l'Allemagne en trois tronçons, nous mettait à l'abri des dangers qu'on semblait redouter.

Puis, le ministre porte-parole du second Empire ajoutait que « la France impériale n'avait pas voulu invoquer les traités de 1815, qui avaient créé contre elle ce corps gigantesque de la Confédération germanique », dont il ne nous appartenait pas de prolonger l'existence.

Par malheur, ce n'était là qu'un expédient de discussion sans portée, peu fait pour rassurer et pour convaincre.

En réalité, le traité de Prague livrait toute la Confédération à la Prusse ; ce ne pouvait être là une solution ni heureuse, ni avantageuse pour nous-mêmes.

Nombre de penseurs, d'écrivains et d'hommes politiques de la Restauration et du règne de Louis-Philippe avaient souvent exprimé et nourri l'espoir de voir « déchirer » les traités de 1814 et de 1815 ; mais était-ce bien accomplir une besogne de ce genre que d'en préparer et d'en faciliter l'aggravation ?

C'est ce que, dans la brume de ses conceptions, notre Monarque n'avait su qu'imparfaitement démêler, avant de laisser s'engager la guerre de 1866.

Après l'événement, et en face du fait accompli, l'opposition du Corps législatif, de même que la majorité inféodée et asservie au pouvoir, n'avaient plus d'autre rôle à prendre que celui de s'élever et de s'indigner contre l'auteur d'une politique extérieure qui avait été si préjudiciable et si contraire aux intérêts de la France.

Aussi, après la défaite et l'écrasement de l'Autriche, les partis d'opposition n'avaient-ils plus eux-mêmes qu'à se résigner et à laisser l'homme de Décembre se débattre seul au milieu des inquiétudes et des dangers qu'on entrevoyait déjà, mais qu'il n'était plus donné à aucune fraction du Parlement de porter remède et de conjurer.

Cette politique d'abandon et de laisser faire s'expliquait donc dans une certaine mesure, d'autant plus qu'il était évidemment difficile d'amener notre impeccable despote à faire fond des avis et des conseils de ceux contre lesquels il avait eu sans cesse à lutter.

Et puis, en dehors de la nécessité où notre pays allait se trouver, de se préparer et de s'armer pour résister à l'ennemi qui s'apprêtait à nous combattre, que pouvait-on faire, après coup, pour empêcher les petits et les faibles de se jeter dans les bras des vainqueurs de Sadowa?

Autant par force que par raison, il nous fallait donc abandonner à eux-mêmes des peuples qui ne demandaient plus qu'à régler seuls leurs affaires particulières.

Ainsi admise et envisagée, la question allemande n'aurait plus été faite pour autoriser le grand Bismarck à exciter et à ameuter toute l'Allemagne contre nous.

Elle ne lui aurait pas permis davantage de profiter de nos inquiétudes et de notre désarroi pour accroître, à nos dépens, sa popularité et son prestige d'une façon si perfide et si provocante.

Le souci des affaires d'outre-Rhin écarté, nous aurions pu laisser ces peuples voisins de notre frontière entièrement libres de préférer la domination prussienne au gouvernement paternel et débonnaire des rois et des princes allemands, qui allaient passer de fait sous le protectorat berlinois.

Au Corps législatif, la tactique des opposants était donc celle-ci : n'étant plus à même de nous mettre en travers des changements qui s'opéraient au delà du Rhin, notre gouvernement devait abandonner la vieille Germanie à son vainqueur, laissant à l'Europe entière le soin de se rendre compte et d'apprécier si les transformations qui avaient lieu au centre du continent n'étaient pas faites pour inquiéter et alarmer un jour tous les peuples voisins de la nouvelle Allemagne.

Quand on se trouve en présence d'intérêts délaissés parce qu'ils sont mal définis et mal compris, le temps seul peut se charger de ramener les uns et les autres à la saine raison.

Qu'il s'agisse de l'Italie, de l'Autriche, de l'Angleterre ou de la Russie, ne peut-on pas se demander aujourd'hui si ces diverses puissances n'avaient pas autant intérêt que nous-mêmes à épier et à surveiller les agissements et les convoitises de la Prusse en revenant prosaïquement à la politique internationale d'autrefois, qui tendait au maintien de l'équilibre européen?

A la vérité, cette politique terre à terre ne semble pas faite pour enfanter des héros; elle peut avoir néanmoins le mérite de contenir et de refréner à l'occasion d'inquiétantes ambitions.

Il est partout admis aujourd'hui qu'il n'appartient pas à la France seule de sauvegarder et de défendre les intérêts communs aux différentes nations de l'Europe.

En s'imposant aux préoccupations et à l'attention de tous les peuples, l'Allemagne n'est plus à même de nous importuner et de nous tracasser sans alarmer et inquiéter en même temps tous les autres Etats voisins de ses frontières.

Au lendemain de nos revers, toutes les puissances européennes, grandes et petites, n'ont-elles pas dû nous imiter et pourvoir à leur sûreté, en recourant au plus vite à un système de paix armée aussi extravagant, aussi formidable et non moins dispendieux que celui adopté par nous à la suite de la guerre de 1870?

Pour s'être systématiquement refusés, par défaillance et par animosité contre la France, à mettre un frein aux appétits berlinois, les bienheureux alliés de la Prusse de 1814 et de 1815 se sont, en fin de compte, trouvés tout aussi inquiets et tout aussi menacés que nous-mêmes par les succès militaires du roi Guillaume et de son état-major.

Mais n'anticipons pas. Au Corps législatif, lors de la session de 1867, quand il fallut s'expliquer sur les événements de l'année précédente, l'opposition ne put que s'associer au mouvement de réprobation causé dans le pays par les funestes effets de la connivence napoléonienne, qui venait de livrer l'Allemagne au vainqueur de l'Autriche.

Aussi, après une telle forfaiture, plus inconsciente

peut-être encore que coupable, notre Empereur se crut-il obligé de tourner ses regards vers ses comparses du Palais-Bourbon, toujours dociles d'ordinaire, mais peu disposés cette fois, en face du mécontentement général, à se montrer aussi enthousiastes et aussi soumis que précédemment.

Si comprimé, si avili même que puisse être un corps délibérant, il se décide rarement à braver le cri de l'opinion publique blessée et irritée dans ses ardeurs patriotiques, d'une façon flagrante et indéniable.

Sur ce point, ceux qui n'avaient dû leur siège au Parlement *qu'à la candidature officielle* n'étaient pas moins torturés que la plupart d'entre nous, par un sentiment d'indignation et de révolte contre l'auteur d'une politique extérieure qui aboutissait, selon les paroles de Thiers, « à l'amoindrissement de la France ».

Lorsque Jules Favre, au nom de l'opposition, crut devoir aborder la tribune, — disparue dans la tourmente de décembre 1851, et rétablie depuis peu, — on le vit promptement amené à porter la discussion sur son véritable terrain, limité et réduit aux conséquences de la guerre de 1866.

De par la Constitution impériale, notre tout-puissant Monarque ayant seul la haute direction des affaires intérieures et extérieures du pays, sa responsabilité personnelle découlait forcément de cette prérogative.

De sorte que, dès son intervention dans le débat, l'orateur de gauche fut vite amené à faire le procès de Napoléon III, par la critique de ses actes, par l'accusation portée contre lui d'avoir été la dupe et le complice des intrigues du chancelier prussien, qui lui avait fait entrevoir, « dans le bouleversement de l'Europe, une occasion de conquête ».

Il lui reprochait du même coup, en se laissant aller à ce faux calcul, d'avoir créé une Allemagne nouvelle s'étendant de la Baltique aux Alpes.

A tout hasard, et sans autre garantie, Napoléon III avait, disait-il, « escompté la victoire de l'Autriche, l'humiliation de la Prusse, l'extension de notre frontière jusqu'au Rhin » ! « Voilà, s'écriait Jules Favre, tout le secret de cette politique ! »

Malgré les protestations du président de l'Assemblée et les interruptions hésitantes mais obligées de la majorité, l'orateur de l'opposition avait réussi à éclairer et à préciser le débat par la mise en cause du véritable auteur de nos appréhensions, de nos premières angoisses.

En prétendant ne devoir compte de ses actes « qu'au peuple français », Napoléon III s'était fait à l'idée que sa responsabilité n'était qu'un vain mot, et qu'en fait de contrôle, il n'aurait à en subir d'autre que celui d'assemblées complaisantes et asservies, auxquelles il pourrait toujours dicter et imposer ses volontés.

Intervenant ensuite dans la discussion, Thiers n'avait pas manqué, lui aussi, d'accuser le héros de Décembre « d'être le véritable auteur de l'unité allemande ». On avait, disait-il, sans profit pour la France, créé l'unité italienne, sans s'apercevoir que l'unité de l'Italie aboutirait à l'unité de l'Allemagne.

Déjà, dans la question romaine, quand les députés

de l'opposition républicaine invoquaient le droit des peuples à disposer d'eux-mêmes, l'ancien ministre du roi Louis-Philippe avait riposté en ces termes : « Vous trouvez que Rome peut librement se réunir à l'Italie, que diriez-vous si le grand-duché de Bade voulait se donner à la Prusse? »

En thèse générale, il y avait à la fois dans cette boutade quelque chose de troublant et de judicieux, appelé à faire entrevoir les inconvénients et les dangers d'une politique extérieure uniquement basée sur de vagues aspirations des peuples, que tous les gouvernements despotiques, avides de conquêtes, pouvaient exploiter au gré de leurs convoitises.

Toutefois, était-il vraiment nécessaire de s'étendre longuement sur les dangers résultant pour la France des visées unitaires de l'Allemagne?

Nous n'étions pas les seuls à écouter les véhéments discours de l'historien du Consulat et de l'Empire. Au delà du Rhin, les discussions de ce genre étaient suivies avec une ardeur, une passion aussi vives et aussi anxieuses que chez nous.

A Berlin, dans les sphères gouvernementales, avec quelle joie mal déguisée devait-on apprendre que le grand apologiste de la monarchie tempérée avait pu entrevoir la possibilité d'une annexion à la Prusse de tous les Etats allemands.

Là se trouvait le côté défectueux de l'argumentation de l'ancien président du Conseil de la monarchie de Juillet, aussi bien dans les discussions ayant trait aux affaires de Rome que dans celles de la prolifique Germanie, dont on stimulait ainsi les passions unitaires et les ardeurs belliqueuses.

Tous les gouvernements ont leurs secrets d'Etat et leurs rêves d'expansion, qu'ils ont soin de ne pas exposer au grand jour de la tribune; les hommes politiques en vue, que le hasard des temps éloigne ou rapproche du pouvoir, ne sont-ils pas astreints à la même prudence, à la même réserve?

On a prétendu qu'avant de s'engager à fond dans cette discussion, Thiers avait longtemps hésité. Il n'y a rien à cela d'impossible. Quoi qu'il en fût, il était bien difficile à celui qui devait être plus tard l'un des fondateurs de la troisième République de s'abstenir et de rester silencieux sur son siège, en face des féaux du second Empire, dont l'aberration et l'inconscience n'avaient d'égal que l'incurie et l'insuffisance.

Au cours de cette discussion, M. Emile Ollivier, qui déjà guignait le pouvoir d'un œil d'envie, avait, plus que tout autre, besoin de dire son mot, afin de ne pas tomber dans l'oubli, comme il arrive assez vite aux hommes politiques qui n'ont d'attache avec aucun parti.

Son idée dominante devait donc être de se faire apprécier en haut lieu, dans l'espoir d'y imposer sa manière de voir sur la direction nouvelle qu'il conviendrait d'imprimer à notre politique internationale.

Elu par l'opposition comme député de Paris, la notoriété dont il jouissait, unie à son talent oratoire, lui avait valu un rôle à part parmi les lutteurs de son temps.

Transfuge à son parti, à ses convictions, et aux électeurs qui l'avaient envoyé une première fois à la Chambre, l'heure lui avait sans doute paru favorable pour évoluer sans retour, au gré de ses visées ambitieuses et de ses appétits.

A la veille d'être admis parmi les familiers et les fidèles de la cour des Tuileries, ce n'était certainement plus à la critique des actes du gouvernement impérial qu'il devait s'attarder : il lui était préférable de chercher à se faire apprécier avantageusement, en indiquant au pouvoir un moyen de se tirer d'embarras.

C'est ainsi que, pendant cette discussion, il se condamnait à l'avance à ne voir dans les récentes transformations qui venaient de se produire en Allemagne que le fait brutal, le fait accompli, contre lequel nous ne pouvions plus réagir.

Aussi, déclarait-il péremptoirement « qu'il fallait accepter sans arrière-pensée, sans pusillanimité, sans inquiétude, *avec confiance,* une œuvre destinée à durer ».

Bonne ou mauvaise, heureuse ou néfaste, la politique du fait accompli était évidemment la seule dont M. Emile Ollivier devait se faire l'inspirateur.

Pour se rendre utile et préparer plus sûrement sa prise de possession du pouvoir, ne lui fallait-il pas tenter d'arracher notre gouvernement au cauchemar prussien qui l'obsédait et le poursuivait sans trêve ni repos depuis le malencontreux traité de Prague, que nous avions ratifié quelque peu par notre intervention indirecte, par notre inertie et notre silence obligé?

Néanmoins, lorsque Thiers concluait en disant « qu'il fallait à la France une politique vigilante qui, sans agir contre les événements, s'appliquât à en ralentir la marche, à en limiter les conséquences », il commettait une imprudence au moins égale à celle du futur ministre au « cœur léger », quand celui-ci prétendait que l'œuvre de conquête et d'expansion de la Prusse « n'était pas dirigée contre nous ».

Dans un accès de brutale franchise, le grand chancelier allemand s'était empressé, lui aussi, d'intervenir à distance dans ce débat, pour enlever toute valeur à cette dernière assertion.

A la lecture des dépêches qui lui venaient de Paris, n'avait-il pas, d'un seul coup, réduit à néant « la prétendue division de l'Allemagne en trois tronçons », imaginée par Rouher. Il lui avait suffi pour cela de publier quelques extraits des conventions militaires imposées secrètement par la Prusse à tous les Etats du sud de l'Allemagne, après la guerre de 1866.

XVII

Influence des idées françaises au dehors. — La politique du fait accompli s'impose à notre gouvernement. — Les républicains s'appuient toujours sur le principe du droit des peuples à disposer d'eux-mêmes. — En face des excitations bismarckiennes, notre gouvernement avait pour devoir d'éviter toute complication nouvelle avec l'Allemagne.

De nos jours, les classes dirigeantes ne désirant rien au delà des droits et des libertés conquises à l'époque de la première Révolution, semblent se complaire à ignorer l'influence longtemps exercée par notre nation sur la plupart des autres peuples de l'Europe.

Dans le monde diplomatique, on y admet encore assez volontiers qu'aux premières lueurs de 1789 les peuples de notre vieux continent se soient sentis remués et agités par le contre-coup de la grande commotion qui devait emporter la royauté et avec elle tout l'ancien régime.

On y admet également qu'au lendemain de la chute de la monarchie restaurée de 1814 et de 1815, et plus tard en 1848, il se soit produit une certaine poussée vers l'émancipation et l'affranchissement des peuples, faite pour troubler et inquiéter les gouvernements étrangers, toujours tentés de nous rendre responsables de leurs difficultés et de leurs embarras intérieurs.

Toutefois, après le coup d'Etat militaire de 1851, on ne vit bientôt plus la moindre trace de cette manière de voir, qui avait, non sans raison, fait attribuer à l'effervescence populaire une force tangible et contingente avec laquelle les diplomates et les hommes d'Etat de tous pays devaient prendre l'habitude de compter.

Aussi, en revenant tout à coup à la vie et aux agitations parlementaires, nos orateurs ne se sentaient-ils plus suffisamment guidés par l'impérieuse nécessité d'écarter de leurs débats les appréciations et les intempérances de langage susceptibles d'exciter les esprits, d'envenimer les questions extérieures, en facilitant ainsi la tâche de ceux qui se faisaient un malin plaisir d'ameuter contre nous tous les Etats plus ou moins despotiques.

Lorsque, pour nous rassurer, en atténuant le plus possible la portée des erreurs et des fautes du second Empire, Rouher nous vantait la politique des trois tronçons, imaginée par notre gouvernement afin de pallier ses torts; que Thiers conseillait aux oracles des Tuileries de surveiller et de refréner au besoin les aspirations unitaires de l'Allemagne, ils ne parvenaient, l'un comme l'autre, qu'à mécontenter et irriter les populations des différents Etats de la Confédération germanique.

Volontairement ou non, c'était jeter tous ces peuples dans les bras de la Prusse, avec laquelle ils sympathisaient peu, et dont ils connaissaient comme nous la morgue et l'avidité, les instincts despotiques et oppresseurs, mais dont ils préféraient néanmoins la domination à leur état de faiblesse et d'isolement, qui semblait les tenir à l'écart du mouvement d'expansion et d'activité des grandes nations.

C'est ainsi qu'au lieu de suivre nos discussions en cherchant, comme autrefois, à y découvrir la pensée humanitaire, l'inspiration généreuse qui avait si longtemps soulevé l'enthousiasme autour de nous, ils n'y retrouvaient plus que l'exposé égoïste et froid d'une politique extérieure sans rayonnement et sans grandeur, n'ayant d'autre objectif que celui de contenir et d'entraver l'essor de l'Allemagne.

Aussi, cette néfaste politique d'expectative inquiète et d'inutiles regrets, à laquelle le neveu du grand Empereur nous avait acculés, ne réussit-elle, dans la suite, qu'à rehausser les mérites du grand chancelier allemand; qu'à faire de lui un homme indispensable, un patriote zélé et audacieux, destiné à reprendre pour le compte du Roi son maître, et au profit de la Prusse, le programme unitaire de l'insurrection triomphante dans les rues de Berlin, lors des événements de 1848.

Aux heures difficiles de leur gestion, souvent nous avons vu les hommes d'Etat anglais nous accabler de leurs sarcasmes et de leurs injures, dans le seul but de raffermir leur pouvoir chancelant et ébranlé : les récentes victoires de la Prusse allaient nous valoir une édition nouvelle de ces indignes moyens de propagande et de popularité auxquels les peuples applaudissent aisément, jusqu'au jour où ces manœuvres ont pour effet d'amener les nations à se précipiter les unes sur les autres.

C'était là évidemment l'unique avantage qu'il nous était permis d'attendre de récriminations et de vaines lamentations qui consistaient à vouloir encore, après coup, considérer l'inévitable groupement des Etats allemands comme une menace, un fait dangereux pour notre sécurité.

Tout comme l'ancien chef de cabinet du roi Louis-Philippe, le ministre de Napoléon III était donc tombé dans le jeu du chancelier de fer en laissant supposer, au delà du Rhin, que l'unité allemande n'aurait chance d'être réalisable qu'après une guerre contre la France.

Plus simple et plus rationnelle était la situation du parti républicain, qui commençait déjà, vers cette époque, à exercer son action parmi les siens, et que ne parvenaient plus à intimider ni à contenir les sbires et les sicaires de Décembre.

S'appuyant toujours sur l'inaliénable droit des peuples à disposer d'eux-mêmes, ce parti pouvait voir avec calme et sans surprise nos voisins d'outre-Rhin revendiquer leurs libertés et leur indépendance à leur façon.

Après les journées de Février, le Gouvernement provisoire, guidé par ce même principe, avait pu rester impassible, sinon indifférent, en face des agitations populaires de l'Allemagne, dont le contre-coup s'était si vivement fait sentir à Vienne, à Berlin et ailleurs.

C'est qu'en effet, les républicains au pouvoir n'avaient pas à s'émouvoir outre mesure des événements qui se déroulaient alors dans notre voisinage, et qui devaien avoir pour épilogue la réunion, à Francfort, d'un par lement allemand.

Nul n'ignorait, à cette époque, que les députés de l Confédération, qu'on voyait ainsi braver courageuse ment la féodalité héréditaire et princière des Etat d'outre-Rhin, n'étaient animés d'aucune pensée d haine ou d'animosité contre les autres peuples.

En se réunissant sur les rives du Mein, dès l 18 mai 1848, ce qu'ils voulaient, c'était surtout d'es sayer de relier entre eux les membres épars du corp germanique; c'était d'arriver à implanter en leur pay des institutions libres, en conformité avec leurs besoin et leurs aspirations.

Pour réaliser ce programme pacifique entre tou pas n'était besoin d'envahir l'Autriche, d'ensanglant les plaines de Bohême et de Moravie, ni de ven en France livrer bataille à Reischoffen, à Metz ou Sedan.

Mais si, au nom de leurs principes, les libéraux d 1848 avaient pu applaudir aux efforts de nos voisi d'au delà du Rhin, désireux d'échapper au régime d bon plaisir des princes allemands, pouvaient-ils, apr Sadowa, se montrer aussi confiants et aussi entho siastes à l'égard du gouvernement prussien, dont l pratiques autoritaires et despotiques n'avaient jamai rien eu de séduisant pour les peuples de la Confédéra tion eux-mêmes?

Aussi, ceux de nos hommes politiques qui sem blaient disposés à croire que nous avions quelqu chance de réagir contre les conséquences de la guerre de 1866 faisaient-ils tous également fausse route.

Mieux encore que Cavour, Bismarck avait réussi, en un clin d'œil, à se faire un solide bouclier des revendications allemandes; cela lui suffisait pour mettre ses projets à exécution.

A l'aide de ce puissant levier, en moins d'un an, et sans avoir donné le temps aux chancelleries européennes de s'alarmer et de se préparer à la résistance, il s'était subrepticement acquis un rôle transcendant, un prestige qu'auraient pu lui envier les plus fiers potentats, les plus grands maîtres du monde.

Le moment était donc mal choisi pour intervenir dans les affaires de cet homme d'Etat, grisé par le succès, et que la couardise des uns, l'indifférence et la sottise des autres avaient rendu si redoutable.

L'unique moyen de déconcerter et de vaincre un pareil adversaire n'était-il pas de lui opposer une force d'inertie, le plus imperturbable sang-froid, en se montrant pacifique, dédaigneux jusqu'aux plus extrêmes limites, jusqu'à la *désespérance*?

Un conquérant sans emploi n'est plus qu'un héros malheureux, destiné à perdre ses forces et ses facultés dans l'inaction.....

Si en aucun coin du monde on n'avait voulu paraître lui tenir tête, le grand Bismarck se serait vu forcé de se maintenir dans une certaine réserve, de reprendre le train de vie ordinaire des diplomates, fait de prudence, de réserve et de discrétion.

Autrement, on n'aurait plus vu en lui qu'un trouble-fête, un agité se croyant obligé sans cesse de faire parler de lui, afin de soutenir son rôle et sa réputation.

Sans défaillance et sans humiliation, nous pouvions donc nous montrer quelque peu indifférents aux bruissements de Cour et de caserne, dont les échos nous arrivaient si souvent des rives de la Sprée.

Fiers encore de tout un passé d'héroïsme et de gloire, plutôt excessif, nous n'en étions pas encore réduits à nous émouvoir, plus qu'il ne convenait, des rodomontades et des provocations haineuses de « l'ermite de Warsin », dont la popularité semblait grandir en son pays à mesure qu'il affectait de se montrer plus violent et plus agressif à l'égard de notre gouvernement.

Certes, une telle prédisposition de l'esprit public en Allemagne était grosse de périls et d'orages; mais, s'il avait été partout clairement démontré que le tout-puissant ministre du roi Guillaume avait tout à gagner et rien à perdre à nous entraîner sur les champs de bataille, ne fallait-il pas, à tout prix, lui refuser cette satisfaction?

La France s'y serait résignée, son Empereur ne le pouvait pas; trop longtemps il avait tenu notre pays en tutelle pour abandonner son rôle d'homme providentiel et prédestiné, auquel il lui eût fallu renoncer, en s'avouant vaincu dans sa lutte de ruses et de convoitises, dont Bismarck, son associé d'un jour, avait su jusque-là tirer tout le profit.

Même en acceptant les conséquences des nombreux échecs de sa politique extérieure, Napoléon III ne pouvait que persévérer dans ses errements pernicieux, qui l'entraînaient à reléguer l'intérêt français au second plan de ses préoccupations, pour y substituer ses intérêts dynastiques mal définis et plus mal compris encore.

Aussi, n'était-ce qu'à l'aide d'une guerre nouvelle qu'il espérait lui-même pouvoir se ressaisir, en échappant, une fois pour toutes, aux cruautés et aux embûches du peu tendre et peu sentimental homme d'Etat prussien qui, de son côté, n'attendait l'unification complète de l'Allemagne que de nouveaux succès militaires.

Après la guerre d'Orient, forcée par le traité de Paris de renoncer momentanément à ses ambitions séculaires, la Russie, ainsi que nous l'avons dit précédemment, n'avait plus songé qu'à panser ses blessures, à réparer ses pertes, à « se recueillir », en se désintéressant le plus possible de tout ce qui se passait autour d'elle.

La fin déplorable de l'expédition du Mexique n'autorisait-elle pas le cabinet des Tuileries à imiter cet exemple, en se tenant soigneusement et volontairement à l'écart de toute discussion, de toute controverse avec l'étranger?

En réalité, l'hégémonie prussienne s'étendant à toute l'Europe centrale n'était pas plus inquiétante ni menaçante pour nous que pour les autres nations environnantes. En partie allemande, l'Autriche avait évidemment plus à craindre que nous-mêmes pour l'intégrité de son territoire.

L'Italie elle-même, quelles que soient ses alliances et ses amitiés, n'est-elle pas exposée à voir l'Allemagne, subissant l'influence des nécessités économiques, s'avancer sur l'Adriatique pour déboucher dans la Méditerranée, gagner les Dardanelles et la mer Noire, le canal de Suez, la mer Rouge et l'océan Pacifique?

Il n'est pas jusqu'à la Russie qui devra forcément s'apercevoir un jour que Berlin est tout aussi près de Constantinople, de l'Asie Mineure et du golfe Persique que la ville de Pétersbourg elle-même.

Enfin, n'est-il pas toujours à craindre, depuis la guerre austro-prussienne, que l'Allemagne, qui alimente les sources du Danube et confine à celles du Rhin, ne se trouve trop à l'étroit dans ses nouvelles limites et ne soit tentée, un jour ou l'autre, de s'avancer également vers l'embouchure de ces deux fleuves?

Au point de vue commercial, n'en serait-il pas de même d'une voie ferrée allemande traversant la Russie et l'Asie centrale pour gagner les mers de Chine et du Japon?

Si vaste que puisse paraître un tel programme, il n'a plus rien d'excessif aujourd'hui : l'établissement d'un chemin de fer allant du Cap au Caire, d'une envergure si impressionnante et si imprévue, est, à l'heure actuelle, entré dans le domaine de la réalité. Après cela, ne devient-il pas possible de se faire à l'idée d'autres conceptions pouvant s'étendre aux quatre coins de l'univers?

Aussi, tandis que de tels projets préoccupent les hommes d'Etat, n'est-il pas tout naturel que le cerveau de nos vainqueurs de 1870 en soit impressionné et que leurs rêves de puissance et de grandeur aillent au delà de leur mainmise sur l'Alsace-Lorraine, si préjudiciable aux véritables intérêts de l'Allemagne dans le reste du monde.

Au fond, ce n'est donc plus de notre côté qu'on tourne maintenant ses regards, en pays germain, quand on veut y entrevoir « une Allemagne plus grande ». En réalité, le patriotisme allemand n'a plus rien à nous prendre, ni à nous demander. De sorte qu'une guerre de conquête engagée contre nous ne serait certainement pas longtemps populaire au delà de notre frontière de l'Est.

L'Allemagne a besoin d'autre chose; mais pour obéir à ce phénomène ordinaire qui porte les peuples grisés de gloire et de succès à vouloir toujours davantage, ce n'est plus à nous qu'elle devra s'adresser.

Le passé a eu ses exigences, l'avenir aura aussi les siennes : l'ouverture des isthmes à la navigation, le percement des montagnes, l'établissement de tunnels sous-marins tendent de plus en plus à déplacer les intérêts, à changer et à développer les courants commerciaux dans une mesure dont on ne saurait encore apprécier toutes les conséquences.

Les grandes nations auront donc, pendant de longues années, à étudier ces phénomènes nouveaux, afin d'arriver à résoudre les problèmes économiques qui en découleront fatalement. C'est alors qu'il conviendra de ne laisser à aucun Etat d'Europe le soin d'indiquer et de trouver à lui seul la solution susceptible de convenir à chacun d'eux.

Que les ruses et les provocations d'une autre époque aient eu le don d'agacer et d'irriter notre Empereur;

que l'impérialisme allemand, en quête d'entreprises nouvelles, produise toujours sur nous une impression aussi vive, rien ne nous semble plus explicable; toutefois, ces agissements s'étalant au grand jour ne sont plus faits pour nous blesser ni nous émouvoir.

Seul, Napoléon III avait lieu de s'en montrer troublé et affecté : n'était-il pas la dupe et la victime que le sort des batailles désignait tout spécialement aux vengeances des peu tendres compatriotes de Blücher et de Brunswick?

XVIII

Action diplomatique du chancelier de Berlin, après la guerre de 1866. — Notre Empereur ne peut accuser son antagoniste de lui avoir fait défection. — Après le succès, toute compensation territoriale est refusée à notre gouvernement par la Prusse victorieuse de l'Autriche. — Les grands Etats de l'Europe semblent se désintéresser des agissements de la Prusse, tandis qu'aux Tuileries on se montre de plus en plus inquiet.

Comme il arrive le plus souvent aux nations envahissantes et conquérantes, la Prusse avait à peine terminé sa querelle avec l'Autriche que déjà elle sentait le besoin de se préparer pour une guerre nouvelle.

Malgré tous les avantages que lui avait procurés le traité de Prague, elle n'était et ne pouvait être qu'en partie satisfaite. Même en ne rencontrant plus aucun obstacle du côté de l'Autriche, elle n'était cependant pas assez sûre de son lendemain, assez confiante en elle-même, pour nous provoquer directement, au risque d'alarmer la plus grande partie de l'Europe, béatement occupée jusque-là à contempler la gigantesque besogne du grand chancelier !

Devenue en quelques semaines maîtresse de tous les pays du nord de l'Allemagne, la petite Prusse de 1814 et de 1815 avait aussitôt compris qu'elle ne pouvait pas aller au delà sans y apporter la plus élémentaire prudence.

Aussi avait-elle su refréner ses convoitises et ses ambitions, en attendant, plus ou moins patiemment, le moment où elle pourrait, sans trop risquer, poursuivre ses projets d'absorption complète des Etats de la Confédération, dont elle avait dû, jusque-là, faire mine de respecter l'indépendance.

Elle se préservait ainsi de l'immixtion de l'Europe dans ses affaires; elle se trouvait plus à même d'échapper au danger d'inquiéter et d'indisposer contre elle les puissances rivales, avant d'avoir consolidé et affermi ses premières conquêtes.

Secondée par cette apparente modération, elle se conciliait les bonnes grâces de certaines chancelleries qu'il lui fallait hypnotiser et contenir quelque temps encore, afin de pouvoir plus aisément se ruer sur nous.

Elle nous acculait même à cette situation, non moins bizarre que fâcheuse et ridicule, d'un pays qui venait d'encourager et de favoriser les ambitions d'un Etat voisin, et qui, par un rapide choc en retour, se trouvait plus atteint et plus menacé que le vaincu de la veille, dont il avait lui-même facilité la défaite et préparé l'humiliation.

Dans un accès de belle humeur, un homme d'Etat italien a pu dire, après 1859, que l'ingratitude n'était que « l'indépendance du cœur ». Venue d'Italie, cette facétie, plus cruelle encore que perfide, n'était malheureusement que le reflet d'un état d'esprit qui régna un instant au delà des Alpes.

De même que les individus, les nations n'aiment guère à trouver la preuve qu'elles ont été victimes de leur enthousiasme et de leur générosité. Aussi la France entière ressentit-elle toute l'amère ironie d'un pareil langage, qui ressemblait vraiment trop à un outrage gratuit et immérité.

Avec la Prusse, au moins, rien de semblable n'était à craindre. Nul n'ignorait que ce pays ne nous avait jamais témoigné une bien vive amitié. De plus, les guerres interminables du premier Empire n'avaient fait qu'exciter et raviver des rancunes et des haines plus anciennes.

Nous n'avions donc pas à nous étonner si le cabinet de Berlin, préoccupé avant tout d'étendre sa domination, se sentirait tout à fait à l'aise dans la suite pour accabler notre Empereur de ses airs hautains et menaçants.

Ce faisant, il se retrouvait dans son rôle d'*ennemi héréditaire* de notre pays, que nous lui avions connu à d'autres époques. Malgré son peu de reconnaissance pour les services rendus par l'héritier du grand Empereur, il ne nous était donc pas permis de l'accuser d'ingratitude.

Si, antérieurement à ses étonnants succès, Bismarck nous avait fait des avances intéressées dans le but de s'assurer notre neutralité et d'obtenir le concours de l'Italie, il n'avait, que nous sachions, pris en retour aucun engagement qui eût pu le gêner et l'entraver plus tard.

En réalité, c'était gracieusement, bénévolement, que

notre Souverain, dans son omnipotence, avait permis à son visiteur de Biarritz d'achever la délivrance de l'Italie en travaillant pour lui-même à l'extension territoriale des Etats du roi Guillaume.

Pour consentir à la transformation et au bouleversement de l'Europe centrale, Napoléon III n'avait pas même pensé, sans doute, à prendre conseil de quelques-uns de ses plus dévoués serviteurs.

Sans autre précaution, il avait délibérément engagé la conversation avec le diplomate prussien, sans s'adjoindre un agent français qui aurait pu lui servir d'intermédiaire dans les questions délicates qui se traitent à demi-mots et par sous-entendus.

Il lui avait évidemment paru plus simple de s'expliquer directement avec le trop subtil ministre du roi Guillaume, sans s'apercevoir qu'en face d'un tel homme, ses paroles prendraient vite une importance que n'auraient jamais eue celles d'un subordonné.

De sorte que notre Monarque risquait fort de se trouver lié par ses promesses et ses engagements, tandis que le représentant de la Prusse restait toujours libre de se rétracter ou de se faire désavouer par son gouvernement.

Avant de rien promettre « à l'honnête courtier », notre Empereur ne pouvait-il donc s'adresser *à son frère de Berlin*, afin de savoir précisément ce qu'on lui voulait, quel profit la Prusse entendait tirer de la guerre projetée contre l'Autriche? quel avantage la France aurait chance d'en recueillir?

Pourquoi, dans une affaire aussi grave, consentait-il

à traiter avec un envoyé extraordinaire, sans mission officielle, au lieu de s'entendre avec le roi Guillaume qui, seul, selon les rigueurs du protocole, aurait eu qualité pour s'adresser directement à notre Empereur?

L'héritier de Frédéric le Grand était-il donc moins abordable, plus fier et plus digne dans ses rapports avec l'étranger que celui de Napoléon Ier?

Dans une de ses harangues, d'une imprudence peu commune, notre Empereur avait déjà complaisamment signalé à l'attention publique la défectuosité de la « situation géographique de la Prusse ».

En bonne logique, il ne pouvait ensuite que se montrer content et satisfait du prodigieux succès des combinaisons bismarckiennes, dont il s'était fait l'inspirateur et le complice.

A la vérité, les résultats avaient de beaucoup dépassé ses prévisions; il ne s'était pas douté qu'en s'associant aux entreprises du chancelier de fer, il allait livrer à jamais la Confédération germanique à la rivale de l'Autriche.

Sans l'avoir ni voulu, ni seulement soupçonné, il n'en était pas moins le principal auteur des transformations survenues en Allemagne.

Et quand, plus tard, débordé par les événements, il s'évertue à en atténuer les effets, nous le retrouvons en face de son terrible antagoniste, qui se révèle alors tout entier, et qui, n'ayant plus rien à attendre de lui, s'apprête à lui infliger toute une série d'humiliations et de mortifications savamment calculées pour l'amoindrir et le déconsidérer aux yeux des peuples et des gouvernements.

Afin de parer de son mieux aux fâcheux résultats de la guerre austro-prussienne, notre Empereur s'était décidé, sur le tard, à essayer d'obtenir quelques compensations du gouvernement de Berlin. Ce qu'à l'aide de nos soldats, il s'était fait attribuer, après la guerre d'Italie, par la cession de la Savoie et du comté de Nice, il trouvait tout naturel de le réclamer également de la Prusse démesurément agrandie par l'effet de notre bienveillante inaction.

Sans avoir livré bataille, n'avions-nous pas favorisé la politique prussienne d'une façon tout aussi évidente et tout aussi efficace que celle qui avait abouti à la création du royaume d'Italie?

Après un tel service, n'était-il pas permis à notre Monarque de réclamer une rectification de frontière du côté du Rhin, comme la chose s'était produite à proximité des Alpes?

Pour notre sûreté et pour satisfaire en partie l'opinion publique peu rassurée, cette modeste compensation lui paraissait aussi justifiée que nécessaire.

De sorte que, sans plus attendre, après les événements de 1866, il crut tout simple de faire appel aux sentiments de loyauté et de reconnaissance de son ami d'un jour, afin d'obtenir de lui quelque parcelle de territoire du côté de Landau et de Mayence.

Par malheur, ainsi qu'il fallait s'y attendre, le fidèle serviteur de Guillaume lui répondit très poliment, sur un ton à la fois obséquieux et bienveillant, qu'il ne lui était pas possible de le satisfaire sans risquer de déplaire et de nuire au prestige de son gouvernement.

Quelque peu décontenancé, mais non complètement découragé, notre Empereur réduisit ses exigences : il se contenterait d'une maigre bande du territoire longeant notre frontière!... Cette fois, la cour de Berlin affecte de perdre patience, et c'est par un refus net et catégorique qu'elle repousse brutalement cette nouvelle requête. Mais ce n'est pas assez, le grand chancelier trouve là une heureuse occasion de se faire vanter et acclamer en défendant hautement et bruyamment l'intégrité de la patrie allemande !

Malgré tout, notre César moderne ne croit pas encore devoir s'en tenir là : le grand-duché de Luxembourg, bien qu'ayant fait partie de l'ancienne Confédération germanique, appartient toujours, par droit d'hérédité, au roi de Hollande.

Notre gouvernement en négocie l'acquisition. Les grandes puissances se montrent disposées à n'apporter aucune entrave à la réalisation de ce singulier marché, il ne reste plus que les vainqueurs de Sadowa, auxquels il faut s'adresser avant de conclure. Pour la troisième fois, Bismarck se dresse devant notre Souverain, en lui déclarant péremptoirement cette fois qu'une telle prétention équivaudrait à une déclaration de guerre.

Après cela, notre gouvernement savait à quoi s'en tenir; sans cesse surveillé par l'Allemagne, il n'avai plus qu'à se résigner et à subir jusqu'au bout un état de choses dont il avait lui-même favorisé la création

On ne pouvait effectivement engager la France dans

une guerre nouvelle pour une acquisition territoriale dont nul n'entrevoyait la nécessité et les avantages. C'était, à coup sûr, ce que le grand chancelier allemand avait parfaitement compris.

Aussi avait-il pu se donner la douce satisfaction d'infliger une défaite de plus à notre gouvernement, et ce, aux applaudissements de toute la vieille Europe, qui ne nous voulait certainement aucun bien, et qui affectait toujours de croire à une Prusse pacifique et inoffensive, désireuse avant tout de la défendre et de la protéger contre notre « chauvinisme ».

XIX

Napoléon III toujours à la veille de se trouver engagé dans de nouvelles complications. — Situation quasi prépondérante du second Empire après la guerre de Crimée. — Notre politique extérieure n'en reste pas moins hésitante et obscure. — L'Angleterre de plus en plus influente dans la Méditerranée. — Notre gouvernement satisfait, malgré tout, du rôle à lui attribué par les puissances lors de la signature du traité de paix de 1856.

Qui n'a rencontré dans la vie cet époux présomptueux, malhabile, dépourvu de sagacité et de prudence, compromettant de plus en plus le patrimoine familial, sans vouloir jamais croire à son insuffisance et à son ineptie?

De même, Napoléon III, devenu empereur par la grâce d'un coup d'Etat militaire, s'était peu à peu révélé foncièrement désordonné et incohérent, aussi avide du pouvoir qu'incapable d'en comprendre et d'en pratiquer les devoirs.

Hanté par le souvenir de la nuit sombre de Décembre, il se voyait condamné, comme le premier des siens, à chercher dans la guerre le singulier moyen de se faire valoir et de s'imposer à la nation qui lui avait confié ses destinées.

Devenu le chef suprême d'un peuple inconscient et

inexpérimenté, grisé des gloires du premier Empire, cet homme, blasé et sceptique en toutes choses, ne connut guère d'autre culte que celui de la force.

C'est ainsi que, par la compression et la terreur, il réussit, au delà de toute prévision, à se faire accepter et acclamer par nombre de gens qui ne voient dans l'art de gouverner et de conduire les peuples qu'un ingénieux moyen de séduire et d'asservir les nations.

Consacrée par une succession de plébiscites trompeurs, sa mainmise sur la France lui avait permis de prendre ce rôle de dominateur et de pourfendeur que nul n'aurait pu lui disputer et qu'aucun souverain héréditaire n'aurait alors pensé à s'attribuer au même degré. De là cet incommensurable prestige qui permit un moment de faire de Napoléon III le souverain le plus entreprenant et le plus redouté des potentats du dernier siècle.

Placée aux confins de l'Asie, ne savait-on pas la Russie trop éloignée du monde occidental pour conserver longtemps la position quasi prépondérante qui lui était échue après les invasions de 1814 et de 1815.

L'Autriche, de plus en plus occupée à contenir l'Italie, à surveiller la Prusse et l'Allemagne, ne nourrissait d'autre ambition que celle de se protéger elle-même et de se défendre contre ses ennemis et ses rivaux.

Aux mains d'une oligarchie inquiète et peu sûre de son lendemain, l'Angleterre ne voyait, comme toujours, dans les questions extérieures qu'un moyen de remuer et d'agiter les peuples, qu'un dérivatif bienfaisant à l'usage de ses ministres dans l'embarras, tour à tour obligés de faire vibrer la corde patriotique, afin de distraire et d'enthousiasmer une opinion publique peu malléable et sans cesse à la veille de se jeter dans les bras de la minorité, au moindre mécontentement.

Dominée par de telles considérations, notre voisine d'outre-Manche n'était assurément pas en état d'exercer une influence sérieuse et durable sur les autres peuples du continent (1).

Relativement à la Prusse, nous nous contenterons de la citer ici pour mémoire, car, à cette époque, nul n'eût songé à lui attribuer le rôle qui l'attendait quelque dix ans plus tard.

Au début de son règne, encouragé et soutenu par de brillants succès militaires, Louis Bonaparte s'était donc trouvé le seul monarque qui pût prétendre à une suprématie relative sur tous les autres pays d'Europe.

Longtemps il lui fut facile de conserver ainsi cette apparence de force et de puissance qui n'eut, dans la suite, d'autre résultat que celui de le tromper en lui voilant, plus qu'on ne saurait croire, la situation vraie dont la cause devait bientôt nous être révélée.

Mais revenons à notre comparaison tirée de l'exis-

---

(1) Si favorable qu'il puisse être à « l'entente cordiale » qui s'est affirmée dans ces derniers temps entre la France et l'Angleterre, l'auteur n'en a pas moins maintenu ses appréciations ayant trait à l'époque qui fait l'objet de cette étude.

Ce faisant, il a voulu laisser à l'histoire ce qui est de son domaine. L'avenir semble nous préparer quelque chose de meilleur; acceptons-en l'augure, avec le ferme espoir que le rapprochement actuel deviendra également profitable aux deux nations.

tence matrimoniale, et ajoutons qu'à force d'être leurré et abusé, il arrive toujours un moment où ni les cajoleries, ni les protestations affectueuses, ni les embrassements passionnés ne suffisent plus pour ramener la confiance et la considération au profit d'un bénéficiaire qui n'a jamais su s'en montrer digne.

Tel fut bien le cas de notre Empereur, conduit par les événements, et se jetant à l'aventure dans les entreprises les plus invraisemblables et les plus diverses, sans qu'on pût en soupçonner le mobile, en comprendre ou en définir le but.

Armé d'une puissance sans égale, au lieu de se montrer prudent et réservé comme il convient aux forts, nous le voyons partir à la remorque de l'Angleterre, à laquelle il s'enchaîne délibérément sans exiger d'elle ni compensation, ni retour.

Certes, le tsar Nicolas, systématiquement hostile à la France depuis la révolution de 1830, avait, sans conteste, fait tout ce qu'il fallait pour justifier notre intervention en faveur de la Turquie. On pouvait toutefois se demander si Napoléon III avait réellement lieu de considérer comme un grief national la façon désobligeante et souvent blessante dont l'autocrate russe avait pris l'habitude d'accueillir les envoyés du cousin et successeur du roi Charles X?

Avait-il davantage à venger la Hongrie ou l'Italie de l'intervention moscovite en faveur de l'Autriche, lors des soulèvements de 1848?

Enfin, par quelle inconséquence, après avoir ramené la France au régime absolu, — qui avait fait déjà les délices du premier des Bonapartes, — allait-il obliger nos soldats à partir au loin pour y combattre l'esprit autoritaire et rétrograde, en si grand honneur à la cour de Russie?

Ce qui lui semblait détestable et monstrueux sur les rives de la Néva était-il plus attrayant et plus supportable sur les bords de la Seine?

Il y avait là une contradiction peu apparente encore, mais qu'on aurait pu cependant faire valoir pour s'élever contre l'absolutisme qui nous étreignait et rendait impossible toute discussion à l'aide de la plume ou de la parole.

C'était donc en dehors de la nation, par sa volonté unique et sous sa seule responsabilité, que Napoléon III s'était aventuré en Turquie et en Crimée, comme il devait le faire plus tard en Italie, au Mexique et ailleurs.

Pour nous en tenir à la guerre de Russie, on est obligé de reconnaître que, ni avant, ni depuis, nul n'a jamais pu deviner quels étaient les avantages que la France avait lieu d'espérer de cette entreprise, dont le seul profit consistait à en voir abréger la durée.

En 1856, lors de la signature de la paix de Paris, il ne nous restait, en effet, de cette trop longue lutte, couronnée, malgré tout, par de brillants faits d'armes, que la décevante satisfaction d'avoir, une fois de plus, interdit aux vaisseaux de guerre de la Russie l'accès de la Méditerranée.

A l'encontre de Napoléon Ier, qui avait, un moment, nourri l'espoir de faire de cette mer intérieure « un lac français », le soi-disant continuateur de son œuvre venait lui-même de ratifier une convention destinée à transformer le bassin méditerranéen en un lac anglais. Et tandis que Napoléon III trouvait bon d'empêcher les flottes russes de franchir les Dardanelles pour gagner la mer libre, il lui paraissait judicieux, rationnel et légitime de voir l'Angleterre commander au détroit de Gibraltar, occuper Malte et, au besoin, toutes les îles de l'Archipel à sa convenance.

A la vérité, les autres nations débouchant sur la Méditerranée méritaient le même reproche : les torts de notre gouvernement n'en étaient pas atténués pour cela, car ils allaient à nouveau se trouver affirmés par un instrument diplomatique rédigé au sortir d'une guerre où l'intérêt français se voyait délaissé, sinon totalement sacrifié à celui de notre alliée.

Trop faibles, à nous seuls, pour soutenir nos droits et ceux des autres peuples dans la Méditerranée, la saine raison nous commandait tout au moins de ne point favoriser dans une telle mesure les prétentions de la grande dominatrice des mers.

Il y avait lieu également de se demander par suite de quelles considérations l'Autriche et la Prusse étaient venues à Paris sanctionner et ratifier des conventions et des arrangements ayant pour but d'interdire la circulation des vaisseaux russes dans les eaux méditerranéennes ?

Ces deux nations n'étaient-elles pas en droit de faire remarquer aux diplomates et aux hommes d'Etat anglais qu'elles n'avaient aucun intérêt à gêner ou à entraver, tant soit peu, l'expansion maritime de la Russie, et que, si une telle nécessité s'imposait à l'Angleterre, c'était à cette dernière puissance à s'en expliquer directement avec le cabinet de Pétersbourg?

En présence d'une telle déclaration, notre gouvernement se fût trouvé en fort mauvaise posture pour soutenir, à lui seul, les singulières prétentions de l'Angleterre. Et si, pour s'excuser, Napoléon III s'était retranché derrière les termes de l'accord international signé à Londres en 1841, accord qui livrait déjà la Méditerranée aux fils d'Albion, il eût été facile de lui rappeler que le gouvernement de Juillet, honni et conspué à Pétersbourg, n'était guère en situation de défendre les intérêts russes, même dans ce qu'ils avaient de commun avec les nôtres, alors surtout qu'il voyait les envoyés de Vienne et de Berlin tout disposés à donner gain de cause au gouvernement anglais.

Sur ce point, nous ne doutons pas qu'aujourd'hui l'Allemagne aurait une tout autre manière de voir qu'en 1841 et en 1856. Il n'en est pas moins acquis depuis longtemps qu'il ne reste plus d'autre trace des stipulations du traité clôturant la guerre de Crimée que celle ayant pour effet de livrer la Méditerranée à l'Angleterre.

Malgré ce résultat peu séduisant, — bien que prévu aux Tuileries dès la première heure, — on avait lieu de s'y montrer satisfait; pour notre Empereur, le but principal de cette guerre avait été atteint : nos succès militaires avaient permis à nos représentants à l'étranger d'entrer en rapports faciles avec toutes les grandes puissances de l'Europe.

Si insignifiant et si restreint qu'il fût, ce succès suffisait à notre gouvernement. Dans sa générosité, notre alliée se serait bien gardée de nous marchander un pareil avantage. Pour sa part, elle se contentait de recueillir le bénéfice d'une longue et coûteuse expédition dont nous avions eu à supporter les plus gros risques.

Mais n'insistons pas plus qu'il ne convient : cette guerre meurtrière, s'il en fût, mérite encore d'être considérée comme ayant été la moins funeste et la plus glorieuse de celles où il a plu au gouvernement impérial de nous entraîner.

XX.

Retour aux affaires d'Italie. — L'impérialisme napoléonien en revient aux théories gouvernementales des régimes précédents. — La ville de Florence devient la capitale de l'Italie. Cette solution transitoire ne satisfait aucun parti. — Les concessions faites aux idées libérales sont également trouvées insuffisantes. — L'Exposition universelle de 1867. — Graves incidents soulevés par la question du Luxembourg. — Les souverains étrangers à Paris. — Attentat contre l'empereur de Russie. — Ses conséquences fâcheuses.

Sans revenir sur les événements qui préludèrent à la guerre de 1859, peut-être y aurait-il lieu de rechercher si, en franchissant les Alpes, Napoléon III s'était réellement fait une idée exacte des embarras et des difficultés intérieurs qu'il se préparait pour le retour de cette expédition.

A l'encontre de la guerre de Russie, quelque peu explicable aux yeux du plus grand nombre par l'attitude malveillante et hostile des tsars à l'égard de la France, notre intervention dans les affaires italiennes se heurtait à de multiples problèmes dont le cabinet des Tuileries n'avait aucun intérêt à provoquer ni à précipiter la solution,

Si les républicains de 1848, les libéraux et les parlementaires des régimes précédents s'étaient faits les apôtres de l'émancipation et de l'affranchissement des peuples, ils trouvaient au moins dans ces principes de solidarité et de fraternité universelles un élément de force et de résistance susceptible de faire contrepoids aux gouvernements étrangers, unis contre nous par une commune aversion.

Pouvait-il en être de même avec le second Empire, qui recrutait dans tous les partis de réaction des alliés et des complices, tandis qu'il n'en trouvait aucun parmi les hommes de progrès et d'initiative, toujours peu disposés à se souder et à se solidariser avec le despotisme et le gouvernement d'un seul?

Mais puisque notre Empereur trouvait habile de prendre à son compte une partie du programme des partis avancés, il ne devait pas ignorer que, sitôt engagé dans cette voie, il ne lui serait plus possible d'assigner une limite aux élans patriotiques qu'il allait soulever partout autour de nous.

Pour nous en tenir aux affaires d'Italie, n'était-il pas évident que l'agitation provoquée par notre intervention au delà des Alpes allait, de proche en proche, gagner tous les Etats de la péninsule?

Dire solennellement, en face de l'Europe attentive, qu'il fallait que la patrie de Mazzini et de Garibaldi fût « libre des Alpes jusqu'à l'Adriatique », n'était-ce pas convier toutes les principautés italiennes à s'efforcer de reconquérir leur liberté et leur indépendance? N'était-ce pas autoriser à la fois tous les peuples opprimés et asservis à revendiquer et à combattre pour la défense de leurs droits méconnus?

Certes, les visées de notre Monarque n'allaient pas jusque-là : tout au plus se proposait-il de faire bénéficier l'impérialisme, qu'il personnifiait, des plus séduisantes théories politiques adoptées par les régimes qui l'avaient précédé.

Peut-être aussi, comme nous avons eu déjà l'occasion de le dire, espérait-il se débarrasser, une fois pour toutes, du cauchemar italien?

Dans tous les cas, en prenant la tête d'un mouvement préparé dans les esprits, par toute une légion de penseurs et d'érudits dont la voix retentissante et écoutée au dehors nous avait valu de si nombreuses et de si vives sympathies, il ne pouvait douter des succès populaires que lui vaudrait son intervention en Lombardie.

Toutefois, en faisant siennes les troublantes et attrayantes conceptions de ses adversaires, notre Empereur n'avait certainement pas d'autre motif à invoquer, aux yeux du monde sacerdotal, que celui ayant sa source et son origine dans la crainte que lui inspirait la conspiration italienne.

Tout au plus pouvait-on l'accuser d'abandonner ceux de ses défenseurs des premiers jours ayant des liens avec la gent ultramontaine et avec tous les fervents de l'obscurantisme, qui avaient applaudi à son triomphe en haine de la République et des républicains.

Vouloir amener ces fanatiques du droit divin à suivre l'héritier du grand homme dans ses velléités de gloire et de conquête, aux dépens de la légitimité et de la papauté, autant eût-il fallu leur demander de renoncer à leurs croyances et à leurs préjugés.

Pour eux, les brillantes victoires de Magenta et de Solférino, qui avaient livré toute l'Italie à l'influence du roi Victor-Emmanuel, brisaient à jamais les faibles liens qui les avaient, un instant, rattachés au second Empire.

Cette attaque soudaine de l'Autriche, qui devait brouiller la Rome papale avec toute l'Italie, avait eu, en outre, pour effet de réconcilier entre eux les vainqueurs et les vaincus de 1830, qui se trouvèrent spontanément d'accord pour combattre et résister à Napoléon III, qui, à son grand désespoir, se voyait accusé, non sans raison, d'avoir le premier porté atteinte de fait à la puissance temporelle des papes en aidant à la réalisation des projets du comte de Cavour et du futur roi d'Italie.

Mais ce qu'il y avait de plus fâcheux dans cette situation, c'était que, malgré tous ses regrets, il n'était plus possible à notre Empereur de se raviser et de se soumettre aux injonctions cléricales sans se condamner lui-même à disloquer et à détruire cette Italie renaissante, sortie de ses proclamations et de ses victoires.

Pour faire montre de son bon vouloir, il ne pouvait plus que renforcer notre corps d'occupation, entretenu à Rome depuis le triomphe de la réaction de 1849.

Maigre satisfaction ! Le monde sacerdotal se rendait parfaitement compte que cette occupation, même renforcée, ne pourrait indéfiniment durer. Elle n'était qu'une garantie illusoire en face d'un Etat de formation nouvelle, croyant à son avenir et aspirant à la durée et à la perpétuité.

Etait-ce, en effet, avec quelques milliers d'hommes, faisant faction aux portes du Vatican, que notre gouvernement aurait pu indéfiniment s'opposer à la marche sur Rome des armées italiennes?

Mais, en attendant, il fallait s'arrêter à quelque chose, et, par une convention plutôt transitoire qu'irrévocable, le gouvernement impérial et le roi Victor-Emmanuel décidèrent que la capitale du nouveau royaume serait transportée de Turin à Florence.

Cette convention, datant de 1865, prévoyait en outre le retrait de nos troupes tenant garnison dans Rome.

Tel était l'arrangement destiné à contenir le mouvement irrésistible qui entraînait toute l'Italie vers la seule solution rationnelle qui pouvait mettre fin à ses difficultés et à ses troubles intérieurs.

Pour les profanes, comme pour les catholiques de tout pays, la situation ne comportait pas d'autre solution. Pour les uns et les autres, tout arrangement, toute déclaration écrite ou verbale, toute démonstration militaire, n'étaient que moyens dilatoires et hypocrites cherchant à soustraire notre Empereur à la responsabilité des changements survenus au delà des Alpes.

La lutte engagée entre notre potentat et les défenseurs de la cause papale ne servait donc plus qu'à nous éclairer sur ce que peut enfanter de haine et de fureur impuissante le fanatisme religieux.

Qu'on le reconnaisse ou le conteste, Pie IX était bel et bien condamné, à un moment donné, à se trouver seul aux prises avec la « révolution italienne », dont la marche sur Rome ne pouvait qu'être retardée.

S'il est vrai qu'aux jours de sa splendeur Napoléon Ier a pu dire qu'avec les curés et les gendarmes il lui serait toujours facile de faire respecter son autorité par les populations rurales, après la guerre de 1859, l'héritier de son nom n'était certainement plus à même de s'exclamer de la sorte, fût-ce dans un langage plus circonspect, moins dédaigneux et moins outrageant.

Du côté de l'opposition, l'avenir ne lui promettait rien de meilleur. Quelle qu'ait été la diversité de vues et d'opinions des hommes politiques formant le noyau irréductible des adversaires du régime impérial, aucun d'eux n'en était arrivé à oublier les méfaits de la nuit sombre qui avait, pour la seconde fois, rivé le pays à l'Empire.

Il s'ensuivait que si les ultramontains et leurs alliés ne témoignaient à notre Empereur nulle reconnaissance de son repentir et de ses tardives bonnes intentions, dans le camp opposé des libéraux et des républicains, pas un ne lui savait gré davantage de son intervention en Italie.

Pouvait-on lui être plus reconnaissant de son apparent désir de restituer au pays une partie de ses droits usurpés lors du coup d'Etat de Décembre?

Aussi, ces concessions faites à l'opinion publique désabusée n'avaient-elles rien qui pût réveiller l'enthousiasme d'une autre époque. Fût-il sincère, le despote est toujours accusé de préparer sourdement quelque machination perverse ou mauvaise. On le soupçonne d'être sans cesse occupé à découvrir le moyen de ressaisir la toute-puissance qui lui échappe.

Nul ne veut croire à sa droiture et à sa sincérité, et, quand aux heures difficiles il se résigne à subir les exigences des partis, nul ne doute qu'il n'obéit qu'à une dure et pénible nécessité.

Du jour où partout on eut la certitude que le pouvoir d'un seul exposait la France aux plus grands périls, notre Empereur se vit tout simplement obligé de céder à la pression de l'opinion publique qui devenait plus forte que lui.

C'est ainsi que le grand maître de nos destinées, sans rien abdiquer de ses prétentions, permit la critique des actes de son gouvernement, sans qu'il fût, néanmoins, jamais possible aux représentants élus de la nation d'exercer sur sa gestion un véritable et sérieux contrôle.

C'est de cette façon que, jusqu'à l'heure de sa chute, Napoléon III trouva le moyen de s'imposer au pays, dont il avait surpris la bonne foi et trompé la confiance.

Au fond, il n'attendait qu'un événement heureux, un retour de fortune, pour imposer de nouveau ses idées et ses volontés à un peuple qui s'était montré trop docile et trop facile pour qu'il pût croire à son réveil, à sa fermeté, à sa ténacité.

Si l'on se reporte aux temps critiques du second Empire, on peut affirmer qu'il n'y en eut guère de plus poignants et de plus angoissants que ceux qui préludèrent à l'ouverture de l'Exposition de 1867.

A l'heure où toutes les nations s'apprêtaient à venir

prendre part à cette grande fête du travail et de l'industrie, que nous nous disposions nous-mêmes à faire le meilleur accueil aux peuples et aux souverains étrangers, nos premières velléités de joie et d'allégresse durent être aussitôt refoulées et reléguées à l'arrière-plan de nos préoccupations.

C'est qu'en effet, à l'approche de cette émouvante solennité, nous venions d'éprouver la sensation d'un malaise indéfinissable dont la cause provenait d'un événement qui était venu tout à coup répandre l'inquiétude parmi nous.

D'un instant à l'autre, nous avions perdu toute assurance, toute liberté d'esprit nous permettant de nous livrer sans réserve aux distractions et aux ébats que devaient comporter toute une longue suite de fêtes et de promenades princières qui devaient se succéder les unes aux autres.

S'il est toujours facile, en haut lieu, de faire bonne contenance en face d'adversaires peu aimables, un grand pays comme le nôtre, ayant un passé digne du respect de tous, ne saurait feindre à un égal degré, en faisant mine d'ignorer les blessures d'amour-propre et les outrages dont on veut l'abreuver.

N'est-ce pas effectivement un singulier état que celui d'une nation prospère et puissante, où, après trois grandes guerres, entreprises en moins de quinze ans, nous voyions la moins justifiée et la moins explicable se terminer par le brusque rappel de notre corps expéditionnaire du Mexique.

Puis, comme dernière victime de cette guerre funeste

entre toutes, nous laissions sur le sol mexicain, en guise d'otage et de victime expiatoire, l'infortuné Maximilien d'Autriche, qui trouva sans doute plus digne d'y attendre l'heure fatale où Juarez allait le faire diriger vers le peloton d'exécution, que de reprendre le chemin de l'Europe, à la suite de nos troupes.

Mais, si la fin tragique et malheureuse de cè monarque improvisé pouvait, à la rigueur, nous laisser indifférents, les craintes de complications extérieures provenant de l'affaire du Luxembourg avaient, à nos yeux, affecté un tout autre caractère.

Malgré nous, ce danger se produisant à nos portes, nous mettait dans l'obligation de constater qu'il existait à quelques pas de nos frontières des ferments de haine et de rancune, entretenus et excités à dessein, dans le but de nous nuire et de nous déconsidérer.

Après l'accueil ironique et blessant qu'on avait fait, à Berlin, à la démarche de notre gouvernement, au sujet de cette fâcheuse affaire, nous ne pouvions plus ignorer qu'en pays prussien, on allait s'efforcer de saisir toutes les occasions pour nous précipiter dans une guerre nouvelle.

Du même coup, nos antagonistes nous fournissaient la preuve qu'ils méditaient, plus que jamais, d'édifier la puissance de l'Allemagne sur notre affaiblissement et notre ruine.

Plus nous aspirions au repos, plus nos implacables adversaires s'évertuaient à nous provoquer et à nous menacer, dans le but évident d'amener notre oracle des

Tuileries à tenter une fois encore la fortune des armes.

Cette perspective, peu attrayante en elle-même, avait insensiblement répandu dans toute la France, un invincible sentiment d'inquiétude, de vague découragement et de lassitude, dont rien ne pouvait plus la distraire.

Nous sachant sans cesse aiguillonnés, torturés par la malveillance intentionnelle et systématique de nos voisins, nous n'en arrivions pas moins, cependant, à nous demander si ces périls, partout redoutés et entrevus, étaient réels ou chimériques?

Contre toute vraisemblance, nous voulions douter quand même de notre état de malaise et d'insécurité, en face des vainqueurs de l'Autriche. Et, lorsque ce prodigieux accroissement des forces de nos rivaux nous apparaissait comme une réalité, nous nous voyions obligés de reconnaître que nos pertes éprouvées au Mexique pouvaient à tout instant nous faire grandement défaut.

Hantée malgré elle par de tels soucis, la France n'en était plus à fêter ni à se réjouir outre mesure en attendant la venue des souverains étrangers qui étaient sur le point d'arriver aux Tuileries.

Hélas! nul ne savait mieux que nous ce qu'il en coûte aux nations et aux peuples de se laisser aller aux entraînements de la gloire.

Contrairement à nous, nos voisins d'outre-Rhin, à la veille de prendre place parmi les plus puissants Etats, avaient une soif ardente de ce breuvage malsain, d'une digestion si laborieuse et si pénible parfois.

Nous n'avions cependant aucun désir de les convier à un combat singulier. Et si, à cette époque, le cabinet de Berlin n'avait été qu'à demi satisfait par le résultat de ses premiers exploits; si le parti militaire allemand ne l'était pas davantage par suite du peu de durée de son incursion en Autriche, nous n'en conservions pas moins le droit de nous plaindre de rencontrer tant d'acrimonie et tant de mauvais vouloir à notre égard sur les rives de la Sprée.

C'est ainsi qu'après avoir assisté tout joyeux aux premiers préparatifs de la nouvelle Exposition universelle, nous atteignions à la veille de son inauguration, tourmentés et obsédés par des craintes de guerre affectant une extrême gravité.

Le plus souvent, dans les temps calmes, les peuples n'apportent qu'une attention distraite aux choses de la vie publique : il n'en pouvait plus être de même au sortir des incidents provoqués par la question du Luxembourg.

Les dangers de complication que cette fâcheuse affaire venait de nous causer avaient fait trop de bruit en Europe; ils y avaient révélé, chez nos adversaires, un trop grand parti pris de nous combattre, pour ne pas nous avoir fait comprendre à quels genres de périls nous allions être, dans la suite, journellement exposés.

Aussi, en dehors de quelques rares bonapartistes, satisfaits par tempérament et par système, l'inquiétante situation qui nous était apparue lors de la crise du Luxembourg avait-elle produit sur nous l'effet d'une subite révélation, impressionnante à la fois pour les défenseurs comme pour les adversaires du second Empire.

Du sommet à la base, partout on s'était aperçu que nous nous étions trouvés en présence d'une menace de guerre dont le motif le plus clair résidait surtout dans la volonté bien arrêtée, chez nos voisins, de tenter contre nous, à un moment donné, le sort des armes.

Il n'était donc pas surprenant qu'en face de cette attitude du gouvernement prussien, la France entière, aussi surprise qu'alarmée, se fût sentie atteinte dans sa sécurité et sa puissance.

Sans l'avoir voulu ni prévu quand il le fallait, nous nous trouvions en contact, dans notre voisinage, avec une nation qui nous condamnait à la guetter et à la surveiller constamment, toute autre affaire cessante.

Alors que notre pays ne pensait plus qu'à vivre en paix, il se voyait de nouveau troublé et agité comme à la veille des grandes crises, des grandes calamités.

Dans ces conditions, que penser de notre état d'esprit lorsqu'en juin 1867, le roi Guillaume, accompagné du futur grand chancelier allemand et du général de Moltke, fit son apparition au Champ de Mars?

La présence d'Alexandre II, coïncidant avec celle du roi de Prusse, ne réussit qu'imparfaitement à atténuer le fâcheux effet qui n'avait pu manquer de se produire au moment de l'arrivée de nos adversaires et de nos provocateurs de la veille. Elle nous portait fatalement à soupçonner ces visiteurs peu affables et peu sympathiques de méditer contre nous quelques noirs desseins, quelques machinations perfides.

Toutefois, si la cordialité et la franchise devaient, de part et d'autre être exclues de ces fêtes officielles, les réjouissances impériales n'en conservèrent pas moins, jusqu'au bout, leur caractère de courtoisie, qu'exigeaient les convenances.

Avec la Russie, nos rapports étant redevenus meilleurs, il ne nous semblait pas impossible d'arriver à un rapprochement plus sérieux et plus efficace. Mais la fatalité qui semblait nous poursuivre allait, cette fois encore, entraver et contrecarrer nos projets et nos espérances.

Au retour d'une revue, passée en l'honneur de nos illustres visiteurs, un réfugié polonais, nommé Berezowski, âgé de vingt-deux ans, avait tiré un coup de pistolet sur le Tsar, qui se trouvait en voiture avec notre Empereur, dans une des allées du bois de Boulogne.

Par un heureux hasard, cet attentat n'avait fait aucune victime. Cet acte criminel avait, du reste, soulevé partout une unanime réprobation. Toutefois, cette façon de manifester en faveur de la Pologne avait certainement produit sur l'esprit du Tsar la plus fâcheuse impression.

Ce monarque, qui ne s'était jamais montré hostile à la France, n'ignorait pas avec quelle ardeur Napoléon III s'était, à diverses reprises, fait le champion de la cause polonaise.

Selon toute vraisemblance, cette tentative criminelle devait être, à ses yeux, une conséquence de l'immixtion de notre gouvernement dans les affaires de Pologne.

Notre Empereur, s'appuyant sur le principe des nationalités qui lui permettait, à son gré, d'intervenir partout dans les mouvements populaires, ne s'était-il pas efforcé d'amener les grandes puissances à s'interposer entre les combattants, lors de la dernière insurrection polonaise, dont l'attentat de Paris semblait être l'épisode final?

De sorte qu'après cette tentative de meurtre, le cabinet des Tuileries n'était plus guère en situation de s'entendre avec l'empereur de Russie, en vue de contenir et de mettre un frein aux appétits berlinois.

En effet, quelle attention le Tsar aurait-il pu prêter aux questions d'équilibre européen dont nous étions alors à peu près les seuls à nous préoccuper, quand ce monarque se voyait tenté de rendre Napoléon III en partie responsable des embarras et des difficultés qu'il éprouvait dans le gouvernement intérieur de ses Etats?

Vouloir, après une telle constatation, qu'entre la Prusse et nous, Alexandre II devienne une sorte d'arbitre impartial, capable au besoin de nous aider et de nous seconder dans un intérêt commun à toutes les nations, c'eût été demander à un souverain absolu, persuadé qu'il n'avait rien à craindre pour la grandeur de son empire, un dégagement de toutes choses, une mansuétude, une longanimité dépassant la mesure de son entendement.

Rentré dans ses immenses Etats, s'il avait dû faire le récit de ses impressions de voyage, nous nous serions certainement aperçus que sa venue parmi nous n'avait contribué en rien au rapprochement si désirable entre nos deux pays.

Nous y aurions appris sans doute que ce monarque, attiré en France par l'impérieux besoin de se mêler à la civilisation occidentale, d'en apprécier et d'en connaître les progrès et le développement, en était reparti plein de colère et de ressentiment contre Napoléon III, dont l'attitude dans la question polonaise avait forcément déplu à Pétersbourg bien avant l'époque où l'attentat des Champs-Elysées était venu lui donner un regain d'actualité.

Nous allions donc nous retrouver seuls en face de la Prusse, plus malveillante et plus hostile que jamais.

Le long défilé des souverains qui devaient venir ensuite au Champ de Mars ne pouvait rien changer à une situation dont l'auteur du coup d'Etat de Décembre n'était plus à même de trouver le remède.

Qu'il s'agisse du prince de Galles ou de l'empereur d'Autriche, du roi d'Italie ou du sultan de Constantinople, aucun d'eux ne croyait plus à l'habileté ni à la sagacité de notre héros; de sorte que nul n'aurait consenti à entrer en négociation avec lui en vue de préserver et d'assurer l'avenir.

Usé et vieilli avant l'âge, notre Empereur, sur le déclin, n'était évidemment plus en état de trouver des alliés disposés à l'aider à relever sa fortune : au dedans comme au dehors, on ne croyait plus à sa mission providentielle, dont il avait souvent fait un si fâcheux usage.

Et puis, par un aveuglement, une aberration au

moins singulière, le gouvernement anglais, qui s'était si vite alarmé en nous voyant prendre possession de la Savoie et du comté de Nice, restait indifférent et insensible aux dangers où l'Europe entière allait se trouver exposée, par suite de l'extension démesurée de la Prusse.

De son côté, la Russie, acquise à la politique sentimentale des peuples primitifs, croyait pouvoir rester en extase devant les amabilités et les caresses de la force qui, pour un temps, se faisait humble et respectueuse devant elle.

L'Autriche, peu rancunière et mieux disposée au fond, depuis le jour où elle était devenue, elle aussi, la victime des ruses bismarckiennes, se sentait impuissante en face de l'accord tacite, mais très réel, des cours de Pétersbourg et de Berlin.

Restait l'Italie, dont le souverain nous témoignait toujours une vive et sincère reconnaissance; mais cette amitié loyale et chevaleresque était elle-même contenue et paralysée par l'attitude de notre gouvernement dans la question romaine, faite pour provoquer l'indignation du cabinet de Florence, que nous mettions aux prises avec de multiples difficultés intérieures, et qui nous savait de nouveau livrés à l'épiscopat français et à la curie romaine.

Aussi, dans ce long cortège de princes, de rois et d'empereurs que nous venions de voir défiler devant nous, quelle figure pouvait faire notre souverain attristé, affaibli et déconsidéré?

En contact journalier avec ces grands monarques

de vieilles souches et de vieilles origines, Napoléon III ne se sentait évidemment plus aussi sûr de lui qu'autrefois : il ne s'aventurait plus avec la même confiance au milieu de ces potentats étrangers qui n'ignoraient rien de ses difficultés et de ses embarras.

C'est ainsi qu'au spectacle de ces fêtes et de ces solennités, où rois et empereurs, grands ou petits, s'offraient à nos regards, un de nos plus habiles chroniqueurs de ce temps a pu dire qu'*en France, il n'y avait de grand que la nation!*

XXI

Napoléon III fait de nouvelles concessions aux idées libérales. — Comme précédemment, ces concessions semblent dépourvues de sincérité. — L'affaire du Luxembourg réglée à Londres, en mai 1867. — L'empereur Maximilien d'Autriche fusillé au Mexique, après le retrait de nos troupes. — La Prusse à l'Exposition universelle de 1867.

En présence des effets de plus en plus désastreux de sa politique extérieure, le gouvernement impérial se voyait donc obligé de renoncer pour longtemps à toute entreprise nouvelle. N'allait-il pas être suffisamment occupé à liquider le passé, à ramener le calme dans les esprits, à donner de plus solides assises au régime qu'il s'agissait de fonder?

Quelque dix ou quinze ans de restauration bonapartiste avaient suffi pour réduire à néant ce prestige bruyant et débordant de l'héritier d'un nom populaire, que le hasard des révolutions avait fait surgir et s'était chargé d'offrir à notre respect et à notre admiration!

Par malheur, si résignées qu'elles puissent paraître, les nations modernes ont malgré tout leur volonté et leurs exigences, et en fait de despotes, elles n'accordent guère leur confiance qu'à ceux qui savent se soutenir au pouvoir par des succès de tous les jours et de tous les instants.

Certes, à défaut du rôle éclatant et merveilleux auquel il semblait aspirer, notre héros eût, sans nul doute, préféré asseoir son autorité sur le droit héréditaire dont il s'était, à loisir, arrogé toutes les prérogatives.

En cela, il n'aurait en rien dérogé aux idées et aux tendances de l'oncle légendaire, qui avait, en son vivant, longtemps caressé ce rêve charmant. Ignorait-il donc lui-même que les souverains héréditaires, vivant du respect et de l'affection de leurs sujets, deviennent de plus en plus rares; qu'en tout cas, ils ne s'improvisent pas plus facilement qu'autrefois?

Ce ne pouvait être davantage à l'aide d'une série de plébiscites, généralement peu concluants, qu'on pouvait parvenir à édifier un mode de gouvernement nouveau, susceptible de séduire et de conquérir à la fois toutes les intelligences, toutes les forces vives d'une grande nation.

En réalité, notre pays, qui venait de passer sous le régime de la Restauration, du gouvernement de Juillet et de la République de 1848, de ces gouvernements divers qui tous avaient laissé libre cours au développement de l'esprit humain, n'était pas fait pour aider l'absolutisme napoléonien à reprendre racine dans la patrie des merveilleux héros de la Révolution, des penseurs et des philosophes du XVIIIe siècle.

Victime, sur son déclin, des ruses et des manœuvres des hommes politiques de Berlin, Napoléon III se voyait obligé, en désespoir de cause, de se retourner vers la nation, dont il avait si longtemps dédaigné les avis, après avoir outrageusement usurpé ses droits, méconnu et sacrifié ses intérêts.

Comme ces plaideurs malheureux qui ne recherchent les conseils des hommes compétents et expérimentés que lorsqu'ils ont bénévolement fait abandon de leurs meilleurs arguments, de leurs plus sûrs moyens de défense, notre Empereur ne se décidait à prendre l'avis des représentants du pays qu'à l'instant précis où la situation lui semblait sans issue et sans remède.

En 1859, après les préliminaires de Villafranca et le traité de paix de Zurich, déjà, il s'était vu quelque peu contraint de faire intervenir le Corps législatif et le Sénat dans les affaires de son gouvernement.

Ravivées et stimulées par les victoires de la Prusse, les velléités unitaires de l'Allemagne étaient venues, à leur tour, lui imposer de nouvelles concessions, qui valurent à nos assemblées le rétablissement de la tribune et un droit d'interpellation plus illusoire cependant que réellement utile dans la pratique.

Enfin, lors des élections législatives de mai 1869, — qui eurent au loin un si grand retentissement, — le pays, d'une extrémité à l'autre, avait fait entendre sa voix et prouvé aux suppôts de la réaction bonapartiste que la nation, mécontente et indignée, exigeait un contrôle sérieux des actes de son Empereur et de son gouvernement, dont l'insuffisance et le manque de discernement lui étaient enfin révélés.

Après ce mouvement général d'irritation et de colère, que nul n'était plus en mesure de contenir, la volonté et la pensée intime du corps électoral s'étaient affirmées à l'aide d'un bulletin de vote, ouvrant ainsi les voies à l'Empire libéral, dernière étape du despotisme vaincu et résigné, qui s'effondrait et s'humiliait pour un instant, sans que notre Empereur eût rien abdiqué de ses monstrueuses prérogatives, auxquelles il ne renoncera jamais sincèrement, pas même aux heures les plus critiques de sa fin.

Finalement, nous échappions, fort à propos, aux pièges et aux embûches du grand chancelier de Berlin, auquel notre gouvernement venait de procurer un éclatant succès, s'étendant à tout le pays germain, qu'on excitait et animait de plus en plus contre nous.

Les incidents soulevés par l'affaire du Luxembourg s'étaient réglés à Londres, au commencement de mai 1867, c'est-à-dire assez tôt pour permettre aux visiteurs de l'Exposition de n'avoir plus à compter avec les craintes de guerre qui avaient failli tout gâter à la veille de cette grande solennité.

On en avait, en effet, terminé avec cette question par un compromis diplomatique, un accord international, fait pour ménager, tant bien que mal, toutes les susceptibilités.

En vertu de cette convention, nous obtenions le retrait de la garnison prussienne, qui devait précéder le démantèlement d'une ancienne forteresse, capable encore, disait-on, de gêner et de nuire à nos moyens de défense.

A l'aide de cette solution, facilitée par l'intervention amicale de l'Angleterre, nous nous trouvions à même de reprendre notre train de vie ordinaire, qu'une guerre de conquête ou de suprématie militaire serait venue singulièrement troubler et déranger.

Il ne nous restait donc, de cet incident, qu'une assez vive blessure d'amour-propre, due en grande partie aux procédés peu diplomatiques du grand chancelier, qui avait perfidement laissé nos oracles des Tuileries s'engager à fond dans cette affaire, dont il comptait à l'avance tirer tout le profit.

Comme toujours du reste, depuis Sadowa, ces messieurs de Berlin spéculaient sur nos erreurs et nos fautes pour accroître et étendre leur prestige, en faisant plus que jamais vibrer la corde patriotique allemande, plus sensible et plus impressionnable après chaque échec de notre politique extérieure.

Ces difficultés aplanies, nous apprenions, peu après, la fin tragique de l'empereur Maximilien, sommairement jugé et fusillé le 19 juin, à Queretaro, sous le gouvernement de Juarez, redevenu président de fait de la République mexicaine.

Cette lamentable exécution n'avait été connue aux Tuileries que le 5 juillet suivant, lors de la présence à Paris du sultan de Constantinople. Inutile de dire quelle devait être la consternation qui régna à la cour impériale quand Napoléon III dut prendre le deuil de l'infortuné prince autrichien, parti à la conquête d'un trône, à la remorque d'une armée française, aussi surprise que lui-même, sans doute, du rôle qu'on leur avait fait jouer dans cette fâcheuse affaire.

Revenus au calme indispensable, au labeur fécond,

il nous fallait encore une fois nous replier sur nous-mêmes, en négligeant le plus possible les intérêts d'autrui, qui, trop longtemps, avaient primé les nôtres.

Elle aussi, l'Exposition! n'avait plus qu'à suivre son cours avant de fermer ses portes, dégagée qu'on la savait des trop réelles inquiétudes qui s'étaient amoncelées autour d'elle, à l'heure de son ouverture.

Pour tous ceux qui avaient été à même de visiter cette seconde Exposition universelle organisée en notre pays, c'était avec une sorte de ravissement, de satisfaction intense, qu'on les avait vus en parcourir les avenues et les galeries, où se trouvaient entassées tant de richesses et de merveilles.

Jamais, ni avant, ni depuis, il n'a été rien fait en ce genre qui fût d'un aspect aussi élégant et aussi gracieux; jamais un si bel effet d'ensemble, d'ingénieuse symétrie, n'avait présidé à la distribution des sections et des galeries, à l'aménagement des produits exposés.

Après les sections françaises, faites pour attirer plus spécialement nos regards, la foule des visiteurs se dirigeait volontiers, avec non moins d'empressement et de curiosité, vers les galeries étrangères les plus en vue.

Tout d'abord, c'était les expositions anglaises et américaines qui captivaient l'attention ; l'Autriche, l'Italie, les produits de l'Orient et des colonies avaient aussi leurs admirateurs. Mais à côté de ces intéressantes exhibitions dues à la production et à l'industrie de tous pays, et qui n'avaient rien alors de l'aspect forain qu'on leur a connu depuis, il était une puissance qui avait encore peu fait parler d'elle dans la haute fabrication, et dont, malgré tout, on aurait voulu examiner et apprécier les travaux.

Lorsqu'un pays a trouvé le moyen de s'imposer à l'attention de l'univers par d'étonnants succès militaires, on est tout naturellement porté à croire que le rang conquis par lui sur les champs de bataille doit lui être également assuré sur le terrain économique et commercial.

Et, avant même de lui avoir donné le temps de s'y préparer, on est tenté d'exiger de lui quelque chose de tranchant, de remarquable, capable de lui faire une place à part au milieu des autres peuples.

Vain espoir! Une année à peine nous séparait de la guerre austro-prussienne, et ce ne pouvait être en un aussi court délai qu'une puissance telle que la Prusse était à même de se métamorphoser et de prendre rang dans un autre domaine que celui de la force.

Aussi, s'était-elle soigneusement tenue à l'écart en limitant et restreignant ses envois, qui fussent certainement passés inaperçus, si elle n'avait pris soin de nous montrer un énorme canon d'acier (1), qui semblait, de la hauteur où on l'avait placé, dominer tous les chefs-d'œuvre de la production et de la fabrication.

Peut-être aurait-on dû alors se demander si cette exhibition insolite n'avait pas pour but d'avertir l'Eu-

---

(1) Il s'agissait d'un des premiers canons en acier sortis de l'usine Krupp, du genre de ceux qui servirent aux armées allemandes pendant la guerre de 1870.

rope que l'unité de l'Allemagne n'était pas faite encore, et, qu'en attendant, le perfectionnement de l'artillerie d'outre-Rhin faisait seul l'objet des préoccupations allemandes.

En France, tout aux idées de paix et de concorde, nous étions peu portés à trouver ce monstrueux canon à sa place au milieu d'une Exposition où les nations ne recherchaient que le moyen d'accroître leur prospérité et leur bien-être par le perfectionnement de leur outillage: nous ne comprenions pas bien la portée de cette muette manifestation, qui ne devait nous être révélée qu'à l'échéance fatale de « l'année terrible ».

XXII

Les conséquences de la guerre austro-prussienne se font de plus en plus sentir. — Tentative en vue d'une entente entre la France et l'Autriche. — Entrevue de Napoléon III et de François-Joseph à Salzbourg. — La question romaine paralyse le bon vouloir des deux empereurs.

Il faut donc croire que ni le mouvement tumultueux des foules l'acclamant au passage, ni le bruit incessant des fêtes et des exhibitions princières ne suffisaient plus pour détourner l'attention de notre Empereur des inquiétudes répandues dans notre pays, depuis la guerre austro-prussienne.

Pris dans un cercle de fer, appelé à se resserrer chaque jour davantage, il se voyait réduit à sonder l'horizon, dans l'espoir d'y découvrir le point d'appui qui lui faisait défaut.

Tout affaiblie et désorientée qu'elle fût par de multiples revers, dont nous avions, du reste, été les principaux auteurs, l'Autriche seule, à la rigueur, pouvait encore être accessible à des propositions ayant pour but de contenir et d'enrayer l'expansion prussienne.

Surpris par les prodigieux succès de la politique de son ami de Berlin, mais bientôt fixé sur les déplorables conséquences de son imprévoyance et de sa légèreté, il se voyait condamné à se retourner vers l'Autriche, dans l'espoir tardif de se ressaisir et de parer aux funestes effets de sa connivence avec le chancelier de fer.

Telle fut, sans nul doute, l'idée qui prévalut aux Tuileries lorsque à tout hasard, on s'y décida à tâter le terrain du côté de Vienne, où la situation extérieure ne semblait pas beaucoup meilleure que chez nous.

Il était bien certain, en effet, que, pour sa sûreté et pour celle de la nation française elle-même, l'alliance autrichienne, fût-elle destinée à rester pacifique et défensive, n'en aurait pas moins offert le plus sûr moyen « de nous empêcher de déchoir », tandis que, comme résultat immédiat, elle nous eût procuré le contrepoids dont nous avions si impérieusement besoin, pour n'avoir plus à nous préoccuper des finasseries et des trames ourdies contre nous au delà du Rhin.

Dans la pensée de notre gouvernement, un rapprochement de ce genre avait donc chance de nous rendre, en partie, notre sécurité et notre confiance en nous-mêmes, si brusquement compromises par les victoires prussiennes.

Antérieurement aux événements de 1866, ne comptant que sur nos propres forces, longtemps nous avions pu, sans trop d'efforts, assurer notre défense et pourvoir à la sûreté de nos frontières : la Confédération germanique et la Belgique, d'un côté, la Suisse et les principautés italiennes, de l'autre, formaient autour de nous un épais rideau qui nous couvrait de la Méditerranée à la mer du Nord, mieux que n'auraient pu le faire les places fortes et les bataillons les plus résistants.

La Prusse entièrement maîtresse du Rhin, l'Italie reconstituée et unifiée, nous nous trouvions tout à coup privés de ces remparts naturels et artificiels, sur lesquels nous avions pris l'habitude d'asseoir notre sécurité.

Mais, comme on sait, nul n'avait voulu voir, dans le mode de recrutement de l'armée prussienne, un danger permanent et commun à tous les peuples du continent.

Dans nos régions gouvernementales, nul ne s'était donné la peine de se rendre compte et de constater qu'après les guerres du premier Empire, seul le gouvernement prussien avait conservé le système d'organisation militaire basé sur la levée en masse, qui lui avait valu tous ses succès de 1813 à 1815.

Peu satisfaite cependant, après les Cent-Jours, du lot parcimonieux et restreint qui lui était échu dans le partage de nos dépouilles, elle avait habilement su dissimuler son aigreur et son irritation en maintenant sous la main de son état-major une force armée supérieure à ses ressources peut-être, mais tout aussi nombreuse et mieux préparée pour la guerre que celle de la plupart des grands Etats dont il lui fallut alors subir les volontés et les rigueurs.

Tant que la Prusse s'était vue confinée dans les limites à elle assignées par les traités de Vienne, cette organisation militaire formidable bénéficiait de l'indifférence des chancelleries, heureuses de vivre dans cette agréable et douce quiétude qui exposait l'Europe aux pires complications. Indifférentes, elles attendaient un premier cri de guerre, partant de Berlin, pour savoir sans doute quelle répercussion il pourrait bien avoir dans les autres parties de l'Allemagne.

Ce cri de guerre s'est fait attendre cinquante ans : il n'en devait pas, pour cela, avoir moins de retentissement.

Peut-être, après la leçon de 1866, l'action diplomatique aurait-elle suffi pour prémunir les gouvernements contre les dangers d'une Prusse nouvelle, belliqueuse et agressive, s'appuyant sur des forces doubles de celles des plus grandes puissances de l'Europe; mais les diplomates de ce temps, élevés à l'école du despotisme, s'en tenaient à un rôle timide et effacé que leur avaient préparé de longues années de paix et de tranquillité.

De tels hommes ne pouvaient guère se dévouer au point d'exercer une véritable influence autour d'eux : il leur eût fallu une intuition des choses de l'avenir, un courage, une puissance de conception peu faite pour tenter leur ambition, qui laissait passer les plus grands événements sans en deviner l'importance ni en comprendre la portée.

Ne voulant en rien nuire à leur carrière, il leur avait semblé tout simple de paraître ignorer, jusqu'au bout, les périls et les dangers auxquels ils n'étaient aucunement disposés à remédier. Donc, à chacun sa part de responsabilité. Dans les affaires extérieures, l'action des diplomates peut souvent se faire sentir avantageusement; aussi aurait-on grand tort de chercher à les disculper quand ils faillissent à leur mission et à leur devoir.

S'il n'est pas de chef d'Etat qui ne puisse entendre un bon conseil, faut-il encore que ceux qui approchent *des puissants de la terre* sachent se montrer à propos et se faire écouter...

Avant de rien entreprendre contre l'Autriche, on sait que le comte de Bismarck s'était rendu à Biarritz dans le but d'y voir notre Empereur et d'y jeter les premiers jalons de son entente avec l'Italie.

Dès le mois d'août 1867, à son tour, Napoléon III en ayant terminé avec la question du Luxembourg et avec les fêtes de l'Exposition, prenait le chemin des Alpes tyroliennes pour se rendre à Salzbourg, afin de s'y rencontrer avec l'empereur François-Joseph, en vue d'y préparer une entente entre la France et l'Autriche.

A l'abri des regards indiscrets, notre Empereur allait essayer d'arriver à un rapprochement avec l'infortuné souverain qu'il s'était ingénié, pendant les années précédentes, à mettre aux prises avec les humiliations et les horreurs de la défaite. Ce passé peu engageant, qui ne datait pourtant que de la veille, semblait, malgré cela, assez loin de nous pour permettre aux deux monarques d'oublier leurs différends en face du péril commun qui semblait sur le point de fondre sur eux.

Leur anxiété et leur inquiétude étaient, dès ce moment, si réelles et si profondes, qu'un besoin d'entente et de mutuelle protection semblait devoir dominer, dans leur esprit, toute autre considération.

Ainsi le voulaient les conséquences de la dernière guerre, qui avaient pris de telles proportions et présageaient de telles calamités pour l'avenir, qu'elles suffisaient pour faire oublier, en un seul jour, toute cause de rancune et d'inimitié entre les deux grands combattants de 1859.

Tout au plus devait-on retrouver sur leur visage quelques traces de regrets, de découragement et de désespoir que le temps n'avait pas dû parvenir encore à effacer complètement.

Il y avait entre eux une si grande similitude de situation, de craintes et d'appréhensions, que, sans plus songer à leurs torts ou à leurs griefs, il devait leur sembler facile de se concerter et de s'entendre en vue de résister aux empiétements, aux menaces et aux provocations berlinoises.

Avoué ou non, c'était bien là l'objet et le but de cette rencontre, destinée à mettre un frein à l'irrésistible courant dirigé de façon à entraîner tous les peuples de l'Allemagne à faire cause commune avec les heureux vainqueurs de 1866.

Aussi les deux Empereurs, sitôt réunis à Salzbourg, avaient-ils eu à se demander s'il leur restait quelque chance d'arrêter et de contenir ce prodigieux mouvement qui menaçait de s'étendre aux provinces allemandes de l'Autriche, à la France elle-même, mise brusquement en contact direct avec la plus redoutable des nations militaires de l'Europe.

Lors de la signature de la paix de Prague, la Prusse s'était vite aperçue qu'elle avait trop acquis et trop obtenu pour vouloir, d'un seul coup, exiger davantage.

Il devait donc sembler possible encore à Napoléon III

et à François-Joseph de s'unir et de se concerter afin de contraindre l'adversaire visé à limiter ses ambitions, et à se contenter de ses nouvelles et rapides conquêtes.

A n'en pas douter, un tel rapprochement entre Vienne et Paris eût enlevé au cabinet de Berlin une partie de son assurance et de son prestige. Il se serait vu contraint de renoncer à ce ton provocant et agressif qui aurait pu, avec le temps, indisposer et inquiéter d'autres puissances.

Et puis, il aurait bien fallu aussi reconnaître que, dans un tel pacte, l'apport de la France n'était pas à dédaigner : à cette époque, nul encore ne s'était mesuré avec nos armées sans en éprouver quelque dommage; partout nous avions fièrement tenu tête à l'ennemi, et si grisée que fût la Prusse par ses récents succès, elle eût certainement compris qu'une alliance formelle entre la France et l'Autriche l'obligerait à modérer ses excès de langage, réputés patriotiques, mais visant incontestablement à amoindrir et à discréditer les Etats voisins de ses nouvelles frontières.

Une si utile et si précieuse amitié n'aurait-elle pas, en outre, eu pour effet de donner un certain regain de prestige et d'influence à l'Autriche, aux yeux de ses coreligionnaires de l'Allemagne du Sud?

De son côté, notre Empereur eût été en excellente posture pour s'entendre lui-même avec le roi Victor-Emmanuel, qui avait encore besoin de notre concours, et qui n'avait, du reste, jamais cessé de témoigner à notre gouvernement un vif attachement, une sincère reconnaissance.

L'entente franco-autrichienne devait donc nous conduire à une alliance à trois, faite pour contre-balancer l'influence prussienne, qui devenait partout inquiétante, envahissante et débordante.

Aussi, à ce moment, le succès de l'entrevue de Salzbourg eût-il été, pour l'Europe entière, le meilleur gage de paix, le plus sûr moyen de préserver l'avenir des dangers créés par les convoitises prussiennes, qu'on se plaisait alors à confondre et à associer aux velléités unitaires de l'Allemagne.

Cette alliance entre la France, l'Autriche et l'Italie aurait assurément suffi pour contenir les ardeurs belliqueuses de « l'ermite de Warsin », qui s'en serait tenu forcément à la contemplation de son œuvre première.

Coûte que coûte, il fallait donc arriver à conclure un accord imposé par un esprit de conservation aussi vivement ressenti sur les rives du Danube que sur les bords de la Seine.

Par malheur, cette entrevue de Salzbourg ne prit bientôt d'autre importance que celle d'une démarche infructueuse et inutile, tentée par notre Empereur, sans qu'aucun pourparler sérieux et antérieur en eût préparé et facilité le succès.

De sorte que cette rencontre, aussi compromettante que spontanée, ne servit qu'à révéler nos inquiétudes et à fournir la preuve à nos adversaires et à nos rivaux de notre état de faiblesse et d'isolement.

Elle eut même cette fâcheuse conséquence de tenir le chancelier de Berlin en éveil, et de lui faire entrevoir de plus près les inconvénients et les dangers d'une communauté de vues et d'aspirations avec l'Autriche des divers Etats catholiques de l'ancienne Confédération, qu'il avait à cœur de souder et de rattacher au plus vite à la Prusse nouvelle.

Pour ce qui était du véritable obstacle à tout projet d'entente, il avait uniquement résidé dans les difficultés provenant de l'importune question romaine, que ni l'un ni l'autre des deux souverains ne consentait à régler en dehors et contrairement à la volonté et aux intérêts du chef de l'Eglise de Rome.

Tout sceptique et indifférent que fût notre Empereur en matière religieuse; si mondain, si imbu et si fier de son autorité qu'on pût croire le monarque autrichien, tous deux n'en subissaient pas moins l'influence mystique et ombrageuse du Vatican, dont ils redoutaient, à un égal degré, les foudres et les colères.

A coup sûr, ni François-Joseph, ni Napoléon III n'étaient doués d'un tempérament, d'une force de volonté et de caractère capables de leur permettre de braver les fureurs pontificales, en ouvrant, toutes grandes, les portes du Quirinal au roi d'Italie.

C'eût été, pour le monarque de vieille lignée, comme pour le souverain électif de chez nous, un abandon des bonnes traditions, de leur politique invariable de soumission et de résignation envers l'Eglise, dont ils se sentaient également incapables.

Comment auraient-ils pu se priver du concours du plus merveilleux instrument de despotisme et d'obéissance passive qui se fût jamais mis au service de la force brutale et de la compression gouvernementale?

Ces deux empereurs négligeaient sans doute de se rendre compte qu'en face du fait accompli, la curie romaine aurait fini par se résigner, plutôt que de continuer indéfiniment la lutte contre les principaux Etats catholiques de l'Europe, se refusant de prêter matériellement leur appui à la papauté temporelle.

Toutefois, si avantageuse et si précieuse que pût leur paraître l'alliance italienne, la mentalité des deux monarques, réunis à Salzbourg, ne leur laissait pas une somme de liberté et d'indépendance d'esprit suffisante pour leur permettre de résister et de braver les foudres du Vatican, qu'ils craignaient et redoutaient plus encore que les menaces et les provocations bismarckiennes.

Telle fut la cause véritable de l'échec de cette entrevue, où l'Autriche papiste, la France clérico-impériale ne purent rien décider ni conclure, de crainte d'indisposer et d'irriter le monde sacerdotal, sur lequel les cabinets de Vienne et de Paris avaient pris l'habitude d'asseoir leur autorité et leur puissance.

Mais, encore une fois, pour arriver à une aussi piètre constatation, pas n'était besoin de s'aventurer au delà des Alpes et d'aller jusqu'à Salzbourg.

Un souverain, sous les yeux de l'Europe attentive et ayant la France derrière lui, peut-il, à son gré, par une démarche publique, s'engager, au hasard de son imagination, dans une affaire de cette gravité, sans s'être à l'avance rendu compte des chances de succès de sa démarche? Au nom de la plus élémentaire prudence, il ne saurait lui être permis de partir ainsi à la découverte d'alliés sans se réserver un moyen de retraite, de désaveu ou de rétractation.

Vouloir forcer les solutions n'est guère pratique d'ordinaire, et devient souvent fort périlleux, pour un chef d'Etat surtout.

En réalité, les deux Empereurs ne pouvaient rien décider sans s'être assuré le concours de l'Italie, et, de ce côté, toute explication devenait inutile si elle n'était précédée d'un acquiescement formel à l'occupation de Rome par les troupes du roi Victor-Emmanuel.

Ni Napoléon III, ni François-Joseph ne se sentaient de force à abandonner à lui-même « le successeur de saint Pierre ». Le résultat de cette entrevue ne fut, malgré tout, qu'un succès purement négatif pour la cour de Rome, car si les deux monarques ne voulaient rien faire qui pût nuire au gouvernement papal, ils se voyaient au fond impuissants à le protéger et à le sauver.

Plus que jamais, la France et l'Autriche allaient être exposées aux coups de la Prusse protestante, qui, elle au moins, n'avait rien à craindre des armes spirituelles du chef de la catholicité, redoutables seulement pour les fils des croyants et pour les monarques restés sous sa férule.

XXIII

Sans amis, sans alliés, le second Empire n'a plus qu'à lutter contre les partis hostiles. — L'impérialisme se trouve ainsi réduit à ses seules forces et à ses seules ressources. — Les défaillances d'un peuple libre, réduit à subir le despotisme, ne lui permettent plus d'en sortir que par une révolution nouvelle. — L'Empire libéral n'était, au fond, qu'une réédition de l'acte additionnel des Cent-Jours. — Le bonapartisme et le dogme de l'infaillibilité. — Le catholicisme et la papauté temporelle.

Se voyant définitivement abandonné à lui-même, et seul en face du périlleux problème soulevé par la question allemande, le gouvernement impérial n'avait plus qu'à se résigner, à faire mine de renoncer à toute influence extérieure, à toute intervention dans les affaires du dehors.

Sans amis possibles, sans alliés, il n'avait plus qu'à laisser les événements suivre leur cours, en évitant avec soin de se donner l'apparence de vouloir les diriger et les conduire. Il lui aurait fallu comprendre que l'heure était venue pour lui de laisser sommeiller les affaires d'Orient et celles des principautés danubiennes, les questions polonaise, syrienne ou italienne, vers lesquelles sa politique s'était trop complaisamment égarée, au détriment de nos propres affaires, de nos véritables intérêts.

Seule, la question romaine semblait encore destinée à rester brûlante et palpitante. Mais, de ce côté, le raisonnement n'y pouvait rien : Napoléon III s'était toujours montré trop enclin à subir les injonctions du Vatican pour se risquer à une longue résistance aux volontés du Sacré-Collège et des grands dignitaires de l'Eglise. En un mot, il ne se sentait pas assez sûr de son lendemain pour s'exposer à se mettre à dos toute la pieuse cohorte qui était venue à lui et l'avait secondé au lendemain du 2 décembre 1851.

Il préférait de beaucoup se heurter au courant qu'il avait suivi un instant et marcher contre « la révolution italienne » et les Garibaldiens, que de se brouiller, une fois encore, avec les défenseurs du trône pontifical.

Sans s'inquiéter autrement, notre Empereur avait, de prime abord, aidé le roi Victor-Emmanuel à prendre pied en Lombardie et plus tard en Vénétie. Il ne s'était pas aperçu à temps que tous les patriotes italiens allaient aussitôt se tourner vers la Rome antique pour en faire la capitale de la jeune Italie.

Et si, par forfanterie, le général de Failly a pu dire, après Mentana, que « les chassepots avaient fait merveille », il n'en était pas moins certain que ce malencontreux fait d'armes était loin d'être un succès pour le second Empire.

Cette facile victoire, remportée contre les soldats de Garibaldi, put un moment mettre le comble à la joie du monde catholique, tout en restant difficile à expliquer aux yeux du pays, qui était tenté de juger sévèrement cette évolution de la politique impériale, de plus en plus entraînée à la dérive sous la pression cléricale.

Après ces incohérences et ces défaillances qui portaient notre gouvernement à faire cause commune tantôt avec l'Italie, tantôt avec la papauté, nous en arrivions à une politique sans suite et sans dignité, faite pour nous ridiculiser et nous déconsidérer partout au dehors.

Dans notre abandon, nous n'avions plus qu'à nous mettre en mesure de résister aux heureux vainqueurs de Sadowa, dont notre gouvernement semblait s'être condamné, jusqu'à ce moment, à faire le jeu et à favoriser les exploits.

C'est ainsi que notre Monarque en était arrivé insensiblement à se croire obligé de nous montrer au loin les « points noirs » qui s'élevaient à l'horizon des préoccupations internationales.

N'eût-il pas été plus habile à lui de s'évertuer à en pallier et à en conjurer les dangers?

Alors qu'il fallait à tout prix rassembler et grouper nos moyens de défense, nos gouvernants trouvèrent plus simple d'affecter un calme, une sécurité qui n'étaient que de surface. Serviteurs indifférents et blasés d'un pouvoir ébranlé et mal assis, il leur semblait doux encore de vivre à l'ombre de l'aigle impériale, sans trop penser au lendemain.

Après tout, selon ces satisfaits quand même, ces dévoyés et ces abâtardis, la France avait franchi déjà des temps aussi périlleux et aussi difficiles. A cette époque, le second Empire avait seize ans d'âge; nos frontières n'étaient nulle part entamées : y avait-il vraiment lieu de s'alarmer outre mesure?

Tel était, en réalité, le raisonnement des gens en place, qui avaient envahi toutes les avenues du pouvoir sans réussir toutefois à faire de nouvelles recrues en dehors de quelques défections sensationnelles, mais fort mal interprétées.

Dans la catastrophe finale, Napoléon III risquait plus qu'eux : ils pouvaient donc rester en paix, en se reposant sur lui du soin de les protéger et de les défendre.

L'abdication de tout un peuple conduit parfois à de tels égarements; mais à quoi bon insister en pareil cas, les leçons du passé sont toujours perdues. Puissent-elles seulement servir un jour à faire comprendre aux masses profondes du suffrage universel les dangers auxquels elles s'exposent en se livrant à quelque aventurier heureux, ce singulier personnage fût-il l'héritier d'un génie mal inspiré ou mal compris.

N'ayant plus rien à attendre ni à espérer de cette affection, de cette confiance naïve que les peuples accordent si aisément aux têtes couronnées, Napoléon III voyait s'avancer l'instant où il n'échapperait plus aux critiques et aux attaques d'une opposition frémissante dont les accents indignés deviendraient, avec le temps, de plus en plus difficiles à contenir et à étouffer.

Si, à ses débuts, il lui avait été facile de retenir toute une nation silencieuse, la réflexion et les années avaient forcément modifié cet état de choses en rendant peu à peu, à chacun, une certaine somme d'énergie alliée à une plus grande liberté d'allure et de jugement qui ne pouvaient manquer d'aller en s'accentuant avec la durée.

Aussi, malgré eux, nos gouvernants se sentaient-ils obligés de compter avec une génération nouvelle beaucoup moins docile et beaucoup moins malléable et crédule que ne l'avait été celle qui l'avait précédée.

Conscients de leur force autant que de leurs droits, et déterminés à contraindre le Pouvoir à les respecter, ces hommes nouveaux ne pouvaient manquer de rechercher par suite de quel inexplicable renoncement, de quelle défaillance, leurs devanciers avaient pu bénévolement livrer notre pays à un gouvernement sans contrôle et sans responsabilité.

N'ayant ni passé, ni attache avec les vainqueurs et les vaincus de nos anciennes discordes, ils semblaient tout désignés pour s'ériger en juges sévères et implacables des auteurs et des complices de Décembre, qui n'avaient plus devant eux, cette fois, des foules désarmées, mais des citoyens libres et indignés venant leur demander des comptes à la suite du futur « libérateur du territoire » qui les accusait alors d'avoir « consacré l'amoindrissement de la France ».

De sorte que, de tous côtés, on voyait surgir de nombreux adversaires de l'absolutisme, s'offrant à la lutte avec cette ardeur, cette ténacité des néophytes qui ne se laissent intimider ni par les menaces, ni par la crainte des vengeances et des persécutions.

Ces « points noirs » qui s'avançaient sur nous et

que notre Empereur apercevait dans le lointain ne suffisaient-ils pas pour leur permettre d'apprécier et de condamner la politique extérieure du gouvernement impérial ?

Mais où l'anxiété redoublait dans les rangs de l'opposition, c'était quand il fallait y chercher le remède à ce pitoyable état de choses, que rien ne semblait susceptible d'améliorer. A quel moyen pratique pouvait-on recourir pour échapper à cet absolutisme déprimant et odieux dont l'abdication même devait toujours paraître suspecte et dépourvue de sincérité?

Il y avait là un problème qui se posait à la nation désabusée, vaincue et humiliée par de longues années de compression et d'asservissement.

Tel fut, en effet, le point de départ de toute une suite de manifestations impuissantes, mais inquiétantes et troublantes au plus haut degré pour les détenteurs du pouvoir.

De là, ces sourdes colères d'une opinion publique sans moyen d'action et sans réelle influence; de là, ces indignations prêtes à éclater à tout moment; de là, ces orateurs véhéments et enflammés qui apparaissaient comme des vengeurs fanatiques de la raison humaine méconnue et outragée; de là, ces pamphlets violents et irrités qui poursuivirent le neveu du grand homme jusqu'à sa chute; de là, enfin, cette presse hostile au service de tous les partis d'opposition, qu'aucune tracasserie, qu'aucune répression ne parvenait plus à intimider ni à contenir.

Certes, ils étaient loin alors, ces meneurs de l'obscurantisme qui avaient pris à tâche d'avilir notre pays en donnant au monde une si triste idée de ce qu'on peut se permettre quand on dispose d'un pouvoir aux origines populaires et qu'on s'arme en guerre contre le savoir, l'intelligence et le progrès! On l'a souvent dit : le despotisme s'use par son propre succès. Nous venions effectivement d'en faire la plus singulière et la plus triste expérience. A force de s'engager à l'aventure, au gré de son imagination, le despote finit toujours par devenir la dupe et la victime de plus judicieux et de plus habiles que lui. Et, lorsqu'il s'est laissé entraîner à la dérive, l'heure est proche où l'opinion publique se retourne contre lui impétueuse, acharnée, menaçante au point de rendre l'existence difficile au génie malfaisant qu'elle avait pris l'habitude d'admirer et d'applaudir.

Mais, quelle que fût la manière de voir du plus grand nombre, il n'était cependant au pouvoir de personne de contraindre l'idole d'un jour à reconnaître ses torts, à confesser ses erreurs, à liquider et à débrouiller une situation à laquelle il lui aurait fallu remédier à l'heure justement où, sans prestige et sans autorité, une telle entreprise était devenue au-dessus de ses forces.

Il ne saurait donc suffire de s'emparer nuitamment du pouvoir, de faire ratifier ce haut fait par un peuple débonnaire et inconscient, pour échapper aux responsabilités d'une gestion mauvaise ou dangereuse.

En se faisant moralement le complice de ce crime d'Etat, le suffrage universel avait évidemment négligé de recherche s'il lui était permis de livrer ainsi la France à l'héritier de Bonaparte; s'il lui appartenait d'engager l'avenir et de refuser aux générations nouvelles le droit de disposer d'elles-mêmes et de se gouverner au nom du principe invoqué alors pour consacrer et sanctionner leur asservissement.

A la vérité, de notre temps, les engagements de ce genre n'ont d'autre valeur que celle qu'il plait aux contractants de leur attribuer : ils n'ont pas moins l'inconvénient, pour les peuples résolus à s'y soustraire, de les obliger à recourir aux pires extrémités.

Pour échapper aux étreintes bonapartistes, à ce régime de nouveau implanté chez nous, il eût fallu, en effet, une révolution nouvelle, qui ne pouvait, malgré tout, rien changer aux conséquences désastreuses de la guerre austro-prussienne.

Et tandis que l'Europe, toujours haineuse, jalouse et rancunière à notre endroit, se délectait et se réjouissait de nos anxiétés, de nos craintes et de nos malheurs; qu'elle se gaudissait de nos difficultés et de nos embarras, nous voyions les familiers des Tuileries se démener et s'agiter en vain au milieu d'un pays qui ne croyait plus en eux, qui ne voulait plus d'eux.

C'était du reste en présence de cet état d'esprit du plus grand nombre que l'opposition antidynastique, si faible au début, si entravée dans son essor et dans ses moyens d'action, réussit assez promptement à devenir plus osée et plus entreprenante.

Aussi, en 1867, dès la réouverture des Chambres, n'était-ce plus seulement aux comparses du second Empire que les députés de l'opposition allaient s'en prendre; c'était à Napoléon III lui-même, qui avait, à l'aventure, envoyé des troupes au Mexique et livré nos frontières aux hordes belliqueuses et avides de la vieille Germanie.

En regard d'une situation chaque jour plus alarmante, « les libertés nécessaires », réclamées par Thiers du haut de la tribune, apparaissaient très insuffisantes pour nous aider à reprendre notre place dans le conseil des nations.

Eclairée enfin sur les dangers auxquels nous nous trouvions exposés, l'opinion publique eût certainement exigé davantage, si le bonapartisme implanté et enraciné en notre pays n'y avait conservé ses durs moyens de persuasion et de répression contre toute velléité de résistance susceptible de mettre l'impérialisme en péril.

Plus nombreuse et moins contenue, l'opposition se fut assurément trouvée plus à même de résister au génie malfaisant et mal inspiré qui régnait toujours aux Tuileries.

Elle l'aurait forcé à confier à de plus prudents et à de plus habiles le soin de veiller sur nos destinées, sans nous exposer à chaque instant aux surprises les plus invraisemblables et les plus dangereuses.

Le trouble et le malaise ressentis par la nation ne comportaient guère d'autre solution; mais comment décider les séides du despotisme, les repus et les gâtés du second Empire, à quitter la place et à prendre leur retraite?

Comment les amener à un tel renoncement, à un tel sacrifice?

N'aurait-ce pas été peine perdue que de leur parler au nom du bien public et de la raison d'Etat?

Quoi qu'il en fût, et sans attendre de nouvelles complications, l'impérialisme napoléonien n'en sentait pas moins la nécessité de se modifier et de se transformer.

Mais, afin de s'en tenir à la tradition familiale, il allait nous ramener à l'Empire dit libéral, qui n'était, selon une expression très usitée aujourd'hui, qu'une sorte de recommencement de l'histoire.

Dans la pratique, en effet, cet Empire libéral ne fut qu'une réédition peu réussie de l'acte additionnel des Cent-Jours (de 1815), dont il devait être la triste parodie, aboutissant comme lui à l'invasion et au démembrement de la France, dépouillée une fois de plus d'une partie de son territoire, sous l'ingénieux et vain prétexte de fortifier et de consolider les trônes d'alentour!

Une des grosses erreurs de nos devanciers fut celle de croire que la première Révolution avait, en un clin d'œil, fait disparaître toute trace des siècles de compression et de servitude, tels que les connurent nos aïeux.

Après la Déclaration des Droits de l'homme, la proclamation des principes d'égalité et de justice pour tous, l'abolition théorique des privilèges et des distinctions sociales, on avait, en effet, vu surgir une société nouvelle, hostile aux anciens préjugés, pleine de droiture et d'enthousiasme, mais trop confiante en elle-même, trop fière de ses premiers succès, pour se tenir en garde contre le retour des iniquités du passé qu'elle avait le tort de croire à jamais disparues.

A la vérité, ce fut là une illusion de bien courte durée, car Bonaparte, qui ne demandait qu'à parodier l'ancien régime, qui voulait créer une nouvelle noblesse, reconstituer les majorats, distribuer des trônes, ramener la France sous le joug de la Rome papale, n'avait songé à rien autre qu'à faire revivre le bon vieux temps au profit d'une dynastie napoléonienne dont il rêvait d'être le glorieux fondateur !

Ce singulier travers d'esprit d'un soldat heureux qui avait réussi, pour un temps, à enrôler toute une armée, toute une nation, au service de ses ambitions, n'était pas fait, malgré tout, pour étonner ni surprendre après coup, les libéraux de 1830, qui se complaisaient ingénument à ne voir dans le nouveau conquérant qu'un continuateur égaré et dévoyé de la Révolution.

C'est ainsi qu'ils expliquaient, tant bien que mal, plus mal que bien, ce violent recul vers le despotisme militaire à l'usage du héros corse. Ils trouvaient du reste que l'abus de la victoire, qui avait conduit le grand homme dans les plaines glacées de la Moscovie, était une leçon suffisante pour mettre le peuple en garde contre le retour d'une pareille aventure.

Sortis depuis longtemps déjà de ces guerres meurtrières et interminables, ils avaient vu la branche aînée des Bourbons — malgré sa répulsion et sa défiance instinctive à l'égard des transformations accomplies en son absence — obéir à la nécessité en faisant assez aisément certaines concessions aux idées et aux principes de la Révolution. Il avait été permis ainsi aux écrivains et aux orateurs de cette époque de royauté restaurée de se faire jour, de se révéler et d'aider le pays à sortir de ses ruines et de sa torpeur, sans qu'il fût pour cela indispensable d'atteindre aux journées de Juillet.

Enfin, la seconde République, en étendant le droit de suffrage à tous les citoyens, devait, pensait-on, elle aussi, nous prémunir contre tout danger de retour vers les idées de compression et de domination auxquelles il est parfois si difficile aux peuples de se soustraire.

On sait où nous conduisirent ces trompeuses illusions, cette fausse sécurité entretenue par l'indifférence et la paresse intellectuelle des hommes politiques de 1848, aussi imprévoyants et aussi aveugles sur ce point que les dilettantes de la monarchie bourgeoise de 1830.

L'idéal bonapartiste — reprenant la place des aspirations républicaines qui avaient successivement forcé Louis-Philippe et le roi Charles X à prendre le chemin de l'Angleterre — s'avançait sur nous à grands pas, s'apprêtant une fois de plus à nous entraîner et à nous river au despotisme le plus féroce et le plus brutal qu'aient jamais connu les peuples civilisés.

Il faut avouer cependant que cet absolutisme nouveau, dont on nous gratifiait, avait, malgré tout, son côté rationnel et séduisant pour d'aucuns : n'était-il pas l'expression finale de la volonté nationale sur laquelle nul potentat n'avait encore songé à s'appuyer?

Dans l'étroite et pénible réalité, n'était-ce pas un

peuple entier qui se livrait à un homme; et ce peuple était celui de France, si puissant par les armes, si grand par son génie et son activité, si fier de ses sommités scientifiques et littéraires, de ses artistes, de ses penseurs et de ses philosophes !

Mais éloignons-nous au plus vite de cet attristant passé, qu'il nous fallut si cruellement expier aux jours des revers. Disons seulement que la curie romaine sachant qu'en France le peuple souverain y ratifiait si aisément les coups de force et les actes de la plus monstrueuse tyrannie, se voyait tentée elle-même, dans ses anxiétés et sa détresse, d'ériger en dogme le règne de l'absolutisme dérivant du principe, admis déjà, de l'infaillibilité des papes.

Fatale coïncidence ! ce nouvel article de foi — sanctionné par *les princes de l'Eglise* réunis à Rome en conseil œcuménique — devait voir le jour le 14 juillet 1870, c'est-à-dire à l'heure même où le despotisme qui sévissait en notre pays allait être brusquement emporté sous la poussée d'une troisième invasion.

C'est ainsi qu'à la veille de perdre son reste de puissance temporelle, la papauté avait de nouveau cherché à se réfugier dans l'arche sainte de l'obscurantisme, espérant y retrouver un abri contre les tempêtes, les crises et les agitations populaires...

Après avoir désorienté et compromis notre Empereur en le contraignant à prendre sa défense, « le successeur de saint Pierre » ne s'était pas inquiété autrement du dommage qui pouvait en résulter pour son imprudent protecteur.

Pour son compte, le grand chef de la catholicité n'avait-il pas toujours la suprême ressource — dans le cas où son intransigeance lui serait funeste, — de rappeler au commun des mortels que *le royaume des élus n'est pas de ce monde !*

En attendant, la pieuse cohorte des fidèles ne s'en acharnait pas moins à la défense de la papauté temporelle, qui n'avait cependant rien à voir avec les intérêts spirituels de notre « sainte mère l'Eglise ».

XXIV

Promulgation de la loi militaire de 1868. — La liberté de la presse et le droit de réunion restitués au pays. — Les détracteurs du second Empire soutenus et encouragés par l'opinion publique. — Inquiétudes croissantes aux Tuileries. — Apparition de la *Lanterne* d'Henri Rochefort, en mai 1868. — Débuts de Gambetta dans le procès Baudin.

Tandis qu'à l'aide de ce dogme nouveau, les grands dignitaires de l'Eglise s'ingéniaient à retenir sous la domination pontificale les plus fervents catholiques, en France, au contraire, nos gouvernants se préparaient à entrer dans une voie toute différente.

A l'inverse du Vatican, qui n'entrevoyait son salut que dans un système d'aveugle soumission à l'autorité du chef de l'Eglise, les militants des Tuileries commençaient à s'apercevoir que notre pays, pris d'impatience, pourrait bien revenir à la saine raison et contraindre le Pouvoir à nous ramener vers une politique de paix et de sécurité, très différente de celle suivie jusque-là par le dernier des Bonapartes.

En janvier 1868, après la promulgation de la nouvelle loi militaire, après le vote d'un gros emprunt, destiné à liquider le passé, à transformer et à reconstituer notre matériel de guerre, une loi sur la presse, bientôt suivie de la réglementation du droit de réunion, formait l'ensemble des mesures découlant des nécessités du moment et appelées, dans la pensée de leurs auteurs, à donner satisfaction à l'opinion publique.

Toutefois, ces libertés, concédées dans un temps d'animosité et de surexcitation, ne pouvaient remédier aux embarras et aux difficultés de notre situation extérieure.

Elles n'étaient pas faites davantage pour consolider et raffermir le Pouvoir, qui avait à supporter seul tout le poids des changements survenus en Europe, changements devenus, pour nous, une menace de tous les jours et de tous les instants.

En fait, ces concessions tardives et peu sincères n'avaient réussi qu'à permettre aux partis d'opposition d'engager la lutte à fond contre notre Empereur et son gouvernement.

Sans profit pour lui-même, il s'était offert ainsi aux coups redoublés de ses adversaires, qu'il devait retrouver d'autant plus entreprenants et acharnés qu'ils avaient été plus longtemps bafoués, tracassés et contenus.

Aussi, après dix-sept ans d'un régime imposé par la force, voyait-on apparaître d'ardents défenseurs des idées de liberté, d'émancipation et de progrès, qui étaient redevenues la passion dominante des plus timorés comme des plus ardents.

Cet enthousiasme et cet entraînement s'expliquaient d'autant mieux que nul détour prudent ou obligé ne venait plus entraver la libre expression de la pensée humaine, même lorsqu'il s'agissait de faire ouvertement le procès du second Empire, dont les admirateurs d'autrefois se faisaient de jour en jour moins nombreux.

A ce moment, on n'en était plus aux déclarations impertinentes et audacieuses du genre de celles du ministre Fialin de Persigny venant dire aux électeurs parisiens — à la veille du scrutin de 1863 — qu'il fallait combattre la candidature de Thiers, parce que l'ancien président du Conseil de la monarchie de Juillet avait négligé « de rendre hommage à la grandeur du nouvel Empire » !

Si épris de fatalisme et de merveilleux qu'ait pu paraître l'historien du Consulat et de l'Empire, il ne s'était sans doute pas cru obligé de prendre, à l'égard de Napoléon III, le rôle de ces écrivains d'une autre époque, qui ne risquaient jamais la moindre critique des actes du Pouvoir sans dégager aussitôt la personne sacrée du Souverain, toujours à craindre et toujours redoutée dans ses accès de mauvaise humeur.

En face d'une opinion publique désabusée et mécontente, notre Empereur n'était plus à même, assurément, de relever son prestige ni d'un geste, ni d'un mot.

Partout on était bien plus disposé à écouter et à encourager les polémiques et les diatribes enflammées de ses détracteurs qu'à lui conserver plus longtemps cette estime banale, cette foi et cette confiance aveugles dont vivent d'ordinaire les gouvernements absolus.

Aussi, n'était-ce pas aux actes du Pouvoir et de ses subordonnés, couverts par une sorte d'anonymat, que l'opposition antidynastique continuait à s'en prendre ;

c'était directement à Celui qui n'avait pas craint, dans le triomphe indiscuté d'un coup d'Etat, de concentrer théoriquement entre ses mains tous les services, tous les rouages du gouvernement, toutes les responsabilités.

Et, vers sa fin, si on le voyait tant soit peu se dessaisir d'une partie de ses prérogatives, n'était-ce pas uniquement parce qu'il ne lui était plus possible d'en supporter plus longtemps le fardeau?

Stimulées l'une par l'autre, les feuilles d'opposition, de même que les revues périodiques, ne tardèrent pas à prendre une allure plus en rapport avec le rôle qui convenait à une presse libre et indépendante.

Cette forme nouvelle de la polémique s'imposait d'autant plus aux hommes politiques de ce temps, qu'ils étaient sûrs de recueillir les applaudissements et les encouragements d'un public nombreux irrévocablement acquis à la cause qu'ils prenaient en main.

Aussi, ces invectives et ces attaques incessantes ne tardèrent-elles pas à troubler et à inquiéter notre Empereur, peu préparé encore à subir un pareil assaut, dont les échos devenaient d'autant plus retentissants qu'ils se faisaient entendre jusque dans les campagnes et les villages les plus reculés.

Certes, les tribunaux correctionnels se montraient habituellement peu tendres pour ces adversaires irréductibles de l'impérialisme; mais la censure préventive, la répression sans contrôle et sans jugement n'étaient plus là pour oblitérer et opprimer la pensée, et cela suffisait.

Quand les défenseurs des idées justes et généreuses

se sentent soutenus par un puissant courant d'opinion, il n'est pas de périls auxquels ils ne soient prêts à s'exposer pour le triomphe de la pensée commune.

Les hommes du second Empire purent bientôt s'en convaincre, après quelques mois d'une lutte faite pour révéler à la nation toutes les turpitudes, toutes les inepties d'un pouvoir qui n'avait réussi, en faisant sans cesse appel à la force, qu'à nous affaiblir et à nous déconsidérer.

Dans cet émouvant tournoi, où les familiers des Tuileries perdaient à chaque instant quelque chose de leur prestige, le gouvernement impérial se trouvait lui-même fort mal à l'aise.

L'apparition de la *Lanterne* d'Henri Rochefort, qui eut lieu en mai 1868, prit en un instant les proportions d'un gros événement. Partout accueillie d'une façon délirante et enthousiaste, cette minuscule publication avait brusquement soulevé contre elle toutes les forces gouvernementales, où chacun se montrait aussi surpris qu'indigné des audaces dont faisait preuve, dès la première heure, le terrible pamphlétaire.

A coup sûr, les hommes heureux qui folâtraient et se trémoussaient autour du Pouvoir n'étaient guère préparés à vivre sous une presse libre que rien ne pouvait plus intimider, ni arrêter, et qui, d'un seul bond, était venue jeter le trouble et le désordre dans leurs rangs.

Habitués, de longue date, à en prendre à leur aise avec l'opinion publique, en se laissant aller à une agréable quiétude sous la protection d'une censure vigilante et inquiète, ces professionnels de l'impérialisme étaient évidemment loin d'être en mesure de résister au langage mordant et ironique de l'auteur de la *Lanterne*.

Ces protégés du Pouvoir, à l'abri de toute critique depuis tant d'années, ne se doutaient certainement pas que leurs adversaires trouveraient si promptement autour d'eux l'appui formidable de tous ceux qui, à distance, n'attendaient que l'instant favorable pour juger et condamner impitoyablement la politique compressive, incohérente et odieuse de l'ancien prisonnier de Ham.

Pour son compte, confiant dans la longanimité et l'inconscience des foules, Napoléon III était facilement porté à croire que, par lassitude ou indifférence, le pays en arriverait assez vite à détourner son attention « des exagérations et des excès de la presse ».

Il n'en fut cependant pas tout à fait ainsi. Aux prises avec toute une légion d'écrivains passionnés et de plus en plus hostiles aux hommes de Décembre, les grands maîtres de nos destinées ne tardèrent pas à s'apercevoir à quelles tribulations, à quelles tortures l'habile pamphlétaire et ses nombreux imitateurs allaient chaque jour les exposer.

En effet, ce n'était plus dans les limites de leurs prévisions qu'ils se sentaient visés et menacés ; car, à leur étrange déconvenue, ils se voyaient forcés de constater que les critiques acerbes et véhémentes, dont ils auraient quelque peu à souffrir, ne s'arrêteraient pas aux marches du trône,

Bien plus, notre héros couronné lui-même ne devait pas tarder à se sentir accablé sous le poids d'une responsabilité qui allait s'étendre « aux influences féminines », spirituellement accusées par Rochefort d'intervenir dans les affaires de l'Etat *pour y propager la crinoline, les processions et les prêtres!*

Il avait, disait-il ailleurs, créé sa *Lanterne* parce qu'il se voyait, à chaque instant, gêné et entravé dans la presse quotidienne, à laquelle il lui était devenu impossible *de confier ses petites idées sur nos grands hommes.*

Dès son premier numéro, sa façon légère et gouailleuse de tenir la plume méritait aussi d'être remarquée : « La France contient, dit l'Almanach impérial, *36 millions de sujets,* sans compter les sujets de mécontentement. »

C'était donc ainsi que, par la grâce d'un coup d'Etat militaire, nous étions devenus, selon l'Almanach impérial, les très soumis et très humbles sujets de l'auteur du plus abominable forfait.

Pour le moment, ce n'est pas qu'il nous faille revenir ici sur les faits de proscriptions, les actes de terrorisme, les fusillades et les scènes de meurtre d'où sortit, à nouveau, le bonapartisme triomphant. Ce qu'il nous faut démontrer, c'est qu'après des attentats et des excès de tous genres, un régime de compression et d'intimidation pouvait seul rassurer et protéger les conspirateurs qui s'y étaient trouvés mêlés.

De là, ces appréhensions, ces craintes et cette longue hésitation, lorsqu'il fallut restituer au pays quelques-uns de ses droits et de ses libertés.

De là, parmi les opposants à l'Empire, ce mouvement violent et irrité qui amena, en un clin d'œil, les écrivains et les penseurs à s'ériger spontanément en justiciers implacables des auteurs et des complices de Décembre, qu'ils détestaient et exécraient encore, même à l'heure où, humiliés et vaincus, ils avaient cessé d'être à craindre.

Rien n'était donc plus explicable que les ardeurs combatives du parti républicain surtout, qui ne perdait plus une occasion d'accabler et de porter atteinte au prestige d'un gouvernement honni et détesté que nous voyions toujours comme au lendemain des sombres journées de la conspiration.

Avant Rochefort, du haut de la tribune du Corps législatif, on avait pu déjà entendre Thiers lancer directement une première attaque à l'adresse du fils de la reine Hortense.

Au cours d'une assez longue discussion sur la nécessité d'un nouvel emprunt, dont il déduisait, une à une, les causes initiales dues à une politique néfaste autant qu'aventureuse, il s'était écrié que, de toutes les conceptions impériales, c'était l'emprunt, toujours l'emprunt qui devenait « le couronnement de l'édifice ».

On sait qu'en parlant aux Assemblées, dans son discours d'ouverture des Chambres, Napoléon III terminait invariablement ses harangues par une promesse d'extension des libertés publiques qu'il qualifiait de « couronnement de l'édifice » impérial.

La fin de la péroraison du discours de l'ancien ministre du roi Louis-Philippe venait ainsi malicieusement et peu respectueusement rappeler ces promesses fallacieuses du despote poursuivi par des besoins d'argent.

Plus tard, lors du procès Baudin, tué le 3 décembre 1851, sur une barricade du quartier Saint-Antoine, nous avions vu apparaître Gambetta s'élevant avec force contre ceux qui s'étaient groupés autour d'un prétendant, « de ces hommes sans talent, sans honneur, perdus de dettes et de crimes, que César lui-même, qui conspirait avec eux, traitait d'*éternel rebut des sociétés régulières* ».

Avec les élections législatives de 1869, nous retrouvions ce même Gambetta, dont le nom devait assez vite se répandre au loin, prendre la tête du parti des « irréconciliables », dont l'attitude intransigeante et ferme ne pouvait prêter à l'équivoque.

De son côté, un ancien représentant du peuple, de 1848, proscrit du coup d'Etat, nommé Bancel, venait s'offrir aux suffrages des électeurs et réussissait à se faire élire à une forte majorité, après avoir déclaré qu'il refuserait « les présents d'Artaxerxès ».

Protégés et soutenus par le despotisme, les féaux du second Empire avaient pu, sans entrave, prodiguer et gaspiller sur les champs de bataille les ressources et les forces de la France ; mais, au jour des revers, le pays indigné faisait voir qu'il n'était nullement disposé à s'engager plus longtemps dans cette voie périlleuse ; aussi applaudissait-il avec frénésie à tout ce qui pouvait l'arracher au cauchemar bonapartiste qui lui semblait avoir trop duré déjà.

Son tardif repentir était évidemment tout à son honneur. Par malheur, il est des heures où la sagacité et le discernement ne suffisent plus pour ramener la confiance et le calme dans les esprits, pour rendre l'avenir moins inquiétant et moins obscur.

XXV

Nouvelles négociations en vue d'arriver à une entente avec l'Autriche. — Le prince Jérôme-Napoléon, gendre du roi Victor-Emmanuel, chargé de cette mission. — Cette seconde démarche échoue comme celle de l'année précédente. — Elle ne devait servir qu'à tenir la Prusse en éveil et à déplaire à la Russie, fort mal disposée déjà à l'égard du cousin de notre Empereur.

Si passionnantes et si vives qu'étaient alors les querelles et les disputes dont Napoléon III avait à supporter le plus lourd fardeau, elles ne parvenaient toujours pas à le distraire de ses préoccupations extérieures.

Au sommet du pouvoir comme à la base, on en était encore à se demander s'il n'y avait pas lieu d'essayer de préserver et de sauvegarder l'avenir?

En réalité, l'insuccès de l'entrevue de Salzbourg n'avait pas suffi pour faire renoncer notre Empereur à l'espoir d'arriver à une entente avec l'Autriche, dont l'alliance semblait s'imposer plus que jamais au bien et à la sécurité des deux nations.

Avec des craintes de conflit qui renaissaient chaque année, au retour de la belle saison, notre gouvernement se trouvait fatalement amené à sonder sans cesse l'horizon, afin d'y chercher un solide point d'appui qui pût le sortir d'un isolement dangereux et habilement exploité au delà du Rhin.

Il n'était donc pas surprenant que le vainqueur de Magenta et de Solférino — plus sombre et plus affecté à mesure que la situation devenait elle-même plus obscure et plus incertaine — en revînt à l'idée de tenter une nouvelle démarche auprès de l'empereur François-Joseph.

Tel devait être le but de cette seconde tentative de rapprochement qui fut confiée au prince Jérôme-Napoléon, cousin de notre Empereur et gendre du roi Victor-Emmanuel.

A l'aide de cette intervention imprévue et assez mal comprise, bien qu'autorisée à coup sûr, notre gouvernement allait s'assurer enfin si l'empereur d'Autriche était complètement résigné à subir jusqu'au bout la loi de son vainqueur, ou si, disposé au besoin à lui faire tête et à lui échapper, il consentirait à s'allier ouvertement avec la France et l'Italie?

Peu mêlé d'ordinaire aux affaires de l'Etat, — malgré certain discours sensationnel prononcé par lui au Sénat, — ledit cousin de Napoléon III, à l'existence peu occupée des princes sans emploi, était souvent parti au loin, où sa présence nous était signalée de temps en temps par quelques brèves dépêches. De sorte que, sans les inquiétudes partout répandues alors, son arrivée à Vienne aurait eu grande chance de passer inaperçue.

Du reste, aux Tuileries, il y avait lieu de croire qu'un simple désaveu, adressé à la presse, suffirait à l'occasion pour enlever à ce voyage toute signification, tout caractère diplomatique.

Entré dans la voie de l'hypothèse et des probabilités, il était aussi facile d'admettre que le fils de l'ex-roi de Westphalie, de sa propre initiative et de son seul mouvement, voulait essayer de tirer le gouvernement impérial de ses difficultés et de ses embarras extérieurs en cherchant, à son tour, l'introuvable moyen de refréner les ambitions prussiennes.

Toutefois, sans émettre la prétention d'éclaircir ce point d'histoire encore mal défini, il ne nous avait pas moins fallu constater, dès cette époque, qu'à l'encontre de toutes les prévisions, la présence à Vienne de Napoléon-Jérôme allait prendre aussitôt les proportions d'une de ces démarches princières qui décident parfois du sort des nations.

Lorsque notre Empereur avait spontanément pris le chemin des Alpes tyroliennes, nul ne savait s'il avait réellement prévu à quelles difficultés ses projets d'entente allaient immédiatement se heurter. Guidé par les objections soulevées déjà, et éclairé par l'expérience d'un premier échec, le gendre de Victor-Emmanuel avait en outre l'immense avantage de prendre pied sur le sol autrichien avec tout un cortège d'idées personnelles, un programme intangible, arrêté et connu à l'avance, plus précis et mieux défini que celui de son peu jovial cousin.

Par son allure dégagée et facile, l'esprit d'indépendance affecté que lui valait une situation sans responsabilité, cet envoyé extraordinaire était évidemment à même d'aborder avec une aisance à nulle autre comparable les grosses questions qu'il avait à débattre pour arriver à une entente entre la France et l'Autriche.

De plus, ses liens de parenté avec le roi d'Italie lui permettaient d'avoir son franc parler dans les affaires de l'Eglise, sans être autrement préoccupé de ce qu'on en pourrait penser à Rome. Il avait aussi cet autre privilège de se présenter devant l'empereur d'Autriche avec un passé dégagé de toute influence religieuse, une position personnelle qui ne prêtait aucunement à l'équivoque et ne pouvait laisser subsister le moindre doute sur sa manière de voir et sur ses intentions.

Aussi, le prince Napoléon se trouvait-il dispensé de recourir à certains faux-fuyants hypocrites et peu dignes à l'usage de notre gouvernement, sitôt qu'il lui fallait entamer un sujet de discussion touchant à la question romaine.

Il ne s'agissait donc plus que de se demander si François-Joseph, ayant fait un premier pas en acceptant une entrevue avec le cousin de notre Empereur, — adversaire connu et avéré de la papauté temporelle, — se sentirait assez maître de lui pour échapper à ses habituelles préoccupations politico-religieuses qui avaient fait échouer les négociations de l'année précédente.

Du côté de notre gouvernement, l'évolution qui s'était produite chez notre héros couronné ne se prêtait pas non plus à l'équivoque : ne confiait-il pas le soin de ses intérêts, dans une affaire de cette importance, au prince de sa famille le mieux en situation et le plus décidé à braver et à résister aux prétentions du Vatican?

L'alliance conclue avec l'Autriche devait donc entraîner celle de l'Italie, qu'un tel plénipotentiaire aurait sans grand effort amenée à faire cause commune avec l'Autriche et la France.

Cette entente à trois, basée sur l'abandon de Rome à l'Italie, que Bismarck devait conclure contre nous, quelque dix ans plus tard, eût certainement suffi pour tirer le second Empire de cette torpeur déprimante et accablante qui l'avait envahi dès le lendemain de la guerre austro-prussienne.

Il convient d'ajouter qu'à cette époque, si les peuples les plus directement atteints et les plus menacés ne se firent aucune illusion sur les conséquences de la guerre de 1866, nombre de diplomates très en vue se gardèrent soigneusement de suspecter les intentions du cabinet de Berlin : ne craignaient-ils pas tous, en se montrant favorables à notre pays, de se mettre à dos le grand vainqueur de l'Autriche?

Aussi, nos espérances se retournaient-elles du côté de la seule grande nation qu'il nous était permis d'associer à nos malheurs, d'implorer comme on implore ceux qui sont exposés aux mêmes périls et supportent le poids d'une même infortune.

Obsédés et torturés par cette similitude de craintes et d'angoisses, il nous plaisait de supposer que la question papale paraîtrait négligeable et deviendrait secondaire en regard de considérations d'ordre général, d'une tout autre gravité.

De plus, en voyant l'ancien roi de Sardaigne prendre pied dans toute la péninsule, n'était-il pas à prévoir qu'un jour viendrait où nul Etat d'Europe ne pourrait plus empêcher notre allié de Florence de s'avancer sur Rome pour en faire la capitale politique et historique de l'Italie unifiée?

Contre cet irrésistible entraînement, que pouvait la fameuse déclaration arrachée au ministre Rouher par les ultramontains du Corps législatif, auxquels il s'était cru obligé de promettre que « jamais, jamais » notre Empereur ne livrerait *la Ville éternelle* aux troupes de Victor-Emmanuel?

A la vérité, la démarche du prince Napoléon laissait certainement dans les esprits quelques doutes sur l'efficacité des devoirs imposés au gardien habituel des portes du Vatican; car, en prenant pour intermédiaire et pour envoyé extraordinaire l'adversaire le plus en vue de la papauté temporelle, n'était-ce pas tenir peu de compte des engagements et des promesses faites pour sauvegarder les prétendus droits de l'Eglise?

Même actuellement encore, il y a donc lieu de se demander en quoi le monarque autrichien pouvait bien se montrer plus enchaîné et plus craintif que Napoléon III, qu'on savait lié par les solennelles déclarations de son ministre, et qui, malgré cela, n'en risquait pas moins, cette fois, une brouille formidable avec la catholicité, plutôt que de sacrifier plus longtemps les intérêts de la France et ses propres intérêts à ceux de la Rome papale.

Tout récemment, de véhémentes discussions se sont élevées en Europe, sur le point de savoir si un échange de lettres se serait produit entre les souverains de

France, d'Autriche et d'Italie, peu de temps avant la guerre de 1870, en vue d'une action commune de ces trois puissances contre la Prusse. Cette discussion rétrospective n'affecte en rien ce qui est dit ici. La seule différence qu'on puisse y relever, c'est qu'une entente de ce genre, conclue deux ou trois ans plus tôt, aurait pu nous éviter la guerre, en calmant les ardeurs belliqueuses de Berlin, tandis que des arrangements pris à la dernière heure nous y auraient forcément précipités. Au jour de la lutte, nous n'en aurions pas moins été obligés de supporter seuls tout l'effort du premier choc.

Ne nous attardons donc pas à rechercher aujourd'hui si les hésitations sont venues de Paris ou de Vienne, si elles étaient dues uniquement à des influences féminines, ou à la seule pression du parti catholique français.

Le dernier mot de cette récente controverse est seul à retenir : « *L'Alsace-Lorraine a été perdue et le pouvoir temporel n'a pas été sauvé.* »

Il serait inutile actuellement de nous évertuer à expliquer en vertu de quel phénomène les nouveaux pourparlers engagés entre le prince Jérôme, François-Joseph et son chancelier, le comte de Beust, n'eurent pas de meilleurs résultats.

Ce qu'il convient de rappeler, c'est que ces négociations, abandonnées et reprises à un an de distance, nous étaient de plus en plus préjudiciables et nuisibles.

Après les revers que nous lui avions fait éprouver, c'était effectivement une tâche laborieuse que celle d'amener l'empereur d'Autriche à contracter une alliance formelle avec notre pays. De toute nécessité, il fallait lui démontrer les avantages d'un tel accord.

Au préalable, notre principal souci devait être de grouper nos forces et nos moyens de défense, de façon à prouver que nous étions à même de contenir et d'intimider à l'occasion l'adversaire commun.

Demander à l'Autriche, affaiblie et doublement vaincue en 1859 et en 1866, un effort égal au nôtre, c'était nous exposer à un nouvel échec plus troublant et plus impressionnant que le premier.

Telle fut, en effet, la manière de voir d'un écrivain anglais qui disait dans un des grands journaux de son pays, à propos de cette rencontre princière, « que l'Autriche ne lui semblait guère disposée à courir la moindre aventure, même dans la meilleure compagnie ».

Cet écrivain d'outre-Manche, si aimable à notre égard, si ingénieux dans l'expression de sa pensée, si clair et si probant dans son dire, n'avait pas été sans apprendre la mise en marche d'un envoyé du Saint-Siège, venu à Vienne au moment précis où sa présence avait dû avoir pour effet de tout compromettre et de tout arrêter.

En réalité, nous nous adressions à une nation affaiblie, devenue par cela même prudente et pacifique à l'excès, bien décidée à ne rien tenter, risquer ou entreprendre sans une quasi-certitude de succès.

A ce prix, mais à ce prix seulement, peut-être serions-nous parvenus à attirer l'Autriche dans notre orbite. Toutefois, à Vienne comme à Paris, on hésitait toujours à sacrifier la papauté temporelle par crainte des colères et des foudres ecclésiastiques.

C'est ainsi que, sans plus de discernement et de prévoyance, les deux monarques livraient l'Europe centrale à l'influence protestante qui allait pouvoir, à son aise, exploiter l'idée unitaire de l'Allemagne, en préparant le conflit final, fait pour consacrer, plus qu'on ne serait tenté de le croire, l'asservissement du vieux monde au roi Guillaume et à ses successeurs.

Pour masquer son échec et voiler sa déconvenue, il ne restait plus à notre envoyé extraordinaire qu'à recourir aux expédients d'usage, en agitant, selon la tactique napoléonienne, tantôt la question polonaise, tantôt celle des affaires d'Orient ou des principautés danubiennes, dont nul, hélas! ne se souciait plus guère après la guerre de 1866. En y regardant d'un peu près, ce nouvel appel au principe des nationalités n'était ni très habile, ni très séduisant pour François-Joseph, dont le droit d'hérédité et de conquête avait groupé autour de lui nombre de petits Etats étrangers les uns aux autres, de langue et d'origine.

Aussi, pour faire éclater plus sûrement sa mauvaise humeur, notre envoyé, tout déconfit, crut-il bon d'accuser le gouvernement autrichien de duplicité et de mauvaise foi envers les capitalistes français, dont ce gouvernement avait, disait-il, réduit les revenus par l'établissement d'un impôt sur les rentes payées à l'étranger.

Ce n'était là évidemment qu'un dérivatif sans efficacité et sans influence sur le mal qui résidait dans l'impossibilité d'arriver à un accord relatif à l'objet de sa démarche; ne savait-on pas que les contestations dans les questions d'argent, qui renaissent sans cesse entre débiteurs et créanciers d'Etat, se traitent ni mieux, ni plus mal, par de simples chargés d'affaires, sans qu'il soit besoin d'en confier la mission aux princes des familles régnantes.

Une seule chose était devenue certaine : l'entrevue du prince Napoléon avec le monarque autrichien, de même que celle de son impérial cousin, avait complètement échoué.

Il appartenait uniquement à la Prusse de se réjouir de notre déconvenue, de l'état précaire qui en résultait pour notre pays.

Peu satisfaite de l'attitude de notre envoyé à son égard, la Russie, à son tour, allait s'éloigner de notre gouvernement, qu'elle était bien à tort tentée d'accuser encore de se préoccuper de la question polonaise, en voyant un prince de la famille Bonaparte, allié avec le roi d'Italie, entretenir publiquement des rapports avec les réfugiés polonais installés en pays autrichien.

Revenu de Vienne les mains vides, Napoléon-Jérôme n'avait plus qu'à reprendre le chemin des Tuileries pour y rendre compte de sa mission, en évitant toute nouvelle manifestation imprudente et inutile.

Son plus grand tort avait été d'indisposer et d'irriter la Russie, que nous n'avions aucune raison de nous mettre à dos, alors que déjà la question allemande allait nous absorber et nous enlever toute liberté d'action dans les affaires d'Europe.

XXVI

Le second Empire forcé de renoncer à toute nouvelle aventure. — Jules Grévy élu au Corps législatif par ses anciens électeurs du Jura. — Manifestation sur la tombe du député Baudin, représentant du peuple, tué sur une barricade le 3 décembre 1851. — Les élections générales de 1869. — Succès des « irréconciliables ». — Le bonapartisme inquiet pour la dynastie. — Humiliations imméritées qui nous sont infligées encore, de temps en temps, au delà du Rhin.

En face de lui-même, et privé de ses dernières illusions, le second Empire n'avait donc plus un moment à perdre pour s'apprêter à faire tête aux pires éventualités, aux pires dangers.

Le ministre du roi Guillaume ne nous avait-il pas fait comprendre qu'il pouvait, à chaque instant, nous précipiter dans une guerre nouvelle, où il était assuré cette fois de nous trouver seuls et sans appui d'aucun genre.

Nous n'avions donc plus qu'à nous hâter et à mettre le temps à profit, tout en refusant à notre antagoniste la satisfaction qu'il attendait de ses incessantes provocations.

Notre rôle était ainsi tout tracé et rien n'aurait dû nous en faire dévier. Mais, avec l'habitude de régner, Napoléon III avait perdu ce don particulier des tyrans soupçonneux et cruels, qui savent cultiver l'art de se faire craindre de leurs rivaux et de leurs ennemis, même parfois sans avoir à les combattre ou à les persécuter.

Sa sécurité relative s'expliquait cependant par le fait qu'il lui était difficile de croire et de se douter que la Prusse émergeant du traité de Prague était assez puissante, assez forte déjà, pour tenter à elle seule de lui ravir le fruit savoureux de son parjure et de sa félonie.

Si, avec le prestige de son nom, le patriotique enthousiasme d'une armée longtemps sans rivale en Europe, il avait pu s'arroger un rôle à part parmi les autres nations, atteint par l'âge et l'adversité, son action rayonnante et son apparente suprématie avaient subitement pris fin avec les prodigieux succès des armées prussiennes.

Selon les paroles qui lui ont été attribuées à cette époque, c'était lui, le comte de Bismarck, le grand chancelier de l'Allemagne du Nord, auquel allait être dévolu le rôle « de chef d'orchestre dans le concert européen », rôle malgré tout peu enviable à certaines heures...

Combien de temps verra-t-on encore les peuples acclamer et s'extasier devant les grands maîtres du monde, dont ils deviennent si aisément le troupeau inconscient et docile!

Comme moyen d'opposition aux gouvernements de 1815 et de 1830, partout on s'était évertué à chanter les louanges et à vanter les hauts faits des héros de la Révolution, en les confondant intentionnellement avec ceux du premier Empire.

Dans les rues, sur les places et dans les carrefours, — à l'instar de ceux dont les chroniqueurs du moyen âge nous ont conservé le souvenir, — d'humbles *trouvères* s'efforçaient dans leurs couplets d'exalter la vaillance et de glorifier les combats, dont on aurait cru encore entendre les échos dans le lointain.

Mais ces séduisantes et bruyantes évocations, tour à tour pénibles et réconfortantes, en faisant revivre les gloires passées, étaient loin de faciliter la tâche des hommes du second Empire qui ne pouvaient, à leur gré, enfanter des héros.

Sans nourrir cet espoir, l'Angleterre, enfermée dans ses îles, peut à la rigueur se livrer à ses ardeurs patriotiques, qui font parfois les grands hommes et les grands ministres.

Aux Etats-Unis d'Amérique, il est également facile de recourir à des expédients de ce genre pour imposer à tous le respect de l'autorité, consacrer et affermir le pouvoir de la magistrature suprême. Sur cette pente glissante, « la République sœur » peut donc, elle aussi, sans grand inconvénient, se laisser aller aux plus aventureuses et aux plus périlleuses fantaisies.

Mais la France, aux frontières ouvertes, entourée de puissances rivales et souvent jalouses, a-t-elle jamais eu le droit de se désintéresser de ses affaires en se livrant à tel ou tel héros de rencontre, nourrissant la prétention de personnifier, à lui seul, toute l'activité, tout le génie national.

Qu'on le voulût ou non, l'épopée impériale, passée à sa seconde édition, ne devait vraiment pas être très heureuse, ni très réussie.

Après s'être longtemps alimenté de bravades et de

rodomontades, dites patriotiques, notre Empereur se voyait condamné à laisser ses agresseurs entrer en scène avec l'espoir de le contraindre, un jour ou l'autre, à jouer le dernier acte du drame sanglant qui devait entraîner la France, une fois de plus, sur les champs de bataille.

Et cela, justement à l'heure où il était démontré que la vision importune d'une telle perspective était devenue sans attrait pour le pays, qui n'ambitionnait ni ne convoitait rien au delà de ses frontières.

Le second Empire n'en était pas moins réduit à subir son sort et à laisser faire les événements, dont la direction lui échappait pour passer au cabinet prussien et à son état-major.

Il en était alors de la Prusse comme de l'Italie quelques années plus tôt : le besoin d'arriver à réaliser l'unité allemande faisait que le roi Guillaume et son ministre surtout désiraient la guerre plus qu'ils ne la redoutaient. Le moment semblait d'autant plus favorable à nos adversaires et nos rivaux qu'ils savaient la France fatiguée et moralement épuisée par des luttes ininterrompues dans lesquelles on l'avait si inconsidérément et si souvent entraînée.

Aux prises avec les craintes et les hésitations dont il était sans cesse obsédé, Napoléon III, de plus en plus inquiet et alarmé, n'eût certes pas mieux demandé que de se ressaisir et de veiller sur lui-même, à ces heures d'excitation et de malaise causées par les tracasseries et les machinations de la cour de Berlin.

Toutefois, dans son impatience à peine contenue, il

sentait malgré tout le besoin d'avoir le pays derrière lui, comme au temps de ses meilleures années. Il fallait une occasion pour permettre à l'opinion publique de se prononcer et de lui donner, à nouveau, l'éclatant témoignage de son attachement et de sa foi dans l'impérialisme napoléonien.

Cette occasion s'offrit d'elle-même dans une élection partielle où — étrange surprise pour le pouvoir — le candidat de l'opposition devait l'emporter, à une énorme majorité, sur le candidat officiel, dont le succès paraissait assuré à l'avance, comme dans toutes les élections précédentes.

L'élection essentiellement rurale dont il est ici question était celle de Jules Grévy, ancien député à l'Assemblée constituante de 1848, où, tout jeune encore, il s'était fait connaître par la présentation d'un amendement resté célèbre et ayant pour but de confier aux assemblées de l'avenir le soin d'élire elles-mêmes le Président de la République.

Un tel succès dépassait donc la mesure d'un triomphe électoral ordinaire. Sa signification s'étendit plus encore lorsqu'on apprit que les montagnards du Jura s'étaient, en grand nombre, rendus aux urnes la tête ornée, en guise de cocarde, du bulletin de vote portant le nom de leur ancien représentant.

Jamais, depuis l'avènement du second Empire, semblable manifestation ne s'était produite sous les yeux étonnés des agents du pouvoir.

A quelque temps de là, une autre affaire sensationnelle allait également prendre une singulière tournure, faite pour créer de sérieux embarras aux oracles des Tuileries.

Son point de départ datait du 2 novembre 1868, où quelques républicains que le hasard avait réunis s'étaient rendus sur la tombe de Baudin, représentant du peuple à l'Assemblée législative, tué sur une barricade, tenant un drapeau à la main, le 3 décembre 1851.

Le lieu de sépulture de ce grand citoyen avait été retrouvé depuis peu au cimetière Montmartre et avait provoqué une minuscule manifestation dont les détenteurs du pouvoir s'étaient néanmoins montrés alarmés.

Sachant à quel point les esprits étaient alors surexcités, nos gouvernants ne purent que se montrer étrangement alarmés de cette manifestation destinée à servir d'apothéose aux victimes du coup d'Etat.

Sans plus tarder, la presse républicaine et la plupart des journaux de l'opposition ouvrirent une souscription dans le but de consacrer par un monument durable la mémoire du représentant du peuple qui s'était spontanément offert aux coups des « contempteurs des lois ».

Déjà, de toutes parts, les dons affluaient, lorsqu'on apprit que des poursuites allaient être exercées contre les protestataires du 2 novembre, auxquels la magistrature impériale s'était empressée d'associer les journaux de l'opposition, accusés sur-le-champ de connivence avec les auteurs de la peu bruyante manifestation du cimetière Montmartre.

Bientôt soutenus par des défenseurs aussi ardents qu'enthousiastes, les accusés ne tardèrent pas à faire prendre aux débats de ce malencontreux procès u ampleur quelque peu inquiétante.

Dans cette passionnante affaire, les défenseurs r présentèrent leurs clients non comme des coupabl dont ils avaient à prendre les intérêts, mais comme d protestataires, des plaignants, des accusateurs résol à braver les rigueurs de la justice impériale. Et sa donner le temps au ministère public de se mettre garde contre leurs attaques, ils n'hésitèrent pas à fai eux-mêmes le procès des coups d'Etat, qu'ils représe taient comme des actes beaucoup plus répréhensible autrement délictueux, que celui d'avoir été rend hommage à la mémoire d'un député tombé sous l balles homicides des hommes de Décembre.

En réalité, ce procès sensationnel servit de pr gramme aux partis d'opposition pour les élections g nérales qui eurent lieu au printemps suivant. Et, ta dis que le pays tenait avant tout à ce que ses él fussent mis à même d'exercer un contrôle sévère attentif sur les actes et sur la gestion du gouverneme impérial, déjà on voyait poindre un parti plus avanc qui se préparait à entrer en lutte directe avec le po voir, convaincu qu'il était que les concessions arr chées à l'héritier du grand homme ne pouvaient êt ni durables, ni sincères.

Où a-t-on jamais vu, en effet, un despote, armé e guerre contre son propre pays, tenir compte ensui des aspirations et des volontés du peuple opprimé asservi par lui ?

Ce qu'il restait à apprécier au nôtre, c'était de savo

dans quelle mesure l'anxiété, le malaise général auraient leur répercussion sur les élections législatives qui devaient avoir lieu en mai 1869.

Dans cette lutte électorale, où la question gouvernementale se trouvait posée en quelque sorte, ce n'était pas seulement à l'aide d'arguments précis, de critiques mordantes et acerbes, qu'on pouvait amener le pouvoir à changer de directeurs et de direction. Il fallait encore que les électeurs fussent édifiés et rassurés sur les conséquences possibles de leurs votes. Sur ce point, tout ce qui aurait pu paraître douteux et obscur risquait fort de sauver, de consolider et d'affermir le pouvoir existant, fût-il le plus déconsidéré et le plus détesté qu'il soit donné aux partis d'avoir à combattre.

Donc, sans se décourager, ni se leurrer de vaines illusions, il fallait franchir la date de ces élections avant de se faire une idée exacte de l'influence qu'elles seraient susceptibles d'exercer sur notre politique intérieure et extérieure.

Aux applaudissements unanimes de la France pensante et éclairée, ces élections furent aussi encourageantes et aussi concluantes qu'on pouvait l'espérer. Dans toutes les circonscriptions électorales, les candidats de l'opposition avaient obtenu un nombre de suffrages dépassant les prévisions les plus optimistes. Et, si les résultats n'avaient pas été plus décisifs, dans le sens d'un succès réel, on était convaincu qu'ils suffisaient pour démontrer que la législature de six ans dans laquelle nous allions entrer suffirait pour entraîner le pays et mettre les féaux du bonapartisme en minorité.

A Paris et dans plusieurs grandes villes, les candidats de l'opposition avaient pu se faire élire sans difficulté, et, parmi ces élus, le succès des « irréconciliables », élus à de grosses majorités, était venu fournir la preuve de la désaffection et du peu de confiance qu'inspiraient alors les prouesses impériales.

Il faut donc croire aujourd'hui qu'en pays civilisé, les potentats les plus renommés ne sont plus faits pour s'imposer et se soutenir longtemps à la tête des sociétés libres et bien ordonnées, qu'un instant d'égarement a pu leur livrer.

Quoi qu'il en soit, l'absolutisme ne s'amende ni ne transige jamais : il n'abdique ou ne succombe que de haute lutte.

Il n'y eut donc pas lieu de se montrer trop surpris si les quelques dévoyés qui se rallièrent à l'Empire libéral firent tous également fausse route. Tout au plus réussirent-ils à prendre rang dans le cortège impérial, à la suite des amis de la première heure, des gens de cour, plus sagaces et mieux inspirés, qui avaient su se montrer et se faire valoir aux heures riantes et faciles de l'écrasement de tous les partis.

Vus de loin, ces évolutions déprimantes et avilissantes, ces brusques changements d'opinion ont repris leur place parmi les moyens de parvenir, à l'usage des gens tarés et indignes de l'estime publique. Mais, au sortir de « l'année terrible », l'indifférence et l'oubli se firent rapidement sur tout ce qui n'avait plus aucun rapport avec le présent, avec la catastrophe finale faite pour peser si longtemps et si lourdement sur nous.

Il n'en est pas moins acquis à l'histoire de ce temps qu'après les élections de 1869, la France n'était plus, comme précédemment, à la complète discrétion de ceux qui l'avaient livrée à celui qui devait finir sa carrière à Sedan.

S'il subsistait encore quelque doute à cet égard, il suffirait de se reporter, par le souvenir, aux manifestations qui eurent lieu alors sur les grands boulevards de Paris, où, pendant les jours qui suivirent les élections législatives de 1869, tous les soirs, cinq ou six cent mille personnes venaient, d'une même impulsion, s'entretenir, çà et là, des résultats des scrutins départementaux qui permettaient de voir, à chaque instant, grossir le nombre des opposants au second Empire.

Sans concert ni entente préalables, sans autre stimulant que le désir de résister au pouvoir d'un seul, jamais semblable manifestation ne s'était produite avec autant de spontanéité et d'unanimité.

Aussi, quelles ne furent pas la surprise et l'inquiétude aux Tuileries quand il y fallut constater que l'élite de la nation, toutes les forces vives du pays se montraient enfin décidées à s'occuper sérieusement de leurs affaires.

Il n'est donc ni juste, ni exact de prétendre, comme on l'a fait par hostilité et par vantardise au delà du Rhin, que c'était aux victoires de la Prusse, contre nos armées, que nous avions dû de reconquérir nos droits et nos libertés lors de l'avènement de la troisième République.

Il y a là, contre nous, un outrage immérité, une perfide et atroce calomnie, que démentent tous les scrutins et toutes les manifestations populaires qui ont précédé la guerre franco-allemande.

Les élections législatives de 1863, celles de 1869 ensuite, qui avaient pris peu à peu une allure nettement antidynastique, sinon tout à fait républicaine, nous avaient fourni la preuve indéniable que la querelle entre l'absolutisme et la nation pouvait nous permettre d'atteindre au résultat désiré sans l'intervention de l'étranger.

Longtemps encore, il sera nécessaire d'insister sur ce point, car nos détracteurs du dehors ne semblent pas avoir renoncé à nous gratifier, sur les tréteaux, de ce surcroît d'humiliation.

XXVII

L'Empire libéral et le ministère du 2 janvier 1870. — M. Emile Ollivier aux Tuileries. — Mort tragique de Victor Noir. — Pierre Bonaparte, auteur de ce meurtre, poursuivi et acquitté par la Haute-Cour de justice réunie à Tours. — Le plébiscite de 1870, ses conséquences intérieures et extérieures. — La guerre franco-allemande. — Supériorité numérique de l'ennemi. — La capitulation de Sedan et la reddition de Metz.

Enfin, malgré la résistance et le mauvais vouloir de l'entourage impérial, nous avions repris la pente qui conduit à la responsabilité ministérielle et au gouvernement représentatif.

Malmené et tracassé à la fois par l'élément républicain, les légitimistes et les orléanistes, — tout réconcilié qu'il fût en partie avec le clergé, — Napoléon III n'était plus à même de parler en maître, en oracle, en vainqueur, à un peuple désabusé qui ne voulait plus croire en lui.

De là, cette éclosion d'un Empire libéral, fait pour soustraire notre Empereur aux attaques directes, aux corps à corps déprimants et irrévérencieux, profitables seulement aux partis d'opposition qui voyaient le succès à la veille de couronner leurs efforts.

A n'en pas douter, c'est à cet état de l'opinion publique que M. Emile Ollivier dût de prendre place aux Tuileries, où il semblait devoir être l'arbitre entre les partis déchaînés qui en étaient arrivés à mettre notre Monarque en lutte avec ses pseudo-sujets.

De là, la prise de possession du pouvoir par cet ancien adversaire du second Empire, auquel Napoléon III venait de confier la direction du nouveau ministère.

Certes, si rassuré sur son sort que puisse se croire un souverain absolu, il ne lui est pas moins permis d'en appeler au concours et aux lumières de ceux qu'il trouve capables de lui venir en aide et de le seconder. Mais, pour ce faire, lui est-il bien nécessaire d'aller prendre ses auxiliaires ailleurs que parmi ceux des siens qui l'ont précédemment conseillé et servi? Même dans les rangs de ces derniers, de nuance et de tempérament divers, n'eût-il pu trouver des hommes entre lesquels il aurait été à même de choisir? Quel intérêt majeur pouvait-il donc avoir à se confier et s'appuyer sur un transfuge, un dévoyé, conspué et honni des siens, une sorte d'épave de la cause républicaine, devenu suspect à tous les partis?

Si, dans son for intérieur, le neveu du grand Empereur croyait réellement aux qualités et au mérite spécial des républicains, par suite de quel phénomène s'était-il donc cru obligé, après le succès, à se faire l'agent et le complice de la réaction monarchique en emprisonnant, déportant et forçant à l'exil nombre de fervents défenseurs du droit et des principes modernes?

Comment expliquer cette piteuse défaillance qui l'amenait, sur le tard, à renoncer à son attitude première, à venir à résipiscence, à confesser ses erreurs en se plaçant sous la protection et l'apparente tutelle de M. Emile Ollivier, qui s'était dérisoirement érigé, lors des élections de 1857, en « spectre du 2 Décembre »?

L'arrivée au pouvoir de ce ministre au cœur léger et aux convictions peu sûres, loin de mater et de désarmer l'opposition, ne fit qu'exciter les ardeurs combatives des partis hostiles.

Il y aura toujours de ces forfaitures et de ces déloyautés que les peuples ne cesseront de considérer comme des actes indignes et injurieux pour eux-mêmes.

Quand des événements imprévus conduisent un homme politique à modifier, du tout au tout, sa manière de voir, il n'a plus qu'à s'éloigner et à prendre sa retraite.

C'est inutilement qu'il voudrait de haute lutte braver la conscience publique, qui ne pourrait manquer de trouver une occasion de se venger; c'est exposer ceux qui seraient tentés de le suivre au même désaveu et à la même réprobation.

Il ne faut donc pas trop s'étonner si M. Emile Ollivier ne put trouver nul associé, nul comparse de quelque valeur qui consentît à le suivre dans son évolution et à faire cortège derrière lui.

Resté seul et abandonné à lui-même, on l'aperçut bientôt éperdu, désorienté au milieu d'une cour efféminée et déconsidérée, où on ne voyait en lui qu'un trouble-fête, un inconscient, un intrus sans dignité et sans prestige.

Pour l'honneur de notre société démocratique, nous avons pu constater depuis que tous ceux qui ont voulu suivre les traces déprimantes et dégradantes de cet homme néfaste se sont, les uns après les autres, condamnés au même échec, à la même ignominie.

Puisse cette cruelle leçon, qui a coûté si cher à notre pays, être mise à profit par beaucoup d'autres dont la fragilité des convictions pourrait être soumise à une même épreuve.

Dès ses débuts, le ministère Ollivier devait être troublé par des difficultés de gestion qu'allait lui causer un drame sanglant d'une certaine gravité.

Un cousin de l'Empereur, aussi obscur qu'ignoré, du nom de Pierre Bonaparte, descendant de Lucien, avait, le 10 janvier 1870, tiré plusieurs coups de revolver sur deux journalistes, dont l'un, nommé Victor Noir, était tombé mort à ses pieds, tandis que le second, plus heureux, avait pu gagner la rue sans être atteint.

Victor Noir et son ami de Fonvielle étaient venus, au nom de Pascal Grousset, trouver le susdit prince Bonaparte en son hôtel d'Auteuil, pour exiger de lui une rétractation ou une réparation par les armes.

Cette démarche avait eu lieu à la suite d'une polémique de presse qui avait fait quelque bruit en Corse.

A ce moment d'effervescence et de surexcitation, un pareil événement produisit dans le cénacle impérial l'effet d'un coup de foudre. Partout, dans la presse et dans la rue, il n'était question que de ce meurtre aussi monstrueux qu'imprévu. Chacun en était à se demander si la famille Bonaparte allait perpétuellement nous faire vivre dans une atmosphère de sang et de crimes?

Si osée, si audacieuse qu'ait pu paraître à Pierre Bonaparte la venue des envoyés de Pascal Grousset, il était, semblait-il, d'autres manières de leur faire accueil, sans tourner contre eux le canon d'un revolver.

Aussi, l'opinion publique prit-elle unanimement parti pour la victime contre son meurtrier. Et bien que l'inhumation de l'infortuné jeune homme dût avoir lieu au cimetière de Neuilly, plus de cent mille personnes se firent un devoir de lui faire cortège, en donnant à leur manifestation le caractère d'un deuil national.

Jamais, en effet, mouvement hostile à une famille régnante ne fut si spontané, si impressionnant que celui qui venait de se produire autour du cercueil de Victor Noir.

L'acquittement de Pierre Bonaparte, par une haute-cour de justice réunie à Tours, ne put rien contre la condamnation prononcée par tous ceux qui, de près ou de loin, avaient tenu à s'élever contre les sinistres procédés d'un inconnu bien apparenté et pourvu d'un nom historique.

Le calme enfin revenu, un nouveau sénatus-consulte, daté du 20 avril 1870, nous ramenait cette fois à l'ancien droit constitutionnel, à peu près tel que l'avaient connu les hommes de 1830 et de 1848.

Dans la pratique, les ministres participant à l'action

gouvernementale allaient redevenir les délégués de la nation, autant que les auxiliaires du pouvoir.

Par malheur, les années qui venaient de s'écouler pesaient toujours lourdement sur nous, et malgré le réel et naïf bon vouloir du cabinet du 2 janvier, la lutte entre le gouvernement et les partis était condamnée à rester jusqu'à la fin aussi âpre et aussi acharnée.

De sorte que, dès sa première heure, le ministère Ollivier se vit contraint de laisser aller les choses au jour le jour, sans grand espoir de rien faire ni de rien tenter de bon et d'utile. Torturé par le besoin d'agir et paralysé dans son action par les démonstrations populaires, les luttes incessantes de la plume et de la parole, il se crut obligé, pour se soutenir, d'en revenir à la théorie trompeuse et brutale du vote plébiscitaire.

C'est ainsi que, le 8 mai 1870, la France fut encore une fois mise en demeure de dire si elle était hostile ou favorable aux réformes constitutionnelles successivement concédées par l'Empereur depuis son avènement et ratifiées par le Sénat impérial pendant le cours de son règne.

Mais, à côté du fallacieux motif invoqué pour en appeler au suffrage universel, il y avait aussi et surtout le désir de procurer à notre Empereur un regain de prestige et de popularité qui pût aider son ministère à planer au-dessus des partis, à s'implanter et à prendre racine dans le pays.

Les nouveaux collaborateurs du grand maître de nos destinées avaient pensé sans doute qu'en groupant autour d'eux sept ou huit millions de suffrages, ils allaient réduire à néant l'influence de quelques dizaines de députés de l'opposition qui ne tenaient personnellement leur mandat que de douze ou quinze mille électeurs.

Ce n'était là toutefois qu'un raisonnement fourni par des chiffres, qui aurait paru concluant à toute autre époque, mais qui ne suffisait plus alors pour décourager et briser les résistances, pour vaincre toute velléité d'opposition.

Grande fut donc l'erreur de M. Emile Ollivier; le plébiscite de 1870, dépourvu des attraits et des séductions de la nouveauté, n'était plus fait pour réveiller l'enthousiasme, ni pour faire revivre le souvenir des gloires du premier Empire.

Ce plébiscite ne pouvait pas davantage préserver le nouveau ministère des embarras et des difficultés des gouvernements libres, tels qu'avaient été ceux de 1830 et de 1848.

Après la disparition de la royauté tempérée, la véritable cause du prodigieux succès des plébiscites avait surtout résidé dans la crainte qu'inspirait aux populations rurales l'idée toujours vivace et toujours présente d'un retour possible vers l'ancienne domination seigneuriale, vers la monarchie légitime.

Il n'y a pas à en douter, en votant pour Louis Bonaparte, dès 1848, et à deux reprises différentes après le coup d'Etat de Décembre, le gros de la population des campagnes et une partie de celle des grandes villes manifestaient plutôt leur hostilité aux principes du droit divin, qu'ils n'émettaient un vote en faveur de notre futur Empereur, auquel ils déniaient très volontiers toute habileté, toute science politique, toute aptitude militaire.

On sait aujourd'hui ce que valent ces consultations du suffrage universel sous forme plébiscitaire. Lorsque le pouvoir, sans y être contraint, cherche à prendre l'avis du pays soumis à son autorité, c'est qu'il se croit sûr de la réponse qui lui sera faite.

Demander à un peuple s'il désire être libre, s'il tient à reprendre son rang dans le monde, s'il veut échapper à la compression et à la servitude, c'est lui demander s'il veut vivre, s'il veut penser, s'il veut se mouvoir et agir à son gré.

Aussi, le nouveau plébiscite sur lequel comptait s'appuyer le ministère Ollivier ne fut-il qu'un succès sans profit et sans lendemain.

La majorité obtenue n'enlevait rien aux effets de la résistance venant de ceux qui ne voulaient croire ni au bonapartisme, ni à l'Empereur, ni à l'Empire libéral.

Pour prendre contenance et s'enraciner dans le pays, le ministère avait inutilement agité et remué tout le corps électoral. Avant de conduire l'électeur aux urnes, on lui avait bien dit que voter *oui*, en faveur de l'Empire, « c'était voter pour la paix »; mais à quoi bon une telle déclaration formulée par M. Emile Ollivier? rien ne dénotait chez lui une propension aux idées guerrières..... Le seul inconvénient de cette consultation nouvelle avait été de faire croire aux impérialistes convaincus que le pays leur appartenait toujours, qu'il n'avait pas changé de manière de voir et qu'il était toujours disposé à leur laisser carte blanche dans tout ce qu'il leur conviendrait de tenter ou d'entreprendre.

Actuellement même, il est donc permis de croire qu'un succès plus douteux et moins complet ne nous eût pas été aussi préjudiciable.

Nos gouvernants, restés craintifs et inquiets au dedans, eussent certainement hésité plus longtemps avant de se laisser émouvoir par les provocations et les incessantes excitations de la presse bismarckienne.

C'était vraisemblablement la seule chance qui nous restait d'éviter la guerre de 1870. Mais le ministère possédait-il quelque chose de ce qu'il fallait pour se protéger et se défendre contre les influences autoritaires et chauvines qui dominaient toujours aux Tuileries? En réalité, ni avant, ni après le vote plébiscitaire du 8 mai, l'Empire libéral n'avait pu réussir à se faire accepter, pas plus par l'entourage impérial que par l'ensemble de la nation.

Ainsi qu'il était à prévoir, une demi-année avait suffi au ministère Ollivier pour se révéler à tous les yeux et montrer l'inutilité de ses efforts, l'inanité de ses espérances.

A l'aide de son plébiscite, il n'avait fait qu'avancer l'heure de sa ruine et de son effondrement.

Abandonné à lui-même au milieu des partis, privé de toute orientation, de toute couleur politique, ce ministère dit libéral ne parvenait plus à se soutenir qu'en recourant aux théories gouvernementales de ses adversaires de la veille, de ceux qu'il venait de remplacer au pouvoir.

Sans motif sérieux, sans vergogne, il s'était mis, une fois de plus, en contradiction avec lui-même, au point de se trouver gêné et embarrassé de son récent succès, qui ressemblait beaucoup plus à un nouveau triomphe du despotisme qu'à une victoire du régime de libre discussion, qu'il prétendait personnifier.

Pour retarder, tant soit peu, l'heure de sa chute qui semblait à la veille de se produire dès les premiers temps de sa prise de possession du pouvoir, il n'avait découvert d'autre combinaison, d'autre moyen pour se soutenir, que celui consistant à écarter un péril en se jetant dans un autre.

Gênés et entravés par l'hostilité de la rue, les polémiques de presse, les débats et les luttes parlementaires, nos libéraux de gouvernement n'avaient effectivement pas tardé à comprendre qu'avec le second Empire ils ne pourraient trouver de défenseurs et d'alliés que parmi les pires ennemis des libertés publiques.

Aussi, afin de se soustraire à l'influence des gens de cour, autant qu'à celle de ses adversaires de l'opposition, M. Emile Ollivier avait-il cru devoir faire ratifier par le peuple l'évolution politique qui l'avait aidé à gravir les marches du pouvoir.

De sorte que, par cet insidieux plébiscite, la France venait en apparence d'applaudir et de consacrer l'œuvre du ministère Ollivier, tandis qu'au fond elle n'avait fait que restituer au bonapartisme des plus mauvais jours cette puissance dictatoriale et absolue qui nous était devenue odieuse et insupportable.

Il en résultait que cette fallacieuse manifestation électorale de 1870 tendait à faire croire, aux uns et aux autres :

Que le pays n'avait d'autres vues, d'autres préoccupations que celles de se livrer et de se prosterner aux pieds de notre César moderne ;

Que la nation n'avait foi ni dans l'Empire libéral, ni dans la responsabilité ministérielle, ni dans le régime parlementaire ;

Que son idéal présent, passé et futur était toujours celui de l'Empire et de l'Empereur disposant à son gré et à sa fantaisie de la souveraine puissance.

Telle fut l'œuvre à peu près unique de M. Emile Ollivier, qui avait trouvé, à lui seul, l'ingénieux moyen de prendre rang parmi les plus zélés et les plus dévoués défenseurs du régime inauguré après Décembre.

C'est ainsi qu'à peine sortis de cette aventure plébiscitaire, nous allions être entraînés dans la guerre de 1870.

Retrempé et réconforté par le vote qui venait de lui procurer un si grand succès, il n'avait pas fallu plus de deux mois au pouvoir personnel pour se ressaisir et pour tenter à nouveau le sort des armes, dans le vague espoir de se soustraire, une fois pour toutes, aux provocations et aux embûches du terrible chancelier allemand.

Il ne nous appartient pas aujourd'hui de nous étendre outre mesure sur tout ce qui a trait à cette guerre funeste. Avec les années, et lorsque l'Europe aura repris ses assises, la tâche en reviendra à ceux qui, n'ayant rien pu juger et apprécier par eux-mêmes, échapperont plus aisément à nombre d'erreurs de jugement communes aux contemporains. Ils n'auront pas non plus à voiler certains faits, à protéger par leur silence quelques-uns de ceux qu'on serait tenté de rendre individuellement responsables de nos fautes et de nos malheurs.

Ils ne seront pas exposés, comme on le serait actuellement, à tenir en suspicion d'infortunés acteurs de ce drame sanglant, victimes de l'inéluctable fatalité, qui ont pu ressentir comme nous tous les amertumes de l'adversité et de la défaite.

Mais, puisqu'il nous faut en revenir aux causes de nos revers, disons-le hautement : ces désastres qui se sont si brusquement abattus sur nous ont eu surtout leur point de départ dans l'infatuation et l'imprévoyance de notre gouvernement, le mauvais vouloir et la coupable indifférence de l'Angleterre et de la Russie.

Avec un territoire informe et une population de onze millions d'habitants seulement, la Prusse de 1814 et de 1815 s'était, nous ne saurions trop insister sur ce point, maintenue sur un pied de paix armée dont nulle puissance n'avait alors songé à s'inquiéter.

Peu satisfaite, à ce moment, du lot qui lui avait été attribué dans les dépouilles du premier Empire, elle s'était contentée de montrer sa mauvaise humeur en s'entourant de forces militaires permanentes, aussi nombreuses et aussi solidement armées que celles des plus grands Etats de l'Europe.

N'était le mécontentement de la petite Prusse de ce temps, — heureux pour les coalisés de 1813, — partout, de 1815 à 1866, l'Europe monarchique avait diplomatiquement vécu dans une molle et paisible quiétude, troublée seulement par les mouvements populaires de 1848.

Réduits à la portion congrue, profondément blessés et irrités contre leurs puissants voisins, les héritiers de Frédéric le Grand ne supportèrent jamais qu'impatiemment le rôle modeste et humilié qu'on leur avait réservé dans le concert européen.

Cependant, la Prusse avait été assez sagace et assez habile pour ronger son frein en silence, en attendant son heure pour prendre sa revanche.

Après Sadowa, sa situation s'était, en un seul jour, trouvée complètement changée. L'incorporation dans ses Etats de toute l'Allemagne septentrionale, doublée d'importance par les traités secrets qui allaient faire évoluer les armées des Etats du Sud dans son orbite, lui assurait déjà une prépondérance qu'on feignit d'ignorer en Europe jusqu'au dernier moment.

Il n'en était pas moins vrai que ce groupement imprévu du pays germain, organisé militairement pour la levée en masse, venait d'atteindre brusquement à une supériorité numérique évidente, en regard de la France et de toutes les autres nations du continent.

Du jour au lendemain, c'était un Etat quasi de second ordre, qui allait être à même de s'élancer sur nous avec des forces très supérieures aux nôtres.

C'était ce pays, où les choses de l'armée absorbaient toute l'attention, toute l'activité nationale, que nous allions avoir à combattre.

Mieux que tout autre, Napoléon III aurait dû connaître ce peuple, au milieu duquel il avait longtemps vécu, au point, paraît-il, d'en avoir conservé un accent tudesque très prononcé.

L'héritier du grand Napoléon n'avait donc pas le droit d'ignorer les dangers auxquels nous exposerait une guerre mal préparée et mal conçue, contre une nation comme la Prusse, si entraînée et si docile à la voix de ses chefs.

Mais, ignorant ou non de l'état de l'Allemagne, il était dit que notre Empereur tirerait vengeance des outrages et des perfidies qui l'atteignaient si cruellement dans sa force et dans son prestige.

On sait ce qui s'ensuivit. A peine engagées, nos troupes, pleines de confiance et d'ardeur, se heurtèrent à d'innombrables légions, contre lesquelles il ne leur fut pas possible de lutter avantageusement.

En quelques jours, la France était envahie, les défilés des Vosges étaient franchis, nos soldats refoulés à Wissembourg et à Forbach; le maréchal Mac-Mahon battu à Frœschwiller et à Reichshoffen, forcé à son tour de se rejeter en arrière pour aller se reformer au camp de Châlons.

Dès ces premiers revers, Bazaine était allé s'adosser aux forts de Metz, où il devait systématiquement s'immobiliser après Borny, Vionville et Gravelotte.

Cette lutte, effroyablement désastreuse pour nos armées, avait duré quinze jours à peine.

En ce court délai, succédant à une paix que rien encore ne semblait devoir troubler, nous voyions la

France envahie, l'Alsace et la Lorraine occupées par l'ennemi, dont une partie des troupes s'avançait à marches forcées sur Paris.

A une armée d'invasion de six ou sept cent mille hommes, nous n'avions eu à opposer que deux cent cinquante à trois cent mille combattants échelonnés sur toute l'étendue de notre frontière de l'Est.

Bientôt, l'ennemi en marche, nous gagnant de vitesse, avec des armées grossissant sans cesse, envahissait les plaines de la Champagne, pendant que les nôtres, recrutées et rassemblées à la hâte, se trouvaient occupées, au camp de Châlons, à se compléter et à se reformer. Quelques jours encore et la capitulation de Sedan allait nous priver d'une armée de plus de cent vingt mille hommes, dont quatre-vingt-cinq mille devaient être livrés comme prisonniers de guerre.

Deux mois plus tard, Bazaine laissait, lui aussi, dans les mains de l'ennemi, une armée de plus de cent soixante-dix mille hommes.

Nous n'ajouterons rien à ce sinistre bilan, qui marque la fin de l'impérialisme, sorti d'une conspiration militaire qu'on était tenté de nous présenter comme une revanche des désastres de 1814 et de 1815.

Vaine prétention! cruelle ironie du sort! Après dix-huit ans d'existence, le second Empire ne réussissait qu'à nous faire éprouver une de ces blessures nationales que le temps lui-même ne semble pas fait pour cicatriser. Jamais, en effet, calamité si effroyable n'était venue s'abattre sur nous.

Même aux époques les plus tristes et les plus douloureuses de notre histoire, jamais la France ne s'était sentie atteinte d'une façon aussi lamentable et aussi humiliante. Elle avait pu, à d'autres époques, éprouver de cruels revers, de grands désastres, mais jamais, sous l'effort d'un unique adversaire, elle ne s'était vue, en pleine prospérité, livrée à ses ennemis, vaincue et écrasée sous le nombre, sans avoir été mise à même de se défendre.

En moins d'un siècle, pour la troisième fois, notre pays, malgré d'éclatantes et prodigieuses victoires, se trouvait réduit à l'impuissance et voyait son existence menacée par ses envahisseurs.

Du premier au dernier des Bonapartes, du prélude à la fin, cette dynastie improvisée, héritière abâtardie et déloyale d'une révolution si généreuse et si grande par ses conceptions, nous amenait à endurer les mêmes avanies, à subir les mêmes désillusions et les mêmes horreurs.

N'est-il pas permis, après une telle constatation, d'espérer que de pareilles calamités nous seront épargnées dans la suite, tout en restant éternellement gravées dans notre mémoire?

L'adversité porte à la prudence et à la réflexion : faisons donc tous nos efforts pour qu'une pareille leçon ne soit pas perdue pour ceux qui viendront après nous!

XXVIII

Régence de l'impératrice Eugénie. — Nos premiers revers en Alsace. — Chute du ministère du 2 janvier 1870. — Le général Cousin-Montauban succède à Emile Ollivier. — Nos armées retenues systématiquement dans le voisinage de nos frontières de l'Est. — Capitulation de Sedan. — Napoléon III prisonnier de guerre. — Bazaine sous les murs de Metz. — Rôle de Gladstone, ministre anglais, au lendemain de la capitulation de Sedan. — La France reste abandonnée à elle-même.

Avant de se rendre à Metz où, accompagné de son fils, il allait se mettre à la tête de nos armées, Napoléon III avait confié la régence à l'impératrice Eugénie, qu'on voyait, depuis un certain temps déjà, exercer son action dans les conseils du gouvernement.

Somme toute, cette délégation féminine n'était pas pour déplaire au chef du cabinet du 2 janvier. L'Impératrice investie de l'autorité suprême, c'était M. Emile Ollivier qui prenait enfin possession du pouvoir, sans que nul n'ait plus à lui dicter ni à lui imposer ses volontés.

Avec une femme, plus ambitieuse au fond pour sa progéniture que pour elle-même, il suffit d'ordinaire de flatter ses goûts, de respecter ses croyances et ses préjugés, de se faire l'admirateur et le champion de ses affections et de ses tendresses familiales, pour avoir carte blanche sur le reste.

Certaines paroles imprudentes où la Régente n'aurait pas craint de prétendre que cette guerre était sa guerre à elle ne changeraient rien à notre appréciation sur les gouvernements tombés en quenouille (1). Tout au plus, ces paroles inconsidérées prouveraient-elles le peu de caractère et de consistance de ceux qui constituaient l'entourage impérial, dont personne, en haut lieu, n'aurait songé à prendre l'avis avant de laisser répandre un pareil propos. Quoi qu'il en fût, ce jour-là, nous en étions bien réellement au régime libéral, tel qu'entendaient le pratiquer les parlementaires de l'ancienne école.

Par malheur, les événements ne donnèrent pas le temps à M. Emile Ollivier de s'épanouir et de se faire valoir. Aussi, sous ce régime, plus éphémère encore que celui des Cent-Jours, ne vit-on émerger qu'une circulaire ministérielle aux archevêques et aux évêques, dont nous extrayons ces quelques lignes : « Monseigneur, je vous prie, au nom de Sa Majesté, de vouloir bien ordonner des prières publiques dans votre diocèse.

(1) C'est seulement trente-trois ans après 1870 que l'ex-impératrice Eugénie se serait décidée, paraît-il, à contester l'exactitude de ces paroles. Un ancien député du second Empire, nommé Tachard, devenu représentant de la France à Bruxelles pendant la guerre, en aurait reçu la confidence, avec mission de livrer cette protestation à la publicité. Nous n'insisterons donc pas plus qu'il ne convient, tout en faisant remarquer qu'en face d'une accusation de cette gravité, un démenti de quelques lignes aurait eu une tout autre valeur s'il s'était produit quelque trente ans plus tôt.

Mettez la France et son chef, et le noble enfant qui va combattre avant l'âge, sous la protection de Celui qui tient dans ses mains le sort des batailles et les destinées des peuples. »

Cette circulaire, plus inepte qu'édifiante, avait été précédée d'un décret élevant le traitement des vicaires, dans les paroisses de second ordre, ainsi qu'il en avait été décidé lors du vote du budget des cultes.

De loin, on croit voir encore cet ancien adversaire de l'Empire, son décret à la main, présentant à la signature de sa souveraine d'un jour une pièce officielle destinée à élever le traitement des jeunes recrues du monde sacerdotal !

A la veille de nos désastres, c'est là, si nous ne nous trompons, tout ce que M. Emile Ollivier trouva de mieux à offrir à l'admiration de ses contemporains.

Mais n'en est-ce pas trop déjà? Au reçu des sombres nouvelles qui nous venaient de la frontière, les menus faits de la politique intérieure devenaient sans importance.

Dès le 9 août, le ministère Ollivier, poussé par les événements qui se précipitaient, réunissait à la hâte le Corps législatif afin de lui permettre d'aviser aux moyens de résister à l'invasion.

Accueilli par les huées et les clameurs de toute l'Assemblée, un vote de la Chambre l'obligea sans délai à céder la place au général Cousin-Montauban, fait comte de Palikao à la suite de l'expédition anglo-française envoyée en Chine au cours de 1860.

En résumé, la majorité bonapartiste du Corps législatif n'avait pas voulu se solidariser plus longtemps avec le phraseur peu convaincu et peu inventif que les hasards de la politique lui avaient fait prendre pour chef.

En face de cette suprême anxiété, l'opposition antidynastique, indifférente aux questions de personne, avait sur-le-champ formulé diverses propositions commandées par la gravité de la situation.

La disparition du ministère Ollivier obtenue, elle voulait que le commandement des troupes des armées en campagne fût retiré des mains de l'Empereur; elle demandait également qu'il fût procédé sans retard à l'armement général de la nation. Enfin, elle se croyait en droit de réclamer la prise de possession du pouvoir exécutif par l'Assemblée.

Mais, fort mal renseignée sur la situation faite à nos corps d'armée, la nation n'en était pas encore à croire à la nécessité d'une révolution nouvelle. Se trompant elle-même sur la véritable signification du récent plébiscite, elle se croyait toujours en face d'un pouvoir solidement assis, ayant de profondes racines dans le pays, tandis qu'en réalité, nous n'avions plus devant nous qu'un gouvernement à bout d'expédients, se soutenant uniquement par les lois de l'équilibre qui suffisent encore pour assurer une certaine durée aux monuments en ruine.

De sorte qu'avant de s'écrouler, ce pouvoir détestable et maudit entre tous allait nous obliger à subir le désastre et la capitulation de Sedan.

Survenue trois semaines plus tôt, la chute du second

Empire eût permis de sauver à la France les armées de Metz et de Sedan, que l'impérialisme napoléonien désemparé se sentait incapable d'utiliser sous les murs de Paris.

Mais pourra-t-on jamais exiger du patriotisme des foules une habileté, un discernement, une intuition des devoirs d'un Etat, supérieure à ce qu'on peut attendre des hommes aux conceptions plus savantes et plus mûries, des esprits les plus sagaces et les plus éclairés.

Il n'en est pas moins vrai que si l'Empereur et l'Empire avaient pu disparaître dès l'instant où le ministère Ollivier avait été précipité du pouvoir, nos deux armées de l'Est eussent été conservées à la défense. Au lieu de retenir nos soldats sur la frontière pour y tenter le sauvetage de l'Empire, le gouvernement appelé à lui succéder se fût efforcé, au contraire, de couvrir la France, en ramenant au plus vite nos troupes vers l'intérieur, où de nouvelles recrues auraient été prendre rang dans des régiments de vieille formation, rompus aux exercices militaires, solidement encadrés et disciplinés.

S'il n'en fut pas ainsi, c'est que, perdant tout espoir de vaincre, Napoléon III, fort de son dernier plébiscite, trouvait préférable de traiter avec l'ennemi que de reprendre le chemin de Paris, où sa voix eût été étouffée aussitôt par les cris et les imprécations de la foule indignée.

Profondément ému et troublé par les dépêches qu'on lui envoyait des Tuileries, et qui lui signalaient les dangers et les difficultés d'un retour vers l'intérieur, à tout hasard, il avait repris la direction de Metz par la région du Nord.

Après maintes hésitations et incertitudes, il ne voulut rien tenter qui pût lui éviter de se laisser entourer sous les murs délabrés de Sedan, en violation du code militaire qui interdit, sous peine de mort, toute capitulation en rase campagne, afin de contraindre les commandants en chef à échapper, coûte que coûte, à cette terrible extrémité.

Blessé au commencement de l'action, le maréchal de Mac-Mahon avait, dès le matin du 1er septembre, passé son commandement au général Ducrot qui s'était empressé de donner l'ordre de la retraite sur Mézières; mais déjà le général de Wimpffen, muni d'un ordre ministériel, s'avançait vers lui pour lui enlever le commandement et contremander le mouvement commencé.

On sait ce qui s'ensuivit : dès le milieu de la journée, l'Empereur, retiré à la sous-préfecture, prenait sur lui de faire arborer le drapeau parlementaire sur les remparts de Sedan (1), puis, après être entré en contact avec le comte de Bismarck, sans avoir réussi à engager des pourparlers directs avec le roi Guillaume, il donnait ses pleins pouvoirs au général de Wimpffen, pour traiter de la capitulation de toute l'armée.

Cette entrevue avec le roi de Prusse, tant désirée par

---

(1) Peut-être n'est-il pas inutile de rappeler ici qu'avant de se trouver enfermé dans Sedan, Napoléon III avait fait conduire le Prince impérial en territoire neutre, par la frontière de Belgique.

Napoléon III, n'eut lieu solennellement qu'après la signature du document qui livrait à l'ennemi les forces militaires massées sous Sedan, c'est-à-dire à l'heure où elle devenait sans objet.

On peut aussi ajouter que si le code de guerre a édicté les peines les plus sévères contre les généraux qui capitulent en rase campagne, il est resté muet à l'égard des souverains qui livrent leurs armées.

C'est ce qui permet aujourd'hui à quelques romanciers, à certains auteurs dramatiques, d'apitoyer les cœurs sensibles sur le sort et les infortunes d'empereurs forcés d'abandonner une liste civile grassement pourvue, pour aller au loin méditer sur les causes de leurs malheurs.

On sait que la reddition et la capitulation de Metz ne devaient pas différer sensiblement de celle de Sedan. Bazaine, plus préoccupé de servir ses ambitions louches que de veiller au salut des troupes placées sous ses ordres, se laissa facilement prendre aux flatteries et aux promesses des envahisseurs, qui ne cherchaient qu'à gagner du temps pour le réduire par la famine.

Là encore, la préoccupation de sauver l'Empire avait tenu une large place dans la pensée du traître. A Metz, comme à Sedan, il ne s'agissait que de traiter au plus vite avec l'ennemi pour se ressaisir, mater et asservir de nouveau le pays.

On n'a pas oublié dans quels termes la conduite de Bazaine fut à jamais flétrie par le conseil de guerre réuni à Versailles pour le juger.

Et, disons-le sans ambages, si le traître seul fut atteint par une condamnation qui emportait la peine capitale, ce procès de haute trahison avait permis de constater qu'à côté du principal coupable, il existait d'autres responsabilités devant lesquelles la répression avait cru bon de s'arrêter, sans vouloir pour cela les absoudre.

Il est parfois plus facile de s'exposer aux coups de l'ennemi que de rendre compte de son passé en face du lion populaire justement irrité. Si éloignés que fussent déjà les crimes de Décembre, ils étaient encore trop près de nous pour que tous les complices de l'ancien prisonnier de Ham se sentissent complètement rassurés.

Mais, pour en revenir à Celui qu'on devait plus tard désigner sous le nom d' « homme de Sedan », il y a lieu d'insister et d'affirmer qu'en livrant quatre-vingt-cinq mille hommes au roi Guillaume, il avait certainement nourri l'espoir d'en finir d'un seul coup avec cette guerre malheureuse.

Après Solférino, l'empereur d'Autriche n'avait-il pas consenti à signer précipitamment les préliminaires de Villafranca? Au lendemain de Sedan, le roi de Prusse ne pouvait-il pas également apposer sa signature au bas d'un traité consacrant ses victoires et faisant de l'unité allemande une réalité? N'y avait-il pas aussi l'Europe monarchique, toujours désireuse de contenir les mouvements populaires, et non moins intéressée à maintenir dans de certaines limites les ambitions berlinoises?

Par malheur, à ces divers points de vue, Napoléon III avait fait un faux calcul : la Prusse victorieuse ne redoutait nullement la propagande des idées françaises; elle savait en outre que le gouvernement nouveau ne pouvait avoir pour lui les sympathies de l'Europe monarchique. Dans ces conditions, il devait lui paraître préférable de traiter avec une République, sans amis et sans alliés, qu'avec le second Empire, tout déconsidéré et amoindri qu'il fût par les revers.

Ce que voulaient surtout nos vainqueurs, c'était de retirer le plus de profit possible de leurs prodigieux succès. Une campagne de six semaines ne leur semblait pas suffisante pour obtenir tous les avantages qu'ils attendaient de notre défaite, aussi surprenante à leurs yeux qu'aux nôtres.

Au point où nous en sommes de ce récit, nous n'aurons plus guère à nous occuper du triste héros de Décembre, qui fut longtemps soupçonné, parmi nous, de n'avoir livré l'armée de Sedan que dans le but de rendre impossible la défense de la France après lui.

Puisse la postérité, moins sévère, l'absoudre d'un tel forfait, qui dépasserait en perversité et en horreur tout ce que l'ignominie et l'ingratitude auraient pu enfanter de plus révoltant et de plus monstrueux.

La capitulation de Sedan, entraînant après elle la chute du second Empire, autorisait à supposer qu'une sérieuse tentative serait faite au dehors, en vue du rétablissement de la paix.

Privée de ses troupes de premières lignes, prisonnières de guerre ou retenues autour de Metz, la France n'était évidemment plus en état de faire obstacle aux aspirations des peuples de la vieille Germanie.

De ce jour, nous n'avions plus à peser les avantages ou les inconvénients des velléités unitaires de l'Allemagne, plus que jamais décidée à se jeter dans les bras de la Prusse.

Aussi, n'était-ce plus au nom des seuls intérêts français qu'il fallait envisager la question toujours ancienne, et toujours nouvelle, de l'équilibre européen.

Pour elles-mêmes, et sans s'apitoyer aucunement sur notre sort, les puissances neutres, par une prompte et énergique résolution, avaient pour devoir de se montrer à leur tour et de barrer la route à nos envahisseurs, dont l'audace et les prétentions allaient s'accroître avec la prolongation de la lutte.

Une guerre de quelques semaines, qui permettait à la Prusse d'étendre sa domination jusqu'aux Alpes, jusqu'aux frontières de la Suisse et de l'Italie, ne justifiait-elle pas l'intervention des grandes puissances, si disposées d'ordinaire à défendre l'intégrité de l'Empire ottoman et les droits du sultan de Constantinople!

Sans nous vouloir aucun bien, sans penser même à nous être utiles, les gouvernements étrangers n'avaient-ils pas de puissants intérêts qui devaient les contraindre à se préoccuper des conséquences de nos revers?

Ces gouvernements n'avaient-ils pas à se demander si l'heure était venue de contenir et de refréner les ardeurs bismarckiennes, solidaires de celles des princes allemands et de l'état-major prussien?

Restés sous le coup de la surprise causée par notre défaite, les neutres étaient-ils donc toujours hypnotisés, terrorisés, au point de n'oser se montrer en vue de rechercher s'ils devaient assister indifférents au démembrement de la France, au paiement par elle d'une contribution de guerre susceptible de procurer au vainqueur des ressources lui permettant de grossir sans cesse ses armées ?

Enfin, il s'agissait de savoir si les chancelleries européennes seraient, jusqu'au bout, assez imprudentes et assez naïves pour se contenter des déclarations et des promesses du comte de Bismarck, dont les engagements se limitaient à affirmer qu'il ne nourrissait d'autre projet, d'autre ambition que celle de nous accabler et de nous réduire.

Le 3 septembre 1870, la question internationale se présentait ainsi, lorsque le *Foreign-office*, par la bouche de lord Granville, émettait l'idée de proposer un armistice auquel les neutres semblaient tous disposés à se rallier.

Selon le ministre anglais, il s'agissait de se mettre d'accord « pour *conseiller* à l'Allemagne de ne pas démembrer la France, ce qui éterniserait la guerre ».

Quelques jours plus tard, la Russie, qui s'était tout d'abord montrée favorable à cette entente, n'était plus décidée...

L'Angleterre elle-même, par un recul subit, manifestait aussi l'intention de se réserver en renonçant à intervenir en notre faveur.

L'Autriche, consultée au premier moment par la Russie, hésitait à son tour et se refusait à prendre une décision.

Antérieurement, le 19 août, à la Chambre italienne, le ministre des Affaires étrangères avait déclaré que « l'Italie s'efforcerait de localiser le conflit, et, d'accord avec les puissances neutres, d'abréger la guerre et de sauvegarder l'équilibre européen ».

Seul, à l'heure suprême de la lutte, le gouvernement italien avait envisagé la question internationale que la guerre franco-allemande semblait destinée à soulever.

Moins bien inspirée, la cour de Russie s'était vite faite à l'idée que nos malheurs la vengeraient des humiliations de la guerre de Crimée et de la paix de Paris.

L'empereur de Russie après Sedan — de même que Napoléon III après Sadowa — négligea de se rendre compte que les succès militaires remportés par une puissance rivale n'avaient aucune chance d'être profitables aux acteurs passifs d'un drame sanglant qui mettait en mouvement d'énormes contingents de guerre, toujours inquiétants pour les Etats voisins.

A la Chambre des Communes, dès l'ouverture des hostilités, Gladstone avait cru bon de déclarer que « *la grandeur de l'Allemagne n'était pas un danger pour la France* ».

L'empereur de Russie, le 20 août, s'était, lui aussi, cru obligé de manifester en faveur de la Prusse, en félicitant le régiment de Silésie, dont il était colonel, de sa vaillance et de ses exploits lors du combat de Wissembourg.

Toutefois, en nous abandonnant à nous-mêmes,

Gladstone se trouvait le plus à l'aise : moins exposé aux contre-coups de la politique extérieure, il devait lui paraître facile de nous sacrifier aux convoitises et aux fureurs de nos vainqueurs.

En regard des sentiments philanthropiques et humanitaires dont on le gratifiait si volontiers, le grand ministre anglais se rendait parfaitement compte qu'après leurs rapides et foudroyants succès, les héritiers de Frédéric le Grand allaient être en situation de rétablir, à leur profit, le trône impérial d'Allemagne, que l'avenir réservait à un descendant de sa gracieuse souveraine.

Placé entre le devoir anglais qui lui commandait de songer uniquement à son pays, et son rôle obligé d'homme de cour et de courtisan plus ou moins entraîné, Gladstone se croyait sans doute forcé de se plier aux affections d'une mère, dont la nombreuse descendance semblait appelée à occuper un jour la plupart des trônes de l'Europe.

C'est ainsi qu'après s'être inquiété à notre sujet au lendemain de Sedan, — vingt-quatre heures avant le 4 Septembre et la proclamation de la République, — nous retrouvons le tout-puissant homme d'Etat anglais emboîtant le pas des princes et des généraux allemands, auxquels, à titre d'encouragement sans doute et sans tenir compte de la situation d'Etat neutre adoptée par son pays, il faisait passer des décorations, au cours d'une guerre inutilement prolongée.

Nous ne dirons rien de l'Autriche et de l'Italie : ces deux puissances n'auraient été en mesure de nous seconder et de nous rendre quelques services que dans le cas où elles se seraient senties soutenues et appuyées par l'Angleterre ou la Russie.

Mais, pour un instant, oublions les torts de l'ancienne oligarchie anglaise, de l'autocratie russe, et demandons-nous si l'influence individuelle et personnelle des diplomates de carrière ne pouvait pas avertir l'Europe entière et lui montrer les dangers d'une politique qui favorisait, d'une si étrange façon, les envahissements successifs de la Prusse.

Mais, de ce côté encore, il n'y avait rien à espérer : atteinte d'un aveuglement sénile, d'une paresse cérébrale et intellectuelle, voisine de l'abdication, la diplomatie européenne n'était plus faite pour guider les princes et protéger les nations.

Elle préférait se laisser conduire, vivre au milieu d'une agréable et douce tranquillité, dussent ses défaillances morales exposer tous les peuples — le peuple allemand comme les autres — aux plus effroyables ravages, aux pires calamités.

XXIX

Attitude de l'Europe après la chute du second Empire. — Défaillance de la diplomatie. — Après leurs premiers succès, nos ennemis ne sont plus occupés qu'à nous dépouiller et à nous réduire. — La prolongation de la lutte facilite la fusion des divers Etats allemands. — Les exigences des vainqueurs. — Injures bismarckiennes à l'adresse de Paris et de la France. — La démocratie française obligée de se défendre et de veiller sur elle.

Faut-il croire qu'après la chute du second Empire et la proclamation de la République au 4 Septembre, les grandes monarchies d'Europe, en se repliant sur elles-mêmes, et en laissant les événements suivre leur cours, se réservaient l'espoir de permettre à Napoléon III de se retourner contre la France et de « tyranniser les Français (1) », plutôt que de laisser implanter chez nous le gouvernement nouveau?

On devrait supposer alors que ces puissances préféraient, à tout hasard, favoriser les appétits berlinois à notre détriment, dût cette façon d'agir accroître et étendre le péril allemand, fait pour apparaître un jour non moins inquiétant et non moins redoutable au sud et à l'est, qu'à l'ouest et au nord.

Eclectique à ses heures, mais plus habile à ce mo-

(1) Paroles attribuées au comte de Bismarck.

ment que le corps diplomatique tout entier, Bismarck s'empressait de profiter de notre abandon, de notre désarroi et de notre faiblesse pour s'assurer tout le fruit et tous les avantages de la lutte où il avait réussi à entraîner Napoléon III.

Sans s'attacher plus longtemps aux causes qui nous forçaient à ne compter que sur nous-mêmes, et afin de nous prémunir contre toute illusion, dès les premiers succès des armées allemandes, il avait eu soin de nous faire avertir, par sa presse « reptilienne », qu'il ne traiterait, avec nous, qu'aux plus dures et plus atroces conditions.

C'était l'Alsace et la Lorraine qu'il se promettait d'arracher à la France ; c'était une énorme rançon de guerre qu'il voulait nous extorquer, sous l'ingénieux et fallacieux prétexte de nous affaiblir et de nous réduire à l'impuissance.

Singulière façon de voiler et déguiser la vérité, de masquer la gloutonnerie et la rapacité des siens, en paraissant obéir à une nécessité cruelle, pendant qu'il ne s'agissait pour le chancelier de fer que de s'emparer de deux de nos provinces et de gonfler démesurément les coffres du trésor prussien.

Nous sachant en butte aux animosités et aux rancunes contre-révolutionnaires du dehors, il trouvait tout simple d'exploiter notre isolement et notre désorganisation qui justifiaient et légitimaient à ses yeux toutes ses exigences, toutes ses railleries, toutes ses rigueurs.

Et puis, d'un autre côté, par la prolongation de la

lutte, il devait faire entrer en ligne de compte les avantages qu'il y aurait pour son gouvernement à retenir au rang, le plus longtemps possible, les différents corps d'armée des Etats du Sud, qu'il voulait unir de cœur, souder et rattacher solidement à la nouvelle Allemagne.

Dans la joie et l'enivrement du triomphe, peut-être se promettait-il déjà d'amener sur le sol français, et jusqu'au palais de Versailles, les princes héréditaires d'Allemagne qui devaient offrir au Roi son maître la couronne impériale!

Bien certainement, une paix hâtive et précipitée — que les lois de l'humanité en deuil réclamaient impérieusement — n'aurait pu lui procurer de telles satisfactions.

A un autre point de vue, il convient d'ajouter aussi que la guerre de 1870, si pleine de promesses pour nos ennemis, n'avait pas exposé la Prusse à des risques et à des périls comparables à ceux du conflit austro-prussien.

Dans sa guerre contre nous, Bismarck savait qu'il aurait derrière lui les sympathies et les encouragements d'Etats puissants, qui ne se tenaient à distance que dans les limites strictement imposées par les devoirs de la neutralité.

Avant de s'engager, il se savait moralement soutenu par des amis complaisants, des populations entières surchauffées et travaillées sans cesse par les « bestiaux de la plume » à son service, tandis qu'en 1866, malgré l'alliance italienne et l'amitié douteuse et indécise du cabinet des Tuileries, il avait vu la Confédération germanique en armes se dresser devant lui, très décidée à prêter main-forte à l'empereur François-Joseph.

Seule, l'inopinée et foudroyante victoire de Sadowa avait rendu vaines ces tentatives de résistance qui auraient pu prendre une tout autre tournure si cette lutte n'avait pas, dès son début, été si ardente, si meurtrière et si décisive.

Il n'est donc pas douteux qu'à aucun moment, la guerre franco-allemande n'avait eu le don de causer autant d'alarmes et de tribulations au roi Guillaume et à son ministre que les luttes et les combats qui devaient trouver leur épilogue dans les plaines de Bohême et de Moravie.

Eclairé par un vote plébiscitaire récent, auquel nos troupes avaient été appelées à prendre part, l'état-major de Berlin avait pu, à peu de frais, constater la faiblesse de nos effectifs.

Par contre, dans son parti pris de se précipiter sur nous, notre ennemi non encore déclaré n'avait pas manqué d'utiliser les quelques années qui séparaient 1866 de 1870 pour se préparer sans relâche pour la lutte qu'il méditait.

Sans plus attendre, il avait rapidement trouvé le moyen, dont seuls disposent les victorieux, de doubler et de tripler ses forces.

Après avoir étendu les domaines du Roi son maître par les conquêtes de la guerre contre le Danemark et par celles de 1866, le grand chancelier était assez facilement parvenu à effectuer la fusion des armées du sud de l'Allemagne avec celles des Etats du nord passés directement sous l'autorité prussienne.

Ce dernier groupement assuré par des traités secrets, bientôt livrés à la publicité, notre antagoniste d'outre-Rhin n'avait plus eu le moindre ménagement à garder avec le cabinet des Tuileries, qu'il pouvait alors, à son gré, contraindre à la paix ou précipiter dans la guerre.

Fort du concours certain de ses alliés, il lui suffirait d'aiguillonner, de surexciter notre Empereur pour l'obliger en quelque sorte à reprendre les armes et à repartir en guerre, sans même se donner le temps, selon sa coutume, de supputer et d'apprécier sérieusement tous les obstacles et tous les dangers auxquels pouvaient nous exposer de nouvelles hostilités.

Toutefois, malgré le peu de bienveillance et de sympathie qu'il nous fut donné de rencontrer dans les revers, depuis l'ouverture des hostilités, aucun fait extérieur, aucune complication nouvelle n'étaient venus s'ajouter aux difficultés de la situation, au point de faire obstacle à la conclusion de la paix.

Sans tenir compte des apparences, qu'on exploite si souvent au désavantage du vaincu, on savait qu'au fond le grand chancelier berlinois avait été le véritable instigateur et provocateur de cette guerre, qui allait lui permettre, à lui seul, de trancher et de résoudre la grosse question de l'unité allemande.

Il lui avait seulement suffi des batailles et des combats de Wissembourg, de Forbach, de Reichshoffen et de Sedan pour atteindre au but par lui poursuivi.

Après cela, quelle nécessité pouvait donc obliger nos ennemis d'accroître le nombre des victimes dans une lutte inutilement prolongée? Quel besoin nos vainqueurs avaient-ils de préparer de nouveaux massacres, de provoquer de nouvelles hécatombes?

Si mal inspiré que fût d'ordinaire Napoléon III, il n'avait pu, à coup sûr, envisager autrement que nous-mêmes l'issue de ce conflit, dans le cas où le sort des armes nous serait devenu contraire.

Pour le dépositaire du pouvoir, comme pour tous les hommes politiques de ce temps, les chances de la guerre tournant à l'avantage des armées allemandes, c'était la Prusse qui devenait la première puissance militaire de l'Europe! Ce résultat, obtenu en quelques semaines, devait, pensait-on, suffire à sa gloire et à son ambition?

Le rétablissement de la paix semblait donc devoir s'imposer avant peu, dans l'intérêt même de toutes les puissances voisines des nouvelles frontières de l'Allemagne.

S'il n'en fut pas ainsi, c'est que les chancelleries étrangères ne voulaient en rien nous être utiles, et que, d'un autre côté, nous nous trouvions en face d'un adversaire farouche et intraitable, oublieux des services rendus, qui tenait avant tout à profiter de la capitulation de Sedan et de la trahison de Bazaine — qu'il sentait proche — pour donner libre cours aux appétits et aux convoitises d'un peuple et d'une armée en délire.

Pour la gent titrée d'outre-Rhin, pour l'état-major prussien, pour Bismarck enfin, la prolongation de la guerre leur apparaissait comme une bonne aubaine, une occasion de lucre et de conquête qu'ils ne voulaient ni ne pouvaient laisser échapper.

Aussi, en voyant avancer les armées allemandes sous les murs de Paris, « l'ermite de Warzin » crut-il l'heure venue de se montrer intraitable et brutal à notre égard, de prendre des airs à la fois pudiques, farouches et irrités, destinés à excuser et à légitimer tous les excès, toutes les violences.

Nos ennemis assemblés n'avaient plus, en effet, qu'à se demander combien il leur faudrait sacrifier encore d'existences humaines pour nous arracher nos milliards et deux de nos provinces?

Au cours de cette guerre de 1870, par calcul et par ruse, on nous avait ingénieusement insinué que le parti militaire allemand était le seul et véritable auteur des exigences territoriales de la Prusse.

On nous donnait alors à entendre que c'était à regret que le peu tendre et le peu compatissant comte de Bismarck avait obéi à ce courant d'opinion plutôt qu'il ne l'avait dirigé. Qu'enfin, c'était entraîné, contraint et forcé, en quelque sorte, qu'il s'était trouvé amené à nous dépouiller d'une partie de notre territoire, que les traités de 1814 et de 1815 avaient eux-mêmes respectée.

Tous alors, nous avons été les dupes de cette insidieuse excuse, qui n'était au fond qu'un expédient destiné à couvrir la responsabilité de celui qui voulait échapper à l'accusation de prolonger la guerre dans un but de rapine et de conquête.

Aujourd'hui, il est partout admis que l'esprit d'absorption et d'envahissement qui hantait les cerveaux allemands avait fait beaucoup plus de ravages chez le grand chancelier que parmi les commandants de corps d'armée appelés à nous combattre et à nous réduire.

Aussi, du jour où la Prusse, en tirant le canon, n'avait plus d'autre préoccupation que celle de nous arracher l'Alsace et la Lorraine, le langage du chancelier de fer prit-il forcément une allure nouvelle.

En remettant flamberge au vent, notre terrible antagoniste ne parlait plus de lutter contre « l'ennemi héréditaire », contre ce peuple batailleur et chauvin qui était venu le surprendre dans sa quiétude, en forçant, malgré elle, la pacifique Allemagne à reprendre les armes!

Sans plus d'effort, le grand homme de Berlin réussissait ainsi, au delà de ses espérances, à rendre les peuples favorables à sa cause, à nous représenter, à l'étranger, sous l'aspect de l'ogre, du tigre altéré de sang et de carnage.

A quelques variantes près, c'est de la sorte que, dès le début de la guerre de 1870, nos ennemis parvenaient à faciliter leur tâche, en indisposant la plupart des chancelleries contre nous.

A l'aide de cette adroite interversion des rôles, nous devenions les provocateurs et les querelleurs, tandis qu'en somme nous n'étions que les dupes et les victimes des machinations de l'implacable adversaire de notre pays.

Il convient d'ajouter que, non content de nous avoir attribué un rôle de querelleur et de perturbateur de la paix européenne, il s'en prenait finalement à nos mœurs, à notre prétendue corruption, à nos dérèglements, qu'il lui fallait combattre et extirper de notre sol et du voisinage de la pudique Allemagne!

Sa haine et sa fureur s'exhalaient surtout lorsqu'il s'agissait de la « Babylone moderne », lieu maudit de perversion et de débauche, qu'il avait reçu mission, du Très-Haut sans doute, de soumettre et de châtier.

Mais passons outre à ces ignominies et à ces outrages. L'étendue de nos désastres et de nos malheurs ne nous permettait guère de ressentir toute la cruauté, toute l'amertume de ces odieuses et perfides calomnies.

Après avoir passé sept années à l'ambassade de Prusse à Paris, le comte de Bismarck, moins partial et moins acharné contre nous, aurait pu mieux nous apprécier et nous connaître. Sa haute intelligence des choses et des hommes aurait dû lui apprendre que si la promiscuité des grandes villes entraîne avec elle certains excès, dont nul pays n'est exempt, elle crée, par contre, une émulation, une activité intellectuelle, industrielle et artistique profitable à l'humanité tout entière.

Si, à proximité des Tuileries, le grand chancelier avait entrevu, çà et là, de vils courtisans, d'indignes satellites du Pouvoir, faisant parade de leur bassesse et de leur servilisme, était-il bien certain qu'il n'en aurait pas rencontré tout autant en changeant de milieu et en se rendant aux abords de Potsdam et du palais royal de Berlin?

La vie parisienne peut avoir ses entraînements, elle a aussi ses séductions, qui n'ont rien d'incompatible avec une existence honorable et digne. Mais que peut-on objecter en face d'un détracteur de parti pris que nul ne saurait persuader ni convaincre sans l'obliger à chercher d'un autre côté quelque sujet de critique ou de médisance?

Du reste, les hommes d'Etat et les diplomates de la trempe d'un Bismarck n'ont jamais été regardés comme des philanthropes et des moralistes très convaincus.

Nous aussi, pendant un certain temps, nous aurions pu être comptés au nombre de ses dupes, car nous avions naïvement cru voir en lui un patriote ardent, un dominateur des peuples, épris et subjugué par la grandeur de son œuvre, par l'amour de son pays.

Erreur grossière! Bismarck, dans son for intérieur, n'avait jamais éprouvé de tels sentiments. Son attitude, que nous apercevions de loin grande et fière, ne dépassait pas celle d'un intendant de bonne maison, uniquement occupé d'accroître et d'étendre la fortune et les domaines de son maître.

Sa disgrâce, qui suivit de près l'avènement du petit-fils de l'empereur Guillaume, en fut la preuve éclatante; après avoir partout soulevé l'enthousiasme et l'admiration des siens, au delà de nos frontières, pendant vingt ans et plus, on le vit s'en aller tête basse dans la retraite, où, le cœur brisé et ulcéré, il ne devait cesser de faire entendre ses plaintes et ses lamentations, sans plus se souvenir ni s'inquiéter de la grandeur de son œuvre.

Mais revenons encore une fois à notre sujet et ajoutons sous forme de conclusion :

Que l'ingérence de l'armée dans nos affaires civiles fut, sous le second Empire, une des causes principales de nos revers et de nos désastres.

Que l'influence du clergé dans la direction des affaires de l'Etat, en entravant et gênant constamment la politique du gouvernement impérial, nous fut également préjudiciable et funeste.

Que, même au cours du XIXe siècle, les alliances princières ont trop souvent permis aux intérêts de famille de prendre la place des intérêts des peuples.

Qu'enfin, la question de la papauté temporelle, dont l'impérialisme napoléonien avait fait une question française, rendit toute entente et toute alliance impossibles entre l'Autriche, la France et l'Italie.

Ces temps sont loin de nous aujourd'hui.

Ils n'en pèsent pas moins très lourdement encore sur notre politique intérieure et extérieure.

Que notre démocratie veille donc plus que jamais sur elle, si elle veut conserver sa place dans le monde et échapper au joug de l'étranger, au despotisme militaire qui menace sans cesse la société moderne.

Qu'elle soit forte et résolue, au point de tenir toujours ses adversaires à distance.

Que, puissante par le nombre, par son union et sa

cohésion, elle sache rester prudente, mais fière, énergique et attentive, car l'Europe, que nous voyons actuellement mieux disposée à notre égard, pourrait bien, une fois de plus, s'incliner et se prosterner devant ceux qui furent nos vainqueurs.

TABLE DES MATIÈRES

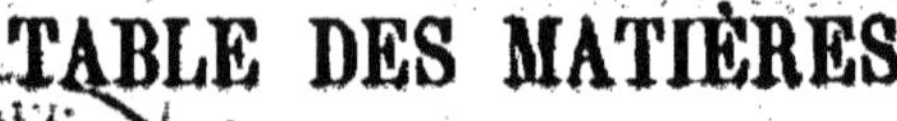

CHAPITRE III

CHAPITRE IV

CHAPITRE V

Pages.

CHAPITRE VI

CHAPITRE VII

CHAPITRE VIII

CHAPITRE IX

CHAPITRE X

CHAPITRE XI

CHAPITRE XII

Pages.

CHAPITRE XIII

CHAPITRE XIV

CHAPITRE XV

CHAPITRE XVI

CHAPITRE XVII

CHAPITRE XVIII

CHAPITRE XIX

CHAPITRE XX

CHAPITRE XXI

CHAPITRE XXII

Pages.

CHAPITRE XXIII

CHAPITRE XXIV

CHAPITRE XXV

CHAPITRE XXVI

CHAPITRE XXVII

CHAPITRE XXVIII

CHAPITRE XXIX

Versailles. — Imp. Aubert, 6, avenue de Sceaux.

Versailles. — Imprimerie Aubert, 6, avenue de Sceaux.

www.ingramcontent.com/pod-product-compliance
Ingram Content Group UK Ltd.
Pitfield, Milton Keynes, MK11 3LW, UK
UKHW020426200726
13857UKWH00002B/296